LES CONDITIONS DE LA CONNAISSANCE

DANS LA MÊME COLLECTION

DROUIN-HANS A.-M., *Éducation et utopies*, 2004, 288 pages.

DUBREUCQ É., *Une éducation républicaine. Marion, Buisson, Durkheim*, 2004, 238 pages.

FABRE M., *Philosophie et pédagogie du problème*, 2009, 288 pages.

JEANMART G., *Généalogie de la docilité dans l'Antiquité et le Haut Moyen Âge*, 2007, 272 pages.

MILHAUD-CAPPE D., *Freud et le mouvement de pédagogie psychanalytique, 1908-1937. A. Aichhorn, H. Zulliger, O. Pfister*, préface de B. Saint-Sernin, 2007, 300 pages.

MOREAU D., *Éducation et théorie morale*, 2011, 320 pages.

VERGNIOUX A., *Théories pédagogiques, recherches épistémologiques*, 2009, 160 pages.

PHILOSOPHIE DE L'ÉDUCATION

Directeur : Alain VERGNOUX

ISRAEL SCHEFFLER

LES CONDITIONS DE LA CONNAISSANCE

Une introduction à l'épistémologie et à l'éducation

Traduction par

Michel LE DU

Précédée de

RAISON, ÉDUCATION ET RITUEL
LA PHILOSOPHIE D'ISRAEL SCHEFFLER

PARIS
LIBRAIRIE PHILOSOPHIQUE J. VRIN
6, place de la Sorbonne, V^{e}

2011

Imprimé en France

ISSN 1765-8055
ISBN 978-2-7116-2326-6

www.vrin.fr

RAISON, ÉDUCATION ET RITUEL
LA PHILOSOPHIE D'ISRAEL SCHEFFLER

PRÉLIMINAIRE
LES CONDITIONS DE LA CONNAISSANCE
DANS L'ŒUVRE D'ISRAEL SCHEFFLER

Les conditions de la connaissance (1965) est le second livre de philosophie de l'éducation écrit par Israel Scheffler après *Le langage de l'éducation* (1960). Il s'y emploie à exposer de quelle manière l'analyse des concepts centraux de la philosophie de la connaissance éclaire les enjeux propres à la philosophie éducative. L'ouvrage peut d'ailleurs être lu tout aussi bien comme un traité d'épistémologie examinant les questions-clés de cette discipline. Semblablement, *Le langage de l'éducation* peut se lire aussi bien comme une contribution à la philosophie du langage que comme un apport à la réflexion éducative. Ces deux textes forment un ensemble avec *Of human potential* (1985), ouvrage au sein duquel la réflexion sur un ensemble de concepts centraux du point de vue anthropologique (*potentiel*, *capacité*, *propension*) prend le pas sur les considérations épistémologiques. Distinguer ainsi les objets de ces différents livres n'a d'ailleurs qu'une valeur toute relative, ne serait-ce que parce que les considérations relevant de la sémantique ou de la philosophie de la psychologie sont récurrentes également dans l'ouvrage qu'on va lire.

Il faut souligner également qu'au sein des publications de Scheffler, *Les conditions de la connaissance* se trouve encadré par deux contributions épistémologiques majeures *The anatomy of inquiry* (1963) et *Science & subjectivity* (1967). Pour nous en tenir à ce dernier ouvrage, il s'agit probablement de la critique la plus systématique et la plus pénétrante du point de vue défendu en particulier dans *La structure des révolutions scientifiques* (1960) de Thomas Kuhn. C'est parce que la forme de relativisme illustrée par cet ouvrage contamine aussi bien la philosophie de la connaissance que la philosophie éducative qu'un *aggiornamento* du standard d'objectivité, que le relativisme entend remettre en cause, est requis. Cet *aggiornamento* est déjà entrepris dans le texte dont nous proposons une traduction et lui donne l'une de ses lignes directrices.

Orientations générales

Une différence de contexte

Le présent essai entend dégager les grandes caractéristiques de la philosophie de l'éducation d'Israel Scheffler. Conformément à l'esprit même de cette philosophie, il s'efforce également de mettre en lumière les connexions entre la réflexion sur l'éducation, d'une part, et la théorie de la connaissance, la philosophie du langage et du symbole, d'autre part. La démarche de Scheffler paraîtra sans doute quelque peu exotique au lecteur familier des débats éducatifs français. Même si ont été réalisés, dans notre pays, de remarquables travaux (en particulier historiques) consacrés au système d'enseignement, les discussions à prétention philosophique concernant ce dernier, relayées et amplifiées par les médias, ont souvent eu tendance à se réduire à un affrontement de positions idéologiques dont il serait intéressant, au demeurant, de faire l'archéologie. Elles se sont rarement distinguées, en tout cas, par leur souci du détail et leur précision argumentative.

Le rappel de quelques *leitmotiv* éducatifs suffit à illustrer ce point. Ainsi, un enseignant entrant aujourd'hui dans le métier entendra-t-il, dans le cadre de sa formation professionnelle, qu'il doit se doter d'« outils » pour affronter les situations les plus diverses, mais jamais ne lui sera expliqué en quoi l'étude du développement cognitif de l'enfant ou un exposé de sociologie scolaire sont supposés constituer de tels outils. L'un des défauts constitutifs d'une telle formation consiste ainsi dans son incapacité à distinguer ce qui consiste en l'acquisition d'un savoir-faire par le maître, et ce qui relève de la culture que l'on peut souhaiter de lui par ailleurs. Il est sûrement bon, par exemple, qu'un enseignant ait quelque idée des grands enjeux des théories de l'apprentissage ou de la sociologie de l'école : cela peut former son jugement et affiner sa perception, l'amener à inscrire telle ou telle décision éducative dans un contexte plus large. Mais il est également clair qu'une telle culture a plus de chances de jouer ce dernier rôle chez ceux qui doivent arrêter une politique et concevoir des programmes que chez ceux dont le métier est de pratiquer l'enseignement chaque jour.

Cette confusion endémique entre discours destiné à des « experts » et discours conçu dans le but d'instruire la réflexion d'un maître sur sa propre pratique est un défaut récurrent de ce qu'il est devenu d'usage d'appeler le « pédagogisme ». En tout état de cause, il convient de ne pas perdre de vue que le propre d'une culture est que l'on ne sait pas d'avance à quoi elle peut servir. Et c'est précisément la raison pour laquelle elle ne saurait en aucune façon être assimilée à un outil (dans la mesure où un outil est, tout à l'inverse, conçu en vue d'une fin précise).

En raison de cette indistinction persistante, les discours destinés à former les enseignants oscillent fréquemment entre emprunts théoriques peu à leur place et énoncés de recommandations pratiques couchées dans des formulations inutilement savantes. L'auditeur a de la chance lorsque des considérations morales édifiantes ne viennent pas napper l'ensemble.

Certains défenseurs proclamés de l'École Républicaine, tout à l'inverse, semblent nourrir une véritable aversion vis-à-vis de l'idée qu'une formation d'enseignant se doit de transmettre aussi des techniques pédagogiques. Il a même été soutenu que chercher à intéresser les élèves était le comble de la vulgarité en pédagogie puisque, ce faisant, on perdait de vue le fait que « le vrai doit trouver par lui-même le chemin des esprits »[1]. En réalité, ceux que l'on a nommés les républicains ne s'attardent finalement guère sur le fait qu'enseigner est une pratique quotidienne, avec ses routines et ses tours de métier, et qui ne peut être résumée aux brefs moments d'illumination où un élève comprend tout à coup quelque chose. Au-delà de ce qui les oppose, les uns et les autres ont en commun une vision exagérément abstraite de ce qui se passe dans une classe, de sorte que leurs propos n'aident finalement en rien un maître en situation de décision éducative.

L'un des intérêts de l'auteur qu'on va lire est justement qu'il évite aussi bien les propos incantatoires sur l'importance du maître et l'autorité de ceux qui savent que les pensées molles projetant sans ordre et artificiellement sur les pratiques éducatives, des concepts savants déconnectés des questions théoriques qu'ils servent normalement à instruire. Autrement dit, sous la locution *langage de l'éducation*, que Scheffler affectionne, c'est d'une entreprise prenant réellement au sérieux les pratiques et les décisions éducatives, et visant à analyser les idées et les relations conceptuelles qui les soustendent qu'il s'agit. Cette entreprise analytique échappe donc aussi bien à l'alternative entre simple confection de recettes et élaboration théorique

1. Voir par exemple la contribution de J. Muglioni, « Quelle école pour l'enseignement philosophique ? », dans *Philosophie, école même combat*, Paris, PUF, 1984, p. 17-34, particulièrement p. 33.

autonome qu'à la confusion entre les deux. Elle s'avère également très différente de ce qui, au sein de la tradition philosophique, est identifié comme relevant de la philosophie de l'éducation. En effet, si les considérations éducatives sont récurrentes chez la plupart des grands philosophes, il reste qu'elles ne se comprennent, le plus souvent, qu'en relation avec un projet spéculatif plus ou moins systématique auquel elles servent d'épreuve, d'illustration ou de banc d'essai. Il est, par exemple, difficile d'imaginer une anthropologie philosophique qui n'avancerait pas quelque proposition portant sur la manière même dont l'homme est formé. Mais, précisément, cette nécessité d'incorporer une théorie de l'éducation n'est pas à situer sur le même plan que l'entreprise de clarification s'attachant aux concepts caractéristiques du champ éducatif, ce qui nous amène à nous interroger sur ce qu'il convient d'entendre, dans le présent contexte, par le terme même d'*analyse*.

Une analyse conceptuelle de l'éducation

Dès son premier article de philosophie de l'éducation[1], Scheffler avançait comme objectif pour celle-ci l'analyse logique et rigoureuse des concepts-clé impliqués dans la pratique éducative. Cette analyse, dans son esprit, devait suivre l'exemple des sciences modernes pour ce qui est du souci empirique, de l'attention aux détails, de la rigueur et de l'objectivité de la méthode. Outre l'exigence de précision argumentative, il soulignait que c'est le sens partagé d'une communauté d'investigation qui devait unifier une telle philosophie et non un contenu doctrinal. En plus de l'ambition clarificatrice que nous avons déjà mentionnée, l'autre point caractéristique de l'entreprise analytique en éducation mis en avant dans ses écrits est son lien substantiel avec la philosophie en général. L'établissement d'un tel lien est capital si l'on veut que les standards en matière de rigueur argumentative qui prévalent dans d'autres domaines de la philosophie s'appliquent également dans le domaine éducatif. Dans un entretien récent, Scheffler revient sur ce point :

> La relation entre la philosophie de l'éducation et la philosophie générale n'est pas différente de celle entre la philosophie générale et les autres « philosophies de ». [...] Dans chaque cas, la pensée philosophique s'applique à un domaine d'objets compris de manière indépendante et pris au sérieux[2].

1. *Cf.* « Towards an analytic philosophy of education », *Harvard Educational Review*, 24, 1954, p. 223-230.

2. *Cf.* « Scheffler interviewed by Harvey Siegel », *Journal of Philosophy of Education*, vol. 39, n° 4, 2005, p. 647-659 et spécialement p. 648.

Dans les faits, malheureusement, la philosophie de l'éducation est souvent considérée, tout à l'inverse, comme une sorte de parent pauvre. Et il est vrai que lorsqu'elle n'est pas réduite à l'étude de ce que les plus grands auteurs ont pu dire sur le sujet, elle en vient souvent à ressembler à une diplomatie conceptuelle passablement indéfinie, oscillant entre réflexions pédagogiques générales, observations psychologiques et considérations éthiques. Il arrive également qu'une philosophie de l'éducation particulière tende à devenir l'idéologie professionnelle d'une corporation elle-même particulière. La philosophie « républicaine » à laquelle nous avons fait allusion plus haut a clairement joué ce rôle vis-à-vis des professeurs de philosophie et de leur autorité de tutelle, les inspecteurs de la discipline. Le problème d'une telle doctrine est, précisément, qu'elle n'est rien d'autre … qu'une doctrine alors qu'elle se présente volontiers, sur le ton de l'évidence, comme la philosophie de l'éducation naturellement déduite de l'essence de l'école. Dans le même temps, ses défenseurs tendent à occulter ce qu'elle doit à des vues traditionnelles (à l'image de celle que Scheffler a décrit sous le nom de « modèle de l'intuition » [1]). Voir dans la philosophie de l'éducation d'abord une entreprise cherchant à clarifier les concepts qui sous-tendent les démarches éducatives permet d'éviter ces différentes impasses et de tisser des liens entre celle-ci et d'autres branches importantes de la philosophie. Cela permet, en outre, de mettre en lumière ce qu'impliquent un certain nombre de décisions concernant les *curricula* et les programmes. Les réflexions de Scheffler consacrées aux notions de *capacity*, de *capability*, de *propensity* sont éloquentes sur ce point. Elles clarifient simultanément des points centraux relevant de la philosophie de la psychologie et des points stratégiques touchant les pratiques éducatives.

Mais par delà les élucidations auxquelles il vient d'être fait allusion, le philosophe de l'éducation ne peut ignorer non plus le profit qu'il peut retirer de celles portant directement sur des concepts-clé de la théorie de la connaissance tels ceux de *croyance*, de *savoir* ou de *certitude*. Être

1. *Cf.* I. Scheffler « Philosophical models of teaching », *Harvard Educational Review*, 1965, p. 131-143, trad. fr. R. Pouivet, « Modèles philosophiques de l'enseignement », dans *Le Télémaque*, n°14-1998, p. 90-103 et spécialement p. 95. Scheffler distingue le modèle de l'impression, celui de la règle et celui de l'intuition (*insight*). Ce dernier consiste à dire que la tâche principale de l'enseignant est de produire une illumination dans l'esprit de l'élève, laquelle est supposée le mettre en contact avec la réalité même. Adhérer à cette perspective conduit souvent à voir dans l'éducation la libération de l'esprit de l'élève des passions et des préjugés qui l'obscurcissent et entravent son appréhension du vrai. Ainsi ce modèle sous-tend-il implicitement les déclarations qui expliquent que la pédagogie consiste, pour l'essentiel, à lever des obstacles plutôt qu'à déployer des moyens.

en mesure de préciser ce qui définit une croyance, par exemple, c'est comprendre que quelqu'un peut entretenir des croyances contradictoires, méconnaître certaines de ses propres croyances, et c'est accorder finalement que relater les croyances d'un agent n'est rien d'autre qu'une manière abstraite de décrire la façon dont il s'oriente dans le monde[1]. Une telle description abstraite se caractérise par une certaine complexité : elle ne peut pas consister simplement en l'attribution d'une capacité ou d'une disposition particulière à l'agent concerné. Reconnaître la complexité que recouvrent des locutions apparemment anodines telles que *former une croyance* ou *avoir une croyance* prépare l'enseignant à reconnaître également la subtilité des rouages cognitifs de l'élève aussi bien que celle des motifs qui peuvent l'amener à enfreindre certains standards de rationalité. Ce faisant, on concourt à faire que l'enseignement soit « une activité dont la finalité est la réussite de l'apprentissage [*learning*] dans le respect de l'intégrité intellectuelle de l'étudiant et de sa capacité de jugement autonome »[2].

Nominalisme éducatif

L'attention linguistique qui se manifeste à travers certaines analyses de Scheffler ne doit pas donner à penser que son travail est tourné vers l'analyse des significations de certains termes, pris de façon isolée. Il y a, à cela, plusieurs raisons qui vont être examinées dans la présente section et dans la suivante. D'abord, à l'image de W.V.O. Quine, de Morton White ou de son mentor Nelson Goodman, Scheffler ne croit guère à la réalité d'attributs qui seraient, en quelque sorte, la contrepartie idéale des termes étudiés et les véritables objets de l'analyse[3]. La notion d'attribut a été employée de façon relativement innocente par différents auteurs (notamment Moore et Russell) durant les premières années de la philosophie analytique. Ce qui la rend suspecte, c'est, outre l'alourdissement de l'ontologie qu'elle entraîne, le fait que les connexions et les relations d'identité entre attributs existent

1. Voyez *Les conditions de la connaissance*, chap. 4, *infra*, p. 159.

2. *Cf.* « Modèles philosophiques de l'enseignement », art. cit., p. 91.

3. On sait qu'une interprétation classique des vérités dites « analytiques » consiste à dire que le sujet logique et le prédicat des énoncés concernés expriment le même attribut, à l'image de ce qui se passe, dit-on, dans l'exemple connu *tous les célibataires sont non-mariés*. Dans cette perspective, l'attribut est ce qui est « présent à l'esprit » lorsqu'un locuteur emploie tel ou tel terme. Mais comment sait-on ce qui est « présent à l'esprit d'autrui » ? Comment sait-on même au juste ce que l'on a soi-même présent à l'esprit? D'où tient-on enfin que deux attributs sont identiques ? Pour un *state of the art* éclairant sur ce sujet, voir M. White, *Une philosophie de la culture*, Paris, Vrin, 2006, p. 83-87.

en dehors de toute convention linguistique, alors que c'est à travers l'usage du langage que se trouve établie la substituabilité d'un terme à un autre. Quine a dénoncé sous le nom de « mythe du museum » la croyance selon laquelle existeraient des attributs ou des significations vis-à-vis desquelles les mots seraient dans la position d'étiquettes posées sur une bouteille. Le même Quine a assez vite abandonné, par ailleurs, le projet de trouver un critère empirique qui aurait permis de dire qu'une expression donnée est synonyme d'une autre, à peu près au sens où un physicien établit que deux échantillons sont d'une même substance. C'est cet ensemble de résultats qui a achevé de convaincre un auteur comme Nelson Goodman de la vacuité de l'ambition consistant, à propos d'un terme *T*, à vouloir à tout prix séparer en deux enveloppes distinctes les termes qui sont synonymes de celui-ci et ceux qui ne le sont pas. Aucun terme n'est, du reste, substituable à un autre dans tous les contextes, de sorte que ne peuvent exister que des *degrés* de synonymie (entre, par exemple, cheval, canasson, haridelle, etc.). Ce qui survit, au bout du compte, de la doctrine traditionnelle des propositions analytiques c'est le fait, comme l'a remarqué Quine, qu'il est des vérités que nous apprenons simplement en apprenant les termes composant leur énoncé (et non point sur la base d'un examen des faits). Nous n'apprenons pas qu'*aucun célibataire n'est marié* au terme d'une enquête portant sur les faits, mais nous ne l'apprenons pas non plus en scrutant des entités abstraites qui seraient les sens ou les attributs.

Bien évidemment, ce qui se trouve ainsi établi sur le terrain général de l'ontologie et de la sémantique philosophique a des retombées propres au champ éducatif : Scheffler ne cherche pas à fixer le contenu d'un attribut tel qu'*être un enseignant* ni à saisir une prétendue essence de l'éducation (pas plus que Goodman ne cherchait, de son côté, à établir une essence de l'art). Le fait que la clarification portant sur les concepts centraux de l'éducation ne saurait procéder de la description d'une essence concourt pour partie à expliquer qu'il soit impossible, comme nous allons le voir, de procéder à celle-ci d'une manière qui soit *norm-free*, autrement dit sans faire intervenir des considérations normatives[1]. À ce qui précède, et sur un plan

1. Il est clair que faire référence à des essences se conçoit difficilement sans que leur soit reconnue une fonction normative (puisque leur saisie est supposée régler le vouloir dire) mais ce dont il s'agit ici, c'est plutôt le fait qu'en l'absence de telles entités abstraites établissant ce que c'est qu'*enseigner*, ce que c'est qu'*éduquer*, etc., sur le terrain neutre de l'idéalité, la clarification de ces concepts (et d'autres qui leurs sont apparentés) ne peut être conduite sans prise en compte du fait que leur simple analyse induit des effets normatifs, car ils sont liés à l'action, aux intentions et aux valeurs. Autrement dit, il n'est pas possible d'établir une ligne de démarcation stricte entre analyse et norme.

plus trivial, s'ajoute le fait que si la philosophie de l'éducation ne peut pas se limiter à l'examen de termes pris en eux-mêmes, c'est tout simplement parce qu'elle les étudie dans le cadre d'assertions complètes. Ces assertions, à leur tour, apparaissent dans un contexte et remplissent une fonction. Ainsi, un énoncé notoirement inexact tel que « Nous enseignons à des élèves, nous n'enseignons pas des matières » (*we teach children, not subjects*) peut-il constituer, dans le contexte approprié, un slogan efficace et réclame d'être analysé comme tel : il peut, par exemple, constituer un mot d'ordre utile dans une situation institutionnelle où l'enseignement des disciplines est devenu poussiéreux, mais il ne doit pas être pris au pied de la lettre[1].

Normativité et énoncés éducatifs

L'impossibilité de cantonner l'analyse à des mots isolés s'explique donc également, on l'aura compris, par le fait que les concepts centraux de la philosophie éducative ne peuvent, dans leur usage, être déconnectés de considérations axiologiques. Dans un passage de l'interview donnée à Harvey Siegel, qu'il vaut la peine de citer dans son intégralité, Scheffler revient sur l'imbrication entre analyse et norme :

> Toute notion descriptive a des effets potentiels sur les actions des gens, compte tenu de ce qu'est leur ensemble de normes, et affecte de surcroît les normes en question. [...] Maintenant, considérons l'idée d'enseignement. Je veux analyser cette idée descriptivement en termes d'échange de raisons. Des gens ont dit : « vous défendez une certaine idée », suggérant que j'avançais une norme mettant en avant le raisonnement au détriment de toutes les autres formes d'interaction avec les jeunes. Eh bien, ce n'est pas vraiment le cas. Il y a en effet des occasions dans lesquelles le raisonnement, autrement dit l'enseignement en tant que tel est, selon moi, très clairement inapproprié. Un petit enfant auquel vous dites de rester sur le trottoir et de ne pas s'aventurer sur la grande route peut s'avérer rationnel et demander « Pourquoi ? », ce à quoi vous pouvez répondre « Parce que je n'ai pas envie de te voir heurté par les voitures qui passent ». L'enfant vous répond « Je ne suis pas convaincu ... ». Eh bien, vous avez intérêt à faire autre chose que de l'enseignement. Éloignez-le du trafic. (p. 657)

Scheffler suggère au fond dans ce passage que l'enseignement est une notion entièrement pénétrée de normativité (*value loaded*) mais que cela ne signifie pas que tout le processus éducatif doive être compris comme de

1. Sur les slogans en éducation, voir *The language of education*, Springfield, Charles S. Thomas, 1960 ; trad. fr. *Le langage de l'éducation*, Paris, Klincksieck, 2003, chap. 2.

l'enseignement (*i.e.* en termes d'échange de raisons). Il est clair qu'un petit enfant, même s'il est capable d'entendre certaines raisons, doit parfois, tout simplement, être dressé et qu'il faut, de manière générale, distinguer entre les situations dans lesquelles on impose à un jeune agent de faire quelque chose sans lui présenter de justification pour cela, celles dans lesquelles on énonce devant lui des raisons, celles enfin où l'on attend de lui qu'il en donne par lui-même. Ces différentes situations doivent être distinguées à leur tour de celle de l'agent plus âgé dont on attend qu'il développe, de surcroît, une réflexion morale autonome[1]. Autrement dit, la normativité n'est pas à comprendre au sens où l'enseignement, tel qu'il vient d'être décrit, devrait servir de modèle à tout ce que l'on place sous le terme d'éducation, mais au sens où il est impossible d'acquérir de ce que recouvre ce dernier une compréhension libre de toute référence à des normes et à des valeurs.

Il est clair que la consistance normative des concepts éducatifs se remarque particulièrement lorsque l'on s'interroge sur ce qui fait d'une pratique un lavage de cerveau (à l'image de ce à quoi se livrent les sectes) ou un endoctrinement (qui se limite à présenter les faits de façon unilatérale) plutôt qu'un enseignement[2]. L'enseignement s'adresse non seulement à la capacité de l'élève à chercher et à donner des raisons, mais à son sens de ce en quoi consistent de *bonnes* raisons. Cette exigence de rationalité ne se limite évidemment pas à la seule sphère morale mais enveloppe également les valeurs épistémiques. Autrement dit, si l'anti-essentialisme de Scheffler l'éloigne de penser que l'éducation a un but unique, il souligne qu'elle a une famille de buts et qu'au sein de cette famille la rationalité constitue un but majeur. Dans cette perspective, elle ne peut être considérée simplement comme un idéal abstrait et général. Enseigner, par exemple, la rationalité en science revient à faire entrer l'élève dans « la *tradition* vivante et évolutive des sciences de la nature »[3]. Soulignant la généralité de la démarche consistant à produire (ou à exiger) des raisons, Scheffler remarque :

> Les arts, par exemple, sont tous des champs au sein desquels la rationalité et tout le réseau de notions reliées à celle-ci ont leur place (par exemple la discussion, la prise en compte, la réflexion, la délibération). Un étudiant en

1. Ce point a été traité par W. Frankena dans « Toward a philosophy of moral education », *Harvard Educational Review*, vol. XXXVIII, n° 4, *What can philosophy contribute to educational theory ?*, p. 300-313 et spécialement p. 305.

2. Sur la notion d'endoctrinement, voir *Le langage de l'éducation*, *op. cit.*, p. 34.

3. *Cf.* « Modèles philosophiques de l'enseignement », art. cit., p. 102.

danse ne se contente pas de s'émouvoir et de tourner en rond en agitant les bras et les jambes [1].

Le fait que l'on produise des raisons en art aussi bien qu'en science et en morale permet de souligner au passage que l'art n'est pas (ou pas seulement) le lieu de l'intuition rebelle à tout partage et de l'inspiration bouillonnante. Dans les différents domaines mentionnés, si l'on s'emploie à traiter les problèmes par référence à des raisons, c'est que l'on cherche à définir ceux-ci à l'aide de principes « ayant la prétention d'être impartiaux et universels » mais cela ne change rien au fait que la rationalité se trouve incorporée « dans des traditions multiples en développement » [2]. Dans ces conditions, un maître ne saurait être dans la situation d'un « opérateur détaché » : inscrit lui-même dans ces traditions, il reconnaît une valeur et un caractère significatif à ce qu'il dispense [3]. Ainsi, parler de soi-même comme d'un éducateur, revient typiquement à avancer une assertion touchant la valeur des buts que l'on poursuit, à parler de soi *normativement* plutôt que *descriptivement* [4]. Il est d'ailleurs facile de toucher du doigt ce constituant normatif en observant qu'il y a quelque chose d'oxymorique à dire de quelqu'un qu'il a été *éduqué* au crime : parler d'une pratique comme étant éducative suppose que l'on valorise son but (on parlera, en revanche, sans problème d'un *apprentissage* du crime).

Contre le béhaviorisme

Sur un autre plan, la référence morale et, plus généralement, celle aux valeurs déconsidère les approches de l'éducation qui se limitent à voir en elle la stimulation de capacités. Dans *Le langage de l'éducation*, Scheffler consacre plusieurs développements à la critique des interprétations de l'entreprise éducative, fréquemment inspirées par des considérations béhavioristes qui voient dans l'esprit un système de capacités axiologiquement neutres et qu'il s'agit d'activer ou de développer. Il n'est pas douteux qu'entraîner certaines aptitudes (*skills*) fasse partie des tâches d'un maître, mais il n'est pas douteux non plus que l'acquisition d'aptitudes spécialisées ne suffit pas à définir les buts de l'éducation. Une éducation véritable ne se comprend pas sans une *perspective cognitive générale* et

1. *Cf.* « Scheffler interviewed by Harvey Siegel », art. cit., p. 649.

2. « Modèles philosophiques de l'enseignement », art. cit., p. 102.

3. Voir sur ce point R.S. Peters, *Ethics and education*, London, Allen & Unwin, 1966, p. 41-42.

4. *Cf.* I. Scheffler, « The concept of an educated person », dans I. Scheffler et V.A. Howard, *Work, education and leadership*, New York, Peter Lang, 1995, p. 81-100.

sans l'établissement de lignes d'action stables susceptibles de venir normer la conduite.

L'argument principal de Scheffler sur ce point se base sur l'observation selon laquelle le propre des aptitudes est de pouvoir être *exercées* et qu'il se peut parfaitement qu'elles ne le soient jamais. De cette situation résulte le fait qu'en dédiant l'enseignement à leur activation, on libère le maître d'une certaine responsabilité morale : une fois « équipé » l'élève met ensuite en œuvre les aptitudes en question ou non, et cela relève de lui (ou alors d'influences extérieures) et non de celui qui l'a instruit. Une telle situation ne peut que soulager tous ceux qui pensent qu'il est réactionnaire ou exagérément impositif de vouloir transmettre des modèles de conduite. Cet avantage apparent s'obtient toutefois au prix d'une confusion conceptuelle. Il faut comprendre en effet que, pour nous en tenir au terrain de l'éducation morale[1], le but de celle-ci n'est pas tellement de faire acquérir par l'élève, par exemple, l'aptitude à payer ses dettes : il ne s'agit pas de lui expliquer comment rédiger un chèque ou retirer de l'argent à un guichet automatique. L'objectif est plutôt de lui faire intérioriser la *ligne de conduite* consistant à payer ses dettes[2]. Semblablement, on décrit parfois la citoyenneté comme un ensemble d'aptitudes (et l'on imagine alors des démarches destinées à les faire acquérir par l'élève) alors que le point-clé est, en réalité, l'acquisition des usages, habitudes et tendances de la vie démocratique[3].

On voit au passage de quelle manière la clarification de certains concepts centraux (ceux d'*habitude*, de *ligne de conduite*, de *forme d'action* opposés à ceux d'*aptitude* ou de *compétence*) permet la clarification des objectifs éducatifs par le biais de celle des termes dans lesquels ceux-ci sont couchés. Dans le même ordre d'idées, il est facile de voir que ce ne sont pas des compétences en matière de pensée critique qu'il s'agit de « faire passer », mais là aussi, bien plutôt, les habitudes et les normes en la matière : il s'agit de faire, autrement dit, que l'élève s'approprie l'*usage* d'une

1. L'épithète « moral » est prise ici en un sens délibérément vague et peut aussi bien décrire des énoncés portant sur des obligations tels que « il faut payer ses dettes » que des adages à l'image de « l'honnêteté est la meilleure des politiques ». Cf. *Le langage de l'éducation*, *op. cit.*, p. 112.

2. Les notions de *ligne de conduite* ou de *forme d'action* (*ibid.*, p. 124-125) impliquent un élément de généralité (l'agent fait quelque chose *à chaque fois* qu'une situation d'un certain type se présente). Obtenir de quelqu'un qu'il adopte une forme d'action est donc différent d'obtenir de lui qu'il adopte une conduite particulière dans une circonstance déterminée.

3. Cf. *ibid.*, p. 135. Voir aussi sur cette question M. Le Du, « Le concept d'enseignement, une analyse logique », *Le Télémaque*, n° 30, 2006, p. 65-76.

pensée critique rigoureuse, car il n'est pas très intéressant qu'il devienne simplement capable d'une telle pensée sans exercer jamais cette capacité.

Sources et influences philosophiques

Israel Scheffler renvoie à d'assez nombreux travaux au fil de ses écrits de philosophie de l'éducation. À côté de contributions qui ne sont malheureusement plus beaucoup lues aujourd'hui (à l'image de celles de Richard Stanley Peters[1]), il évoque et discute volontiers les travaux de J.L. Austin et Gilbert Ryle[2], pour nous en tenir à la philosophie britannique. S'il cite volontiers les analyses ryléennes, il prend tout aussi volontiers ses distances avec le béhaviorisme de ce dernier, et ce pour des raisons que l'on peut deviner sur la base de ce qui a été dit au cours de la section précédente. Par ailleurs, s'il souscrit et contribue au développement des nouveaux standards et méthodes d'analyse caractéristiques de la philosophie de langue anglaise du siècle passé (de Russell à Quine et Goodman), il convient de garder à l'esprit qu'il reste, peut-être par dessus tout, à l'image des deux derniers, un héritier du pragmatisme américain dont il a perpétué l'esprit et auquel il a consacré un ouvrage entier[3]. Scheffler s'accorde avec l'idée de John Dewey (1859-1952) qui se refusait à voir dans l'action quelque chose d'extérieur à la théorie et un obstacle à l'apprentissage : en effet, Dewey soulignait au contraire l'interaction entre la théorie et la pratique et voyait l'éducation comme « une activité exemplificatrice [*exemplifying activity*] en relation féconde avec des idées »[4].

On trouve également l'écho de Dewey lorsque Scheffler souligne que l'éducation morale n'est pas là uniquement pour transmettre des règles mais pour donner au jeune le sens des problèmes moraux, problèmes

1. R.S. Peters (né en 1919) a été, entre autres, professeur de philosophie à Birkbeck College. Dans son ouvrage *Gallery of Scholars* (Dordrecht, Kluwer, 2004, p. 48), Scheffler raconte qu'au moment de leur rencontre, à l'automne 1958, Peters se définissait plutôt comme un philosophe politique et un philosophe de la psychologie – il a écrit, entre autres choses, *The concept of motivation* (London, Routledge, 1958) ainsi qu'un ouvrage sur Hobbes. Cela dit, il avait également enregistré à l'époque une série d'émissions pour la BBC intitulées « Authority, responsability and education ». C'est l'audition de ces conférences qui donnera à Scheffler l'idée de suggérer son nom pour un poste de *visiting professor* à la faculté d'éducation de Harvard en 1959. Peters a, par ailleurs, insisté sur le rôle central des normes en éducation et Scheffler rappelle à plusieurs reprises, et avec faveur, ses réflexions sur ce sujet.

2. I. Scheffler discute directement la théorie de la connaissance de Ryle dans « Ryle's theory of knowledge ». Cf. *Reason and teaching*, Hackett, Indianapolis, 1973, p. 171-180.

3. *Cf.* I. Scheffler, *Four pragmatists, Peirce, James, Mead, Dewey*, New York, Humanities Press, 1974.

4. « Scheffler interviewed by Harvey Siegel », art. cit., p. 653.

auxquels il pourra être confronté et pour lesquels il n'existe pas de solution toute prête[1]. On retrouve ce même écho (et, évidemment, l'influence de Goodman) dans ses réflexions sur le caractère cognitif des émotions et la dimension elle-même cognitive des différents systèmes symboliques[2]. L'influence du pragmatisme se voit également chez lui lorsqu'il relève que l'enseignement ne peut se limiter à l'acquisition de connaissances *stored away* en vue d'un examen, mais que celles-ci doivent informer et transformer notre perception et notre action : quelqu'un qui a appris des tranches entières d'histoire de l'art sans que cela infléchisse sa perception lorsqu'il se rend au musée peut être dit savant (*knowledgeable*) mais ne peut être tenu pour éduqué (*educated*). « Vous ne voyez pas effectivement avec vos yeux », note-t-il, « mais avec votre éducation »[3]. Il ajoute :

> Votre savoir est un instrument visuel; il n'est pas optique, il est visuel, car il modifie ce que vous voyez. (*ibid.*)

1. Scheffler critique, entre autres choses, le *verbalisme* en matière d'éducation morale, c'est-à-dire la croyance selon laquelle on peut espérer obtenir des élèves une conduite morale uniquement sur la base d'*injonctions* alors que les capacités et les tendances requises ne sont pas établies (cf. *Le langage de l'éducation*, *op. cit.*, p. 117-118). Parmi ses contributions portant directement sur le sujet, on peut évoquer « Moral education beyond moral reasoning », dans *In praise of the cognitive emotions*, London, Routledge, 1991, p. 97-100 et « Moral education and democratic ideal », dans *Reason and teaching*, *op. cit.*, p. 136-145. Dans ce dernier texte en particulier il souligne le fait que « sans une immersion préliminaire dans [...] une tradition – une évaluation de ce qu'apportent ses règles, obligations, droits et demandes – le concept de choix d'actions et de règles pour soi-même ne peut qu'à peine être formé » (p. 143). Dire qu'une action est bonne (*right*) n'est pas simplement, rappelle-t-il également, « exprimer un goût ou une préférence » (*ibid.*, p. 140) mais produire un jugement appuyé sur des raisons et qui peut être discuté. Scheffler insiste donc sur deux dimensions à la fois : l'immersion dans une pratique et la promotion de la rationalité critique en morale comme ailleurs. L'accent mis sur l'enracinement dans une tradition oppose ses vues à celles de Lawrence Kohlberg (*cf.*, par exemple, *The philosophy of moral development*, New York, Harpercollins, 1981), lequel voit, dans une perspective piagétienne, la moralité comme le produit d'une équilibration spontanée se réalisant entre les enfants. Par ailleurs, ce même enracinement est présupposé dans l'acquisition du sens des problèmes moraux dont nous parlions plus haut. Pour une discussion des positions de Scheffler en morale, voir J.R. Coombs, « In defense of Israel Scheffler's conception of moral education », dans *Reason and Education*, H. Siegel (dir.), Dordrecht, Kluwer, 1997, p. 175-187 et la réponse de Scheffler lui-même (p. 266-267). L'article est en réalité moins favorable que ne le laisse supposer son titre.

2. *Cf.* J. Dewey, *Art as experience* (1934), New York, Perigee Books, 2009, trad. fr. *L'art comme expérience*, Paris, Gallimard, 2010.

3. *Cf.* « The concept of an educated person », art. cit., p. 86-87.

On peut voir aussi dans cette déclaration un écho de l'adage jamesien selon lequel il ne saurait y avoir de différences (conceptuelles) qui ne fassent pas de différence[1].

Mais il est vrai que Scheffler s'approprie activement tout cet héritage et le modifie. Il critique, par exemple, dans l'ouvrage que l'on va lire (chap. 2) la conception de la vérité de William James, conception qu'il juge relativiste et estime que la véritable cible du chapitre 6 du *Pragmatisme* est, en dépit de ce que croit son auteur, la certitude et non la vérité absolue[2]. La quête d'une méthode infaillible et la croyance en la capacité de l'esprit d'atteindre une certitude absolue est fallacieuse (nous reviendrons sur ce sujet), mais la reconnaissance de ce point n'affecte en rien la notion de vérité. De même s'appuie-t-il sur *Mind and the world order*, l'ouvrage de C.I. Lewis (1883-1964[3]) et sur le pragmatisme conceptuel de ce dernier lorsqu'il s'efforce, dans *Science and subjectivity*[4], de restaurer un standard d'objectivité mis à mal par l'histoire des sciences récente (Hanson, Kuhn[5]), mais il remodèle, pour les besoins de la cause, la conception exposée par Lewis des rapports entre les concepts et le donné. Comme Quine ou Putnam, Scheffler mérite donc sans conteste d'être compté au nombre des maîtres de la philosophie analytique qui ont également perpétué et nourri l'héritage pragmatique.

Nous allons maintenant en venir à l'examen de quelques points plus particuliers. Le premier de ces points porte sur la relation entre la première éducation de Scheffler et son entreprise philosophique. Nous traiterons à cette occasion de ses contributions en matière de philosophie de la religion. Le second de ces points touche au rituel compris comme appareil symbolique et à ses implications éducatives. Nous conclurons, dans la dernière partie, par une double analyse des concepts d'*achievement* et d'*attainment* (qui recouvre les situations dans lesquelles un agent devient capable d'une attitude dont il était précédemment incapable). Cette dernière partie sera

1. *Cf.* W. James, *Pragmatism* (1907), New York, Dover, 1995, trad. fr. *Le pragmatisme*, Paris, Flammarion, 2007, chap. 2, p. 116.

2. Par la locution *vérité absolue* Scheffler ne défend nullement l'idée d'une vérité qui viendrait coiffer toutes les autres mais avance plutôt qu'il ne faut pas attribuer aux descriptions vraies qui portent sur eux le caractère changeant et éphémère des événements historiques.

3. *Cf.* C.I. Lewis, *Mind and the world order*, New York, Dover, 1956.

4. Cf. *Science and subjectivty*, Indianapolis, Hackett, 1967.

5. *Cf.* N.R. Hanson, *Patterns of discovery*, Cambridge, Cambridge UP, 1958; Th.S. Kuhn, *The structure of scientific revolutions*, Chicago, Chicago UP, 1960, trad. fr. *La structure des révolutions scientifiques*, Paris, Flammarion, 1970.

brève puisque ces concepts sont par ailleurs abordés avec toute la clarté nécessaire dans l'ouvrage dont nous proposons une traduction[1].

VERTUS ET LIMITES DE LA JUXTAPOSITION

Les jeunes années

Israel Scheffler est né aux États-Unis en 1923 au sein d'une famille arrivée de Roumanie en 1909. Il explique dans son ouvrage, *Teachers of my youth* (dont le sous-titre est *An american jewish experience*) que ses parents descendaient l'un et l'autre d'une longue lignée de rabbins[2]. Il est clair que cet arrière-plan judaïque a eu un impact important sur sa formation intellectuelle, même si, comme nous le verrons, la manière qu'il a eu de se l'approprier a varié au fil du temps. En tout état de cause, l'articulation entre les racines et l'universel est un thème suffisamment récurrent de sa réflexion pour que nous consacrions une section à cet aspect des choses[3]. Il décrit la maison où il a grandi comme un foyer orthodoxe au sein duquel les règles religieuses étaient observées, la tradition orale scrupuleusement perpétuée et la sensibilité religieuse attentivement entretenue. Aux yeux de ses parents, il s'agissait, à l'évidence, de conserver le souvenir de la manière dont les

1. Cf. *Les conditions de la connaissance*, *infra*, chap. 1.

2. Cf. *Teachers of my youth*, Dordrecht, Kluwer, 1995, p. 17-18. Il est difficile de définir le genre auquel appartient cet ouvrage. Il contient, à coup sûr, de nombreux aperçus autobiographiques sans que ce soit là sa finalité. Le livre n'a en effet pas, à proprement parler, les années de jeunesse de son auteur pour objet, mais plutôt les maîtres auxquels il doit sa formation intellectuelle initiale. Ceux-ci (professeurs d'hébreu, rabbins) sont pour la plupart restés anonymes dans la mesure où leur enseignement, essentiellement oral, n'a, le plus souvent, pas eu de prolongements visibles sur la scène intellectuelle. D'où, précisément, l'importance et le soin qu'accorde Scheffler à la démarche consistant à restituer leur parole et, peut-être plus encore, l'ambiance particulière dans laquelle se déroulait leur enseignement.

3. Après avoir pris sa retraite de Harvard en 1992, Scheffler a été plusieurs années *scholar in residence* au Mandel Center for Jewish Education à Brandeis University. Il a co-dirigé (avec S. Fox et D. Marom) un volume intitulé *Visions of jewish education* (Cambridge, Cambridge UP, 2003). L'ouvrage rassemble, autour du thème de l'éducation juive, les contributions d'auteurs de tendances différentes (orthodoxe, conservatrice, libérale, laïque). On peut lire également son « Jewish education : purposes, problems and possibilities », dans *Curriculum, community and commitment*, D.J. Margolis et E.S. Schoenberg (dir.), West Orange, Behrman House, 1992. La thématique religieuse est absente du *Langage de l'éducation* (qui livre, en revanche, de nombreux aperçus en matière de philosophie morale). Elle l'est également, cela va de soi, de ses écrits épistémologiques. En revanche, elle est particulièrement visible dans les textes que Scheffler a consacré au rituel (*cf.*, par exemple, *Inquiries*, Indianapolis, Hackett, 1986 ; *Symbolic worlds, art, science, ritual*, Cambridge, Cambridge UP, 1996 ; et le dernier chapitre de *Teachers of my youth*).

choses se passaient dans l'environnement au sein duquel ils avaient eux-mêmes grandi dans le vieux monde. Ce point a une importance particulière dans la mesure où beaucoup de descendants d'émigrants juifs, élevés dans des milieux où les préoccupations religieuses demeuraient centrales, ont eu par la suite tendance à rejeter leur *background* judaïque, considéré comme une relique appartenant à la culture de la vieille Europe pour intégrer le *mainstream* de la civilisation américaine. Scheffler observe sur ce point :

> Le processus d'américanisation a endommagé la religion de différentes manières. Ceux de cette génération qui sont passés par les écoles publiques et ont été absorbés par la vie américaine, de par leurs affaires ou leurs professions, ont tout simplement été détournés des anciens usages propres à leurs parents. Le fait de devoir vivre et travailler dans une nouvelle langue, de lutter pour gagner sa vie dans des conditions entièrement nouvelles, tout en étant ébloui par les opportunités et les promesses de l'Amérique, pris par son esprit de compétition, les a rendus prompts à rejeter le passé comme on se débarrasse d'un handicap et à intégrer le courant dominant [1].

Sur un autre plan, nous savons par la littérature et le cinéma que l'éducation juive a souvent fait l'objet, de la part de ceux qui l'ont reçue, de descriptions sarcastiques. Scheffler donne de cette même éducation une image très éloignée de ces représentations.

> Mes parents n'étaient ni sévères, ni tyranniques, ni fanatiques ; je ne puis qu'être étonné par les portraits de parents que l'on trouve sous la plume d'écrivains juifs. L'observation du rite ne nous coûtait pas ; elle nous paraissait joyeuse, sublime, ou solennelle, intéressante, exotique ou excitante, mais jamais pesante. Elle fournissait un arrière-plan de signification, de valeur ainsi qu'une trame dramatique aux événements occupant la scène de la vie. Les détails de celle-ci, la lutte pour s'en sortir, le travail domestique, l'attention portée à la famille, la confrontation à la maladie et les petitês misères de l'existence – tout cela était mis en perspective au sein du grand panorama de la religion.

Il poursuit :

> Les pensées sur la vie et la mort, le bien et le mal, Dieu et l'humanité, l'histoire et la fin des temps – n'avaient rien d'occasionnel mais faisaient partie intégrante de la fabrique du quotidien, cousues qu'elles étaient au sein de cette fabrique par le calendrier juif et la présence enveloppante de textes juifs, de symboles, de règles, de célébrations, de catégories et d'attitudes [2].

1. Cf. *Teachers of my youth*, *op. cit.*, p. 10.
2. *Ibid.*, p. 18.

L'élément important est ici, outre la forme particulière prise par la religiosité familiale, le fait que les parents Scheffler aient souhaité voir leur fils mener de front un cursus *secular* et un enseignement religieux. Celui-ci rappelle en particulier que, quoique son père ait été élevé dans un milieu hassidique influencé par des tendances mystiques et des formes de religiosité très expressives, il pensait que l'orthodoxie juive « n'avait rien à craindre de l'éducation moderne la plus large et la plus rigoureuse »[1]. Scheffler étudiera successivement à la Abraham Lincoln Junior High School, avant de rejoindre, à l'âge de quatorze ans, la Rabbi Jacob Joseph School dans le East Side, réputée être la plus ancienne école juive d'Amérique[2]. Il étudie ensuite au Rabbi Isaac Elchanan Theological Seminary[3]. Il rejoindra ultérieurement New York City College, puis Brooklyn College, l'Université de Pensylvanie enfin où il rédigera sa thèse sous la direction de Nelson Goodman. Le R.I.E.T.S., comme la R.J.J. présentaient la particularité de proposer, de façon concomitante, un cursus séculier et un cursus religieux. Suivre ainsi deux formes d'enseignement hétérogènes pose évidemment la question de savoir quel principe ou quelle perspective permet de les articuler. Scheffler décrit l'expérience scolaire de sa jeunesse comme « une synthèse vieille et instable des sphères religieuses et séculières » avec lesquelles il s'est « débrouillé tant bien que mal »[4]. Une perspective lui permettant de relier ces deux sphères ne lui fut jamais dispensée et ces dernières se bornèrent à être juxtaposées. Et la vieille synthèse dont il a été question à l'instant vola en éclat lorsqu'il eut à suivre l'enseignement, au Seminary College, du Dr Mordecai Kaplan, ouvrant ainsi la voie à sa vocation philosophique.

L'enseignement du Dr Kaplan

Israel Scheffler explique, en effet, qu'il doit sa première véritable rencontre avec un problème philosophique au rabbin Kaplan[5]. Pour comprendre ce qui se trouve en jeu à ce moment précis de sa formation, un court rappel portant sur le contexte théologique de l'époque n'est pas de

1. Cf. *Teachers of my youth*, *op. cit.*, p. 127.

2. *Ibid.*, p. 44.

3. Comme le précise Scheffler (*ibid.*, p. 104), Rabbi Isaac Elchanan Theological Seminary était « une institution orthodoxe complexe » qui proposait des cursus partant de niveaux élémentaires jusqu'à l'ordination. Elle comportait non seulement un séminaire rabbinique, mais aussi une *high school*, un *college* (qui s'appelle aujourd'hui Yeshiva University) et un institut formant les professeurs d'hébreu.

4. *Ibid.*, p. 136.

5. *Ibid.*, p. 137.

trop, ne serait-ce que parce que Mordecai Menahem Kaplan (1881-1983) n'est sans doute pas aussi connu que ses contemporains Martin Buber ou Abraham Joshua Heschel. Il tire surtout sa réputation d'avoir été le fondateur du mouvement appelé Reconstructionnisme au sein du judaïsme et pour avoir, dans cette perspective, développé une théologie d'orientation naturaliste[1], dont il est arrivé qu'on la rapproche des vues avancées, à la même époque, par John Dewey. Au sein de cette théologie, la figure d'un Dieu personnalisé s'efface quelque peu (ce qui vaudra à son auteur l'accusation d'athéisme) et le judaïsme est vu avant tout comme une civilisation (et non seulement comme une religion). Ce dernier point se trouve exprimé dans le titre de son texte le plus connu *Judaism as civilization* (1934[2]). Scheffler avoue qu'il n'avait aucune idée, à l'époque, des contributions philosophiques et théologiques de Kaplan, de sorte que sa surprise fut totale. Il évoque cette expérience de la façon suivante :

> La Bible était vue dans une perspective développementaliste plutôt que comme un bloc intemporel. Qui plus est, il nous était demandé de trouver en elle les expressions de croyances qui nous répugnaient et de les identifier comme telles sans effort apologétique. Le développement en question devait être discerné au fil d'un examen des textes mené selon un point de vue extérieur, autrement dit en appliquant les critères indépendants de la méthode scientifique et historique, en utilisant les outils de la philologie, de l'anthropologie, de l'archéologie et de la religion comparée. [...] Le Dr Kaplan n'entrait pas dans une argumentation subtile sur le plan épistémologique. Il se contentait simplement et sans détour d'établir un contraste entre ce qu'il appelait « l'univers moderne de discours » et « l'univers pré-moderne de discours » et montrait à quel point les croyances traditionnelles ne pouvait conserver leur crédibilité dans un cadre moderne de connaissance et d'investigation[3].

1. Ce qui lui vaudra, dit-on, de voir son manuel de prière brûlé par des rabbins orthodoxes en 1945. Le motif de cet autodafé réside plus précisément dans le fait que Kaplan interprétait la *Halakha* et la *Torah* comme des produits de la tradition et de la sagesse humaine plutôt que comme ceux d'une révélation divine et qu'il renonçait à l'idée de peuple élu. Pour l'anecdote, Kaplan est aussi connu pour avoir prôné l'égalité des sexes et institué la *bat mitsva*, strict pendant de la *bar mitsva* (la première ayant été celle de sa propre fille). Il faut se rappeler que dans le judaïsme orthodoxe, à l'inverse, les *mitsvot* s'appliquant aux filles ne sont pas exactement ceux qui s'appliquent aux garçons et que les filles ne montent pas à la *Torah* (il arrive parfois que ce soit le père qui s'y trouve appelé pour y lire une bénédiction). Voir également D. Cole, « The Rabbi who Invented the Bat mitsva and Rejected a Supernatural God », *The Wall Street Journal*, 28 janvier 2010.

2. *Cf.* M.M. Kaplan, *Judaism as civilization : towards a reconstruction of american jewish life*, Philadelphia, Jewish Publication Society, 2010.

3. Cf. *Teachers of my youth*, *op. cit.*, p. 134.

Kaplan avait apparemment pour habitude de dire que la tradition avait « le droit de vote mais pas le droit de veto ». Il reconnaissait sa valeur en tant qu'expression et témoignage de la manière dont les juifs s'étaient adaptés à la diversité des situations, mais tenait aussi qu'elle était modifiable et susceptible d'être reconstruite. Son intelligence dissolvante s'appliquait, entre autres choses, aux assertions astronomiques présentes dans la *Genèse*.

> Les croyances astronomiques représentées dans la *Genèse* [...] sont totalement en désaccord avec les explications contemporaines. Que le ciel soit un « firmament », séparant les eaux qui sont au-dessous de lui de celle qui sont au-dessus est explicitement énoncé en *Gen.* 1.6. L'idée générale d'un ciel compris comme un bol renversé posé sur la terre, et doté de trous par lesquels les eaux supérieures peuvent tomber sous la forme de pluie semble être la vue implicite ici.

Il apparaît ainsi que :

> Le fait évident est que la cosmologie de la Bible diffère de la nôtre et que nous devons reconnaître qu'elle comporte des vues que nous tenons littéralement pour fausses. [...] Nous [les élèves] aurions voulu adopter une position de repli consistant à dire que la Bible n'étant pas de la science, qu'elle ne cherchait pas, après tout, à fournir une image exacte de l'univers physique. Ce qu'elle avait d'absolument central relevait, tout compte fait, de la théologie et son message était intemporel. Mais cette échappatoire nous était également fermée.

En effet,

> la conception de Dieu dans la Genèse est tellement éloignée de la nôtre qu'elle en devient indéfendable par nous. [...] Si la Bible n'est pas intemporelle sur le plan cosmologique, sa théologie ne l'est pas davantage. Et si l'on dit cela, même si ces textes ont reçu par le passé une interprétation littérale, il nous faut, à toutes les périodes ultérieures, les soumettre à notre propre lumière, au fur et à mesure que nos conceptions scientifiques et morales changent, et c'est exactement là la conclusion que le Dr Kaplan souhaitait défendre. Mais le résultat était que nos propres conceptions de la vérité et de la morale se voyaient reconnaître une préséance par rapport au texte tel qu'il était [1].

Scheffler décrit l'événement intellectuel qui se produit à ce moment dans sa vie comme « une rupture dans son orthodoxie naïve, rupture en faveur d'une conception naturaliste et développementaliste » [2]. Cette

1. Cf. *Teachers of my youth*, *op. cit.*, p. 134-136.
2. *Ibid.*, p. 136.

conception conduit à « rejeter la vue selon laquelle l'autorité religieuse dérive d'une source occulte, nous obligeant à renier nos capacités ordinaires d'observation, de jugement logique, fondées sur l'information scientifique disponible et sur notre intuition morale »[1]. Il souligne, dans le même ordre d'idées, que les textes sacrés « enseignés en dehors de toute attitude philosophique risquent d'être reçus comme des dogmes à la fois littéraux et incroyables, ou comme des contes de fées, ou comme des non-sens que l'on répète dans une pieuse incompréhension »[2]. Au sein même des sciences, la réflexion critique et méthodologique, même si elle bénéficie d'une priorité (*precedence*) sur celles-ci, ne peut pas ne pas être précédée (*preceded by*) par un corpus préalable de croyances scientifiques ; semblablement, la réflexion critique ne précède pas la tradition religieuse sur laquelle elle porte : « quoique supérieure en autorité, elle se développe à partir de ce sur quoi elle porte, qu'elle transforme »[3]. Le lien entre la tradition religieuse et la critique philosophique (même si cette dernière bénéficie finalement d'une préséance) demeure donc interactif ou, si l'on veut, dialectique. L'enjeu général est ainsi de préciser, une fois reconnue l'autorité de la science moderne et le caractère probant de nombre de ses résultats, pourquoi l'étude de la religion ne devient pas superflue. Comprendre ce point suppose d'en passer par une réflexion suivie sur le symbole et le rituel[4].

PHILOSOPHIE, SYMBOLE ET RITUEL

Pluralisme symbolique

Récemment, Israel Scheffler a choisi de décrire sa position en matière de théorie de la connaissance comme relevant de ce qu'il appelle *plurealism*[5]. Ce mot-valise lui sert, on l'aura deviné, à dénoter une attitude qui demeure réaliste (comme on le voit à travers ses réflexions sur la

1. Cf. *Teachers of my youth*, *op. cit.*, p. 176.
2. *Ibid.*, p. 174.
3. *Ibid.*, p. 176.
4. Sur le rituel, outre le dernier chapitre de *Teachers of my youth*, *op. cit.*, on peut lire de Scheffler « Ritual and reference » (1981), dans *Inquiries, philosophical studies of language, science and learning*, Indianapolis, Hackett, 1986, trad. fr. « Rituel et référence », dans *Lire Goodman*, Combas, L'éclat, 1992, p. 69-87 ; et « Symbol, ritual and cognition » (1989), dans *In praise of the cognitive emotions*, *op. cit.*, p. 62-68.
5. Voir son récent *Worlds of truth*, Oxford, Wiley-Blackwell, 2009.

vérité[1]) tout en maintenant qu'il n'y a pas (et ne saurait y avoir) de théorie finale de tout: sa défense de la notion de vérité absolue évite donc l'absolutisme épistémique[2]. Par ailleurs, sa reconnaissance de la relativité des systèmes symboliques ne le conduit pas au relativisme[3]. Cette relativité signifie seulement qu'il n'y a pas *un* de ces systèmes qui serait appelé à rendre, en définitive, tous les autres superflus (*dispensable*). Elle ne signifie pas, en revanche, que la différence entre l'art et la science, par exemple, soit en elle-même abolie mais « qu'elle ne passe pas entre le sentiment et le fait, l'intuition et l'inférence, la jouissance et la délibération, la synthèse et l'analyse, la sensation et la cérébralité, le caractère concret et l'abstraction, la passion et l'action, le médiat et l'immédiat, ou la vérité et la beauté, mais constitue plutôt une différence dans la manière de maîtriser certaines caractéristiques spécifiques des symboles »[4]. Scheffler, de son

1. Celles-ci figurent en bonne place dans *Les conditions de la connaissance* (*cf.* chap. 2), en particulier lorsqu'il critique chez W. James la conception de la vérité comme « advenant » à une idée.

2. Quelques-unes de ses idées épistémologiques les plus importantes ont été exposées dans *Science et subjectivity* dont la cible principale est l'abandon, par certains auteurs, du standard d'objectivité et leur adoption d'une forme de relativisme nourrie de l'idée que les théories informent entièrement les observations. Contre ces vues, il s'emploie à établir que le donné est indépendant mais non séparé (ce qui coupe court aux arguments qui soutiennent qu'il est de part en part *theory-loaded*) et que la *meaning independance* des lois expérimentales doit être repensée en termes de *référence* et non de sens (contre l'idée que les termes observationnels eux-mêmes verraient leur signification changer entièrement lors du passage d'un paradigme à l'autre).

3. Comme nous soulignerons par la suite plutôt les convergences entre les deux hommes, cette remarque sur le relativisme est l'occasion de souligner une différence avec Goodman. Scheffler déclare : « je suis d'accord avec la notion relativiste de *system-making* mais réticent vis à vis de son [Goodman] idée centrale de *worldmaking*. Nous somme, je crois, libres de concevoir des systèmes, mais non de faire les choses auxquelles nos systèmes sont supposés se rapporter » (*cf.* « Scheffler interviewed by Michael Shaughnessy », *The Korean Journal of Thinking and Problem-solving*, 2006, 16 (1), p. 2. Ce débat s'est poursuivi quasiment jusqu'à la mort de Goodman en 1998. Voir par exemple « Worlds and versions », dans *Symbolic worlds*, *op. cit.*, p. 187-195, « World-features and discourse dependance » (*ibid.*, p. 197-201) et « Worries about world-making » (*ibid.*, p. 202-209). De Goodman lui-même il convient évidemment de lire son *Ways of worldmaking* (1978) qui est le point de départ de tout ce débat (Indianapolis, Hackett, 1988, trad. fr. *Manières de faire des mondes*, Paris, Gallimard, 2006) et également l'article auquel les trois textes mentionnés de Scheffler visent à répondre « On some wordly worries », *Synthese*, 95, 1993, p. 9-12 et également « On star making » dans *Of mind and other matters*, Cambridge, Harvard UP, 1984, p. 39-44. Voir enfin « Reflections on Goodman's *Ways of Worldmaking* », *Journal of Philosophy*, 76, 1979, p. 603-618.

4. *Cf.* N. Goodman, *The languages of art*, Indianapolis, Bobbs-Merrill, 1968, trad. fr. *Langages de l'art*, Paris, Le livre de poche, 2005, p. 307-308. Cette déclaration s'oppose à la position de Quine qui approuvait la « profonde et ancienne dualité de la pensée et

côté, fait observer que « la passion fait partie de notre équipement en tant que personne éduquée »[1].

Cela dit, la reconnaissance de ce pluralisme des systèmes symboliques soulève en retour une question concernant le statut en son sein du discours et du symbolisme religieux puisque ce discours et ce symbolisme en viennent apparemment à être considérés comme des systèmes parmi d'autres[2]. Dans cette perspective, la *Torah* elle-même paraît être ramenée à une *piece of litterature*, certes, d'une extrême importance, mais redevable d'une interprétation théologiquement déflationniste[3]. Apparemment, la doctrine d'un Dieu unique, qui créé et transcende la nature est « démythologisée par Scheffler et ramenée à un symbole de la culture religieuse par le biais duquel celle-ci se reproduit »[4]. Il précise en effet que les « arguments traditionnels en faveur de l'existence de Dieu, compris comme une telle [transcendante] réalité sont tous [...] fallacieux. [...] Ceci me place, je suppose, dans le camp des non-réalistes, mais pas dans celui des anti-religieux »[5]. Scheffler récuse également l'accusation selon

du sentiment, de la tête et du cœur, du cortex et du thalamus, des mots et de la musique ». (*cf.* W.V.O. Quine, « On the nature of moral values », dans *Theories and things*, Cambridge, Belknap, 1981, p. 55-66).

1. *Cf.* « The concept of an educated person », art. cit., p. 85.

2. Les réflexions de Scheffler portant sur la philosophie de la religion ont fait l'objet de deux articles au sein du volume déjà mentionné, *Reason and education*. *Cf.* T.H. McLaughlin, « Israel Scheffler on religion, reason and education », p. 201-223 et R.S. Laura, « Reflections on Israel Scheffler's philosophy of religion », p. 225-240. On trouve à la fin du volume les réponses de Scheffler lui-même (p. 268-272).

3. C'est l'objection formulée par R.S. Laura (*ibid.*, p. 231) : « Le point que j'avance est que lorsque la religion est reformulée de manière à ce qu'elle fasse ces choses (*i.e.* donner un sens, lier la communauté) aux dépends de la croyance en un Dieu qui est le créateur de toute vie et dont toute vie est ontologiquement dépendante, celle-ci n'est plus représentative du Judaïsme, ni du Christianisme, ni de quelque autre religion traditionnelle que je connaisse ». Laura s'avoue en désaccord avec une vue qu'il juge implicite chez Scheffler, celle selon laquelle « le concept de Dieu fonctionne dans la religion, entre autres choses comme un stimulus favorisant le développement moral et l'éducation du caractère moral » (*ibid.*, p. 229). Scheffler rétorque que si Laura a bien le droit de souscrire au *fondationalisme* (*i.e.* à la thèse selon laquelle existe une classe particulière de croyances qui ne peuvent qu'être affirmées sans possibilité de les tester et qu'on ne saurait établir au moyen d'une inférence), il a tort lorsqu'il pense finalement qu'il n'y a pas de religion possible sans la présupposition d'une telle croyance fondationaliste.

4. *Cf.* R.S. Laura, « Reflections on Israel Scheffler's philosophy of religion », art. cit., p. 229.

5. *Ibid.*, p. 269. Scheffler évoque avec faveur, sur ce terrain les écrits de R.S. Peters (*Reason, morality & religion*, London, Friends Home Service Committee, 1972) et I. Murdoch (*Metaphysics as guide to morals*, London, Chatto & Windus, 1993, spécialement p. 73).

laquelle il n'y aurait plus rien de « théiste » dans sa position. Beaucoup d'auteurs théistes, observe-t-il, de Maimonide à Spinoza, William James, Alfred North Whitehead et Mordecai Kaplan ont « différé radicalement dans leurs vues théistes ». Il n'y a pas de définition officielle, ajoute-t-il du terme « Dieu » car « quelle serait l'autorité compétente pour fournir une telle définition ? »[1].

Si donc la religion n'est pas supposée se rapporter à un monde caché, si elle ne « brise pas la continuité de la nature »[2], si elle ne rapporte pas nos commandements moraux à une source occulte, quel est son rôle ? La ligne générale de la réponse consiste à dire que les traditions religieuses fournissent un *commentaire sur la vie* qui n'est pas accessible de manière abstraite, « par la simple opération de l'observation ou du jugement, par le biais des seuls concepts issus de la méthode et de l'information scientifique »[3]. Scheffler ajoute :

> Les catégories disponibles dans les sciences spécialisées, en politique, en technologie n'épuisent pas celles qui nous sont accessibles, et en particulier ne sauraient prendre la place de celles qui nous sont accessibles à travers les riches traditions symboliques de la religion, de la littérature et de l'art. Ces traditions sont importantes non parce qu'elles nous renseignent sur un autre monde mais parce que, et dans la mesure où, elles nous donnent une nouvelle prise sur celui-ci, non parce qu'elles illuminent ce qui vient après la vie, mais parce qu'elle révèlent les profondeurs cachées de celle-ci. (*ibid.*)

L'accent est ainsi mis sur deux éléments, l'exemplarité et la catégorisation. La tradition religieuse fournit des exemples suggestifs de traits qui sont par ailleurs universalisables. Scheffler prend comme illustration la *modestie* de Moïse : en adoptant la tradition judaïque, on adopte les exemples qui lui sont propres et l'on accède ce faisant à une compréhension d'un trait de caractère (en l'occurrence, la modestie) qui, en tant que tel, est

1. *Reason and education*, *op. cit.*, p. 270.

2. Scheffler s'est efforcé, sur le terrain même de la théorie de la connaissance, de montrer que l'uniformité de la nature n'est, en réalité, pas une présupposition fondatrice (voir *Anatomy of inquiry*, New York, Knopf, 1963, p. 228-230). Il la juge inutile pour justifier l'induction car la nature est autant uniforme que non uniforme. Il juge également inutile la suggestion de J.S. Mill selon laquelle l'induction peut être transformée en déduction en avançant comme prémisse majeure la continuité de la nature, dans la mesure où il faudrait savoir, pour qu'une telle substitution aboutisse, quelles sont les propriétés généralisables (lors même que le savoir dispenserait de la prémisse). Voir sur ce sujet *Reason and education*, *op. cit.*, p. 272.

3. *Ibid.*, p. 178.

universel mais qui ne saurait être appris de manière entièrement abstraite. Quant aux catégories établies au sein des traditions religieuses, comme le suggère du reste la citation ci-dessus, le point important est qu'elles gardent leur capacité de nous faire voir des aspects de l'expérience que nous ne verrions pas sans elles, même dans le cas où la vérité littérale de ces traditions est entièrement contestée. La vertu de ces catégories et de ces exemples, s'ils ne nous apportent pas d'information sur un autre monde, est de « nous donner une nouvelle prise sur celui-ci ». Il ajoute que « vivre avec le rappel symbolique constant qui vous sensibilise aux catégories de justice, de compassion, de sainteté, de vérité, de devoir, de conscience, *revient à acquérir un caractère particulier* » (je souligne). C'est dans ce processus de formation du caractère que les rituels jouent, nous allons le voir, un rôle éminent, et c'est pour cette raison même que nous allons nous arrêter sur les rouages de leur fonctionnement.

Scheffler s'appuie sur les travaux du philosophe et historien de la Bible israélien Yehezkel Kaufmann (1889-1963) lorsqu'il explique que la culture rituelle pré-biblique concevait le rituel comme de la magie, autrement dit comme une technique de manipulation de la nature ou de propitiation des dieux[1]. La nouveauté de la religion biblique (*i.e.* sa doctrine d'un dieu transcendant et unique, situé hors nature tout en l'ayant créée), fait qu'elle ménage une transition vers une conception humaniste et éducative du rituel.

> Le rituel « purifie les êtres humains », non point par l'opération d'une force magique, ni par un effet propitiatoire, mais au travers de son impact symbolique réflexif qui aide à établir le lien entre ses participants et des valeurs plus élevées et des buts plus nobles[2].

Ainsi un système rituel peut-il être vu comme :

> un appareil symbolique élaboré, un langage complexe qui change profondément les perceptions et les sensibilités de ceux qui apprennent à l'interpréter et à l'utiliser pour exprimer leurs propres pensées et leurs sentiments. (*ibid.*)

1. Kaufmann est l'auteur d'une monumentale histoire de la religion d'Israël en quatre volumes. Scheffler renvoie à la traduction anglaise abrégée de cet ouvrage, *The religion of Israel*, London, Allen & Unwin, 1960. La thèse principale de Kaufmann est que le monothéisme n'était pas le résultat de l'influence de cultures environnantes, mais constituait un phénomène uniquement israélite.

2. Cf. *Teachers of my youth*, *op. cit.*, p. 180.

Parmi les différentes « fonctions symboliques cardinales » du rituel, Scheffler en retient trois – la *dénotation*, la *réactivation* (ou *réeffectuation*[1]) et l'*expression* – qui lui semblent particulièrement importantes. C'est de leur combinaison qu'est supposée résulter la transformation profonde des perceptions et des sensibilités dont il est question dans la citation précédente. Nous allons examiner ces fonctions à notre tour.

La dénotation

Dans la perspective développée par Nelson Goodman, la dénotation est comprise comme une espèce de la référence. Dans ce contexte, *référence* est le terme de base, il s'applique à chaque fois qu'une chose est supposée tenir lieu d'une autre[2]. Le terme dénotation lui-même est employé de façon plus large qu'à l'accoutumée pour désigner la fonction remplie aussi bien dans le cas d'une dénomination que dans celui d'une prédication ou d'une description, lorsqu'une image quelconque est mise en circulation pour renvoyer à quelque chose ou même, comme ici, lorsque les rites « sélectionnent et décrivent des événements variés »[3]. Les rites juifs dénotent des épisodes caractéristiques de l'histoire juive et renvoient du coup aussi « aux valeurs distinctives distillées dans cette histoire ». Le rite de *Pessah* inclut la lecture de la *Haggadah* et dénote l'exode des Hébreux d'Égypte[4]. Un rite commémoratif comme celui qui consiste à rallumer la flamme du soldat inconnu est également dénotatif, en ce qu'il se rapporte à un épisode identifié de l'histoire de France et aux valeurs impliquées au sein de cet épisode, de sorte que l'on peut dire qu'il cherche lui aussi à maintenir ceux qui prennent part à lui de près ou de loin, « en contact permanent avec ces valeurs ».

La réeffectuation

L'idée centrale ici est que « les performances rituelles font référence indirectement à des performances antérieures »[5]. Probablement faut-il entendre par l'adverbe indirectement le fait qu'une réeffectuation n'est

1. Le terme anglais est *reenactment*.

2. Voir en particulier sur ce point N. Goodman, « Routes of reference », dans *Of mind an other matters*, *op. cit.*, p. 55-71, trad. fr. « Les voies de la référence », dans *Esthétique et connaissance*, Combas, L'éclat, 1990, p. 17-34. Le titre de ce texte de Goodman parodie évidemment celui de l'ouvrage de Quine *Roots of reference* (La salle, Open Court, 1974).

3. Cf. *Teachers of my youth*, *op. cit.*, p. 180.

4. Sur la *Haggadah* de *Pessah*, voir « Rituel et référence », art. cit., p. 83.

5. Cf. *Teachers of my youth*, *op. cit.*, p. 181-182.

jamais « littérale » [1], ce qui signifie qu'à la différence du rite de pluie au fil duquel les participants reproduisent ce qui se passe lorsqu'il pleut[2], lors du rite de Pessah, « l'exode est décrit, élaboré et souligné », de façon à ce que soit établie une « identification spirituelle » avec les acteurs de celle-ci. Autrement dit, en même temps qu'il dénote certains événements, le rite prolonge et réactive une longue chaîne de célébrations antérieures, entretenant par là une continuité. Semblablement, le rite qui consiste trivialement, au début d'une matinée de classe, à faire asseoir les élèves en cercle a pour fonction de réunir ces derniers sous l'œil du maître ou de la maîtresse, mais aussi de réactiver tous les moments précédents au cours desquels il a été procédé de la même façon, et donc d'établir une continuité.

L'expression

On peut dire qu'un rite exprime certain sentiments (comme la joie ou la nostalgie) exactement au sens où une symphonie ou une peinture peuvent être dites le faire. Dans « Les voies de la référence » (p. 24), Goodman explique qu'une symphonie qui est dite « exprimer » des sentiments « ne possède pas littéralement ces sentiments ». Pris au pied de la lettre, le terme *expression* peut nous faire songer au jus du citron que l'on presse et qui se trouve exprimé (*i.e.* sorti du fruit). Mais il n'est rien que l'on puisse faire sortir, en ce sens, d'une pièce musicale car, toujours selon Goodman, « ce sont les sentiments que l'œuvre possède métaphoriquement et auxquels elle réfère par exemplification » [3]. Que faut-il entendre par le verbe exemplifier ? Un échantillon de couleur exemplifie la couleur verte. Il ne doit pas être perdu de vue qu'il s'agit bien là d'une relation de *référence* (quoique, on l'aura compris, non dénotationnelle), la simple possession d'un trait par un objet, note Goodman, ne suffisant pas à faire que ce dernier exemplifie le trait en question. Dans le même ordre d'idées, une peinture dont on dit qu'elle représente un objet inexistant ne saurait, par principe, dénoter celui-ci mais peut exemplifier l'étiquette (*label*) « image-de-licorne », par exemple, et être, en retour, dénotée par cette même étiquette. Semblablement, il se peut tout à fait que le personnage d'Hiram évoqué dans tous les manuels décrivant le rite maçonnique n'ait jamais existé, mais cela ne

1. *Cf.* « Rituel et référence », art. cit., p. 83.

2. *Cf.* H. Wallon, *De l'acte à la pensée*, Paris, Flammarion, 1970, p. 142-143.

3. Goodman prend soin de préciser que toute relation d'exemplification n'est pas une expression (il donne l'exemple d'une œuvre (p. 60 du texte anglais) dont on dit : *it has made a mint* (connu la fortune); il ne s'agit cependant pas là d'un trait que l'œuvre en question exprime.

change rien au fait que le rite au sein duquel il est supposé être dénoté peut être présenté comme une exemplification de l'étiquette « image-du-meurtre-d'Hiram ».

Un point capital touche au processus de métaphorisation. Ce dernier est ici indispensable si l'on veut saisir en profondeur ce qui se joue aussi bien lorsqu'un auditeur comprend une pièce musicale que lorsque des acteurs sociaux participent à l'exécution d'un rite. Partons d'un exemple simple fourni par Goodman. On peut décrire une personne comme *une souris*[1] et le mécanisme sémantique sous-tendant un tel énoncé ne peut être compris sans la relation d'exemplification : *souris*, certes, dénote les souris mais exemplifie l'étiquette *timidité*, laquelle, à son tour, dénote des personnes[2]. La métaphore suppose ainsi le transfert d'un terme dans un autre royaume. Exprimer symboliquement des sentiments ou des humeurs implique donc de les exemplifier métaphoriquement, exactement comme l'exécution lente d'une pièce musicale peut exemplifier métaphoriquement le tragique, la mélancolie, etc. C'est en relation avec cette notion d'exemplification métaphorique qu'il faut comprendre les déclarations de Scheffler expliquant que le rite juif exprime la peur et la délivrance (*Purim*), la contrition et l'exultation (*Rosh Hashanah* et *Yom Kippur*), l'amertume de l'esclavage et la joie de la délivrance (*Pessah*). Ainsi les herbes amères consommées lors du *Seder* exemplifient-elles métaphoriquement l'amertume ressentie par les Hébreux au fil des épreuves traversées[3]. La notion technique d'expression dont nous venons ainsi de faire usage est évidemment bien plus précise que celle que l'on trouve couramment en circulation, mais elle est également capable de rendre compte d'intuitions que nous verbalisons en ayant recours à cette dernière. Pour que les retombées éducatives de ce qui précède soient visibles dans toute leur extension, une analyse de la notion de mention sélective est maintenant requise[4].

1. *Cf.* « Les voies de la référence », art. cit., p. 27.

2. Cet exemple illustre d'ailleurs une observation faite autrefois par M. Black (*cf.* « Metaphor », dans *Model and metaphor*, Ithaca, Cornell UP, 1962, p. 25-47, spécialement p. 44) selon laquelle dire d'un homme qu'il est un loup revient également à humaniser le loup (il y a interaction entre le sujet logique et le prédicat). Semblablement, s'il est clairement métaphorique de qualifier une personne de souris, il l'est également de dire d'une souris qu'elle est timide. Sur la métaphore, on peut lire de Goodman « Metaphor as moonlighting », dans *Of mind and other matters*, *op. cit.*(p. 71-87) et, d'I. Scheffler lui-même, « Ten myths of metaphor », dans *Symbolic worlds*, *op. cit.* (p. 67-73) ainsi que « Metaphor and context » (p. 74-88) et « Mainsprings of metaphor » (p. 89-94).

3. *Cf.* « Rituel et référence », art. cit., p. 83.

4. Sur la mention sélective, voir *Symbolic worlds*, *op. cit.*, p. 11-21 et, à nouveau, « Rituel et référence », art. cit., p. 80-82.

La mention sélective

Il est d'usage en philosophie du langage de distinguer entre l'*usage* d'un terme et sa *mention*. J'utilise le terme « marée » si je dis, par exemple, « Il y a une marée noire dans le Golfe du Mexique ». Je mentionne ce même terme lorsque j'explique que « marée » désigne un phénomène récurrent caractéristique des océans (ou encore lorsque je dis que « marée » a cinq lettres). Normalement, comme dans les exemples qui précèdent, la mention d'un terme est graphiquement distinguée de son usage par des guillemets. Ceux-ci sont là pour signaler que le reste de l'énoncé porte sur le terme lui-même et non sur ce que ce dernier mentionne : ils indiquent, autrement dit, que l'on a affaire à une *image du mot marée* et non pas au mot *marée* lui-même. Tout à l'inverse, le terme « table », sans ses guillemets, est utilisé pour mentionner certains éléments de mobilier, mais n'est pas lui-même, à ce moment-là, objet de mention[1].

L'expression *mention sélective* qu'introduit Scheffler, et à laquelle il voit des implications sémantiques aussi bien qu'éducatives fort importantes, sert précisément à qualifier des situations dans lesquelles un terme (par exemple, un nom propre) n'est pas utilisé pour dénoter l'entité qui le porte mais pour mentionner une image de celle-ci. Ainsi, la légende sous un portrait d'Abraham Lincoln, et qui consiste purement et simplement dans l'inscription de son nom propre, ne sert pas à dénoter le seizième Président des États-Unis mais mentionne sélectivement l'image qui se trouve au-dessus d'elle. Autrement dit, en pareil cas, « au lieu qu'une image soit mentionnée par un usage de son nom, elle l'est par l'usage du nom de ce dont elle fait elle-même mention ». L'idée centrale de Scheffler est que « les fonctions de dénotation et de mention sélective ont une interaction intime dans l'apprentissage du langage »[2]. Ce point est particulièrement évident dans le cas des termes à extension vide (Centaure, Zorro, etc.), mais l'observation ne se limite pas à eux. Même là où une *acquaintance* est, en principe, possible avec tel ou tel personnage, il n'en reste pas moins que les gens apprennent le plus souvent à reconnaître des images-de-Catherine Deneuve (qu'ils montrent en disant « C'est Deneuve ») et non point Catherine Deneuve elle-même. De façon générale, lors de l'apprentissage du langage (et aussi par la suite), ce à quoi nous accédons d'abord consiste souvent en *descriptions-de* … que nous apprenons à identifier, et il arrive souvent que ce sur quoi ces descriptions portent ne nous devienne jamais directement présent. Il faut donc souligner à la fois l'importance de l'inter-

1. Cf. *Symbolic worlds*, *op. cit.*, p. 12.
2. *Cf.* « Rituel et référence », art. cit., p. 80.

action entre mention sélective et dénotation d'une part et, d'autre part, les conséquences fâcheuses résultant de leur confusion (par ailleurs assez naturelle[1]). Celle-ci peut, en effet, aisément se développer lorsque l'on se trouve en présence d'une iconographie, ou encore lorsque l'on accomplit un geste supposément mimétique au sein d'un rituel. Ainsi un artefact peut-il fonctionner comme une représentation de Dieu et se voir indûment attribuer (par dénotation) des propriétés qui ne peuvent être dites que du Dieu représenté (ce qui signifie que l'idolâtrie implique une confusion entre mention sélective et dénotation); ainsi également un geste rituel peut-il être conçu abusivement comme un acte divin alors qu'il n'est que la représentation d'un tel acte[2].

DU RITUEL À L'*ATTAINMENT*

De l'analyse du rite au langage de l'éducation

Les rites n'évoquent pas uniformément lors de leur déroulement les émotions qui se rattachent à eux : c'est plutôt que « l'exposition répétée à des [...] valeurs symbolisées, forme le caractère et la sensibilité des participants au fil du temps »[3]. Cette notion d'« exposition répétée » est évidemment très importante, ne serait-ce que parce qu'il apparaît logique de l'étendre à bien d'autres rites que les rites religieux. Nous retrouvons ici un point soulevé plus haut : il est des choses qui ne sauraient faire l'objet d'un enseignement uniquement abstrait, basé sur une simple exposition ou sur

1. Ce n'est pas le lieu ici d'aborder les implications épistémologiques de la notion de mention sélective. Aussi nous limiterons-nous à citer ici un texte suggestif : « Ces expressions (*vide parfait, gaz idéal, libre marché*) ne fonctionnent pas par dénotation mais par mention sélective. Introduire un tel terme revient à introduire une étiquette mentionnant sélectivement une idéalisation obtenue, par exemple, en laissant les valeurs de certaines variables aller jusqu'à zéro. Dans la mesure où les valeurs en question, en fait, ne vont pas jusqu'à zéro ou, du moins, pas toutes ensemble, l'idéalisation ne décrit aucune situation effective. Ainsi, en rendant compte de la sémantique de la théorie, notre préoccupation n'est pas de demander "qu'est-ce qu'un gaz idéal ?" car la réponse à cette question est tout simplement : rien. Notre propos est plutôt de nous demander, "Qu'est-ce qu'une description-de-gaz-parfait ?". La réponse à cette question est fournie par l'une ou l'autre formulation de la loi des gaz idéaux ». (*cf.* C.Z. Elgin, *With reference to reference*, Indianapolis, Hackett, 1983, p. 49).

2. Cf. *Symbolic worlds*, *op. cit.*, p. 15.

3. Cf. *Teachers of my youth*, *op. cit.*, p. 181.

une définition (autrement dit sans exemple ni exemplification[1]). Une des manières de mettre en relief ce point consiste à observer son écho dans le langage de l'éducation. Précisément, dans l'ouvrage qui porte ce nom (chap. 5), Scheffler analyse la locution *to teach that* (*enseigner que*) et observe que celle-ci peut être suivie d'un énoncé factuel ou d'un énoncé normatif. Lorsqu'il s'agit d'un énoncé factuel, celui-ci peut porter sur un fait particulier (la Grande-Bretagne a réintégré le système de l'étalon-or en 1925) ou un fait général (le nombre atomique de l'or est 79). Lorsque l'énoncé qui suit est normatif, il est important de voir qu'il peut recevoir une interprétation *passive* ou une interprétation *active*. Qui souscrit à l'interprétation passive considèrera que l'élève a compris, par exemple, qu'*il ne faut pas mentir*, s'il est capable de répéter ledit énoncé dans le cadre d'un test verbal, d'en inférer des conséquences, etc., bref de le maîtriser intellectuellement. N'entrera pas alors en ligne de compte la manière dont l'intéressé agit par la suite : s'il ne continue pas moins à mentir à peine la salle de classe quittée, le maître ne s'estimera pas en échec et mettra en cause l'irrationalité de son élève ; si, à l'inverse, le maître souscrit à l'interprétation active, il ne pourra pas ne pas prendre en compte la manière dont celui-ci agit et se demandera dans quelle mesure son enseignement aura modifié les dispositions et la ligne de conduite de ce dernier[2].

Il est logique de se demander quelles sont les démarches en mesure de faire réussir un enseignement selon l'un et l'autre critères[3]. Si l'on s'en

1. Voir ci-dessus, p. 29. Moïse, pour reprendre un précédent propos, est donné en *exemple*, et « une image-de-Moïse » *exemplifie* l'étiquette « image-de-modestie ».

2. Scheffler applique au verbe *to teach* la distinction de Ryle entre *intentional use* et *success use*. Un essai peut être dit « excellent », voire « génial », en dépit (ou peut-être en raison) du fait qu'il n'est compris quasiment par personne, mais un maître qui dirait « j'ai fait un cours brillant mais personne ne m'a compris » pourrait être accusé de perdre de vue la logique même du concept d'enseignement. Un cours peut être tenu brillant *en tant que propos* ou *en tant que spéculation scientifique* sans qu'il soit compris de qui que ce soit mais ne peut pas, dans les mêmes conditions, être dit brillant *en tant que cours* : on ne peut pas le juger sur ce plan sans faire intervenir, à un moment où à un autre, son degré de réussite, précisément parce qu'*enseigner* est également un verbe de succès. L'alternative entre interprétation active et interprétation passive est une alternative *entre deux critères* de réussite.

3. Au chapitre 4 du *Langage de l'éducation*, Scheffler distingue entre *règles exhaustives* et *règles non-exhaustives*. Les règles exhaustives sont telles qu'il suffit de les appliquer de façon ordonnée pour assurer la réussite de l'acte concerné (*cf.*, par exemple, la règle pour épeler le mot « chat ») ; les règles non-exhaustives sont telles qu'elles font intervenir la *qualité* de l'acte et qu'en conséquence le simple fait de les appliquer toutes ne garantit en rien le succès (*cf.*, par exemple, les règles de la chasse au lion : on peut les appliquer toutes et revenir bredouille). Lorsque nous parlons de « démarches susceptibles de faire réussir un enseignement », il s'agit forcément de démarches appuyées sur des règles non-exhaustives car non

tient à l'interprétation passive, la répétition de formules, leur explication peuvent suffire, mais on aura compris qu'elles ne sauraient, en revanche, suffire dès lors que l'interprétation active se trouve être celle adoptée et la question est de savoir ce qu'il faut en plus. Il est clair que, sur ce terrain, l'entrée dans un rituel et, plus généralement, l'expression et l'exemplification jouent un rôle dès lors qu'il s'agit d'éviter qu'une norme, un principe ou un idéal fasse seulement l'objet d'une *cogitatio* abstraite, et viennent bel et bien s'inscrire dans la manière d'agir des agents.

Savoir-faire et règles stratégiques

Scheffler ne se limite pas à distinguer l'interprétation active et l'interprétation passive de *to teach that*. Il distingue aussi cette dernière locution de *to teach how* (*apprendre comment*) et de *to teach to* (*apprendre à*)[1]. L'expression *apprendre comment* est utilisée lorsque l'on a en vue l'acquisition d'un savoir-faire, autrement dit d'une capacité dont on peut montrer publiquement comment on l'exerce. Il est important toutefois de garder présente à l'esprit l'hétérogénéité de ce que recouvre le terme savoir-faire. Israel Scheffler établit en particulier une distinction entre ceux qui peuvent être acquis par la répétition des mêmes exercices (*drills*) et qu'il appelle *facilities* (savoir boutonner son uniforme à l'armée, savoir appliquer un protocole fixe) et ceux dont l'exercice implique un élément de jugement (à l'image du savoir-faire dont dispose un bon joueur d'échec, lequel n'a pu être acquis qu'au fil de parties très différentes et non par la réitération des mêmes coups). Il baptise, à la suite de Ryle, de tels savoir-faire du nom d'*aptitudes critiques* (*critical skills*), et indique que leur exercice met en jeu des principes stratégiques, au moins implicites.

seulement les démarches d'enseignement ne sont pas infaillibles, mais elles ne peuvent pas non plus être rendues infaillibles. Cette distinction entre *exhaustif* et *non exhaustif* est une distinction *réelle* et non simplement conceptuelle (une règle ne peut pas être exhaustive à un point de vue et non exhaustive à un autre) à la différence de ce qui se passe dans le cas de la distinction devenue familière entre règles constitutives et règles régulatives.

1. Nous nous arrêterons sur cette dernière locution à la section suivante. Pour le moment, rappelons que l'on apprend *de* quelqu'un ou *à* quelqu'un. Dans ce dernier cas, *apprendre* devient synonyme d'*enseigner*. Il se trouve juste que les locutions telles que *il m'a enseigné à* ... ou *il m'a enseigné comment* ... sont peu usitées en français et que l'emploi du verbe *apprendre*, dans ces contextes, est devenu naturel. Par ailleurs, le découpage conceptuel ne coïncide pas à tous les coups avec la terminologie. Lorsque l'on dit : « il m'a appris *à* faire du vélo », on veut dire, en réalité : « il m'a appris *comment* faire du vélo ». On parle donc de la transmission d'un savoir-faire.

Cette distinction, établie à la base entre deux types de capacités, recoupe pour partie celle entre règles exhaustives et non-exhaustives. Il est certain qu'aucune règle exhaustive n'est stratégique; par ailleurs, les *facilities* reposent sur des règles protocolaires et l'on peut se demander si exhaustif et protocolaire sont interchangeables dans ce contexte. En fait, l'exhaustivité se comprend par rapport à une tâche déterminée et signifie qu'appliquer la règle concernée jusqu'au bout conduit à l'achèvement de la tâche. L'adjectif protocolaire, tel qu'employé par Scheffler, signifie plutôt qu'il y a une procédure à appliquer et que celle-ci ne laisse pas de place au choix dans l'exécution : on peut choisir librement quelle pièce on déplace mais pas comment on la déplace (depuis sa case initiale le pion avance en ligne droite d'une case ou deux cases, ensuite il avance d'une case[1]). Cette procédure n'est pas forcément ajustée à une tâche circonscrite. Observation intéressante : la pratique du langage met en jeu à la fois des règles protocolaires et des règles stratégiques. L'accord du verbe (pas de verbe au pluriel avec un sujet au singulier) ne laisse aucune place au choix; en revanche, l'application d'un code stylistique ne se conçoit pas sans que se présentent des alternatives et que s'exerce un jugement.

Apprentissage et attainment

On apprend à aimer la musique ou encore à payer ses dettes sans retard alors que l'on retardait, jusque là, le moment de le faire. Il est important de noter qu'en aucun de ces cas un apprentissage « propositionnel » de ce sur quoi l'apprêntissage porte n'est requis. Autrement dit, on peut apprendre à payer ses dettes sans s'être jamais entendu dire « il faut que tu paies tes dettes » et on peut apprendre à aimer la musique sans jamais s'être entendu dire « il faut que tu aimes la musique ». Qui plus est, même là où ces phrases ont été bel et bien prononcées, elles sont loin de suffire à réaliser l'effet recherché, lequel consiste en un changement dans les dispositions de quelqu'un (qui de négligent devient scrupuleux ou d'indifférent à la

1. Il faudrait introduire davantage de détails pour être complet, dans la mesure où certaines pièces offrent plusieurs possibilités de déplacement (et laissent donc le choix). Toutefois, ces possibilités sont arrêtées et s'imposent aux joueurs qui ne peuvent pas en ajouter à leur guise. Nous parlons seulement ici de la connaissance de base que donne une règle de jeu. Il ne s'agit donc pas de décrire quelqu'un sachant par ailleurs *bien*, voire *très bien*, ou *brillamment* jouer. Les capacités stratégiques ouvrent, observe Scheffler, un horizon indéfini de progression par rapport auquel ces épithètes servent de jalons. On ne dira pas, en revanche, que quelqu'un connaît brillamment les règles qui définissent le jeu d'échec (sauf à être ironique).

musique devient sensible à celle-ci). Ce qui résulte d'un tel changement est baptisé par Scheffler *attainment* (*accomplissement*). Un *attainment* ne s'obtient pas au moyen d'injonctions. Dans un ordre d'idées voisin, on peut expliquer à quelqu'un comment jouer d'un instrument ou lui enseigner un protocole d'observation établissant comment regarder les tableaux d'un musée, mais ni l'une ni l'autre de ces démarches n'assurent que l'intéressé se mette à aimer la musique ou la peinture. Il semble donc qu'avec la notion d'*attainment*, nous soyons en présence de quelque chose qui peut s'apprendre, mais non, *stricto sensu*, s'enseigner[1].

Un *attainment* n'est pas à compter au nombre des capacités car celles-ci peuvent être exercée plusieurs fois[2]. L'accomplissement correspond au contraire au moment où une disposition, jusque là inexistante, s'établit chez quelqu'un. Il est donc très difficile de dire par quelle voie une telle métamorphose se réalise, mais il est possible d'en décrire quelques conditions générales. Comme nous l'avons dit, apprendre à aimer la musique suppose de la comprendre : un chien qui, à partir d'un certain moment, se met à remuer la queue en l'écoutant alors qu'il ne le faisait pas avant ne peut pas être dit la comprendre ni, en conséquence, l'aimer. On ne lui supposera pas non plus de jugement esthétique. Il y a donc des expressions de compréhension que l'on peut déceler et l'agitation de la queue chez le chien n'en fait pas partie. Qui plus est, les manifestations de compréhension sont distinctes de celles qui renvoient à la possession d'un savoir. La raison principale de cet état de fait est que l'on peut, par exemple, connaître Shakespeare sans le comprendre. Comprendre ne peut se réduire à la seule possession d'éléments de connaissance, mais suppose une perception holiste, un *patterning* permettant d'ordonner les éléments connus. Un maître ne peut directement livrer son propre *patterning*, mais il peut, en quelque sorte, laisser voir l'ombre portée de celui-ci à travers ses choix d'exposition, ses priorités, les rapprochements qu'il effectue, etc.[3]. Ainsi, si l'*attainment*, en tant que tel, n'est pas destiné à être enseigné, il oriente néanmoins ce qui est bel et bien en mesure de l'être.

Savoir et achievement

Au point où nous en sommes, le lecteur s'interroge sûrement sur la différence entre *attainment* et *achievement*, dont nous avons suggéré à

1. V.A. Howard, dans son article « Can leadership be taught? », dans *Work, education and leadership*, *op. cit.*, p. 101-124.

2. Voir *Les conditions de la connaissance*, *infra*, chap. 6.

3. Sur la notion de *patterning*, voir *ibid.*, chap. 3.

demi mot qu'ils n'étaient pas entièrement substituables l'un à l'autre. L'emploi du terme *achievement* dans ce contexte remonte à la distinction établie par Ryle entre les verbes de succès et les verbes d'intention. Parler de succès, en tout état de cause, réclame que l'on dispose d'un point de référence extérieur[1]. Si l'on dit, par exemple, que *M* sait, on suppose que l'énoncé ou l'attitude mentale de *M* se rapporte à quelque chose d'extérieur à lui et susceptible de vérifier ce qu'il avance. En l'absence d'un tel point de référence, nous n'avons aucun élément sur la base duquel dire de *M* qu'il sait. Il en va de même lorsque l'on participe à une course. La ligne d'arrivée est ce qui permet de dire de ceux qui l'ont franchie qu'ils ont réussi quelque chose. *A fortiori* le vainqueur, qui a non seulement franchi la ligne mais l'a fait avant tout le monde, peut-il se prévaloir d'un *achievement* et du fait qu'aucun autre n'a réussi au même degré.

La notion d'*attainment* n'implique, en revanche, rien de tel. Un homme peut légitimement avoir le sentiment d'être parvenu à quelque chose, même si sa performance ne satisfait à aucun des critères établis de réussite. Le terme d'*attainment* vise à désigner les situations dans lesquelles le mode de référence est intérieur : un homme peut, à juste titre, penser avoir atteint quelque chose qu'il n'avait jamais atteint avant, et ce sans qu'il remplisse les critères de réussite objectivables.

La partie de l'argument précédent qui portait sur le savoir, montrait assez bien qu'il ne saurait être question de déterminer ce que quelqu'un sait en se limitant à sonder son esprit et en examinant ses pensées. Comme l'observe Chisholm :

> Nous ne devons pas penser au savoir comme étant, d'une manière ou d'une autre, une espèce de la croyance et de l'acceptation. Un homme peut être dit croire fermement ou avec des réticences, ou avec des hésitations, mais personne ne peut être dit savoir fermement, avec des réticences, ou avec des hésitations[2].

Chisholm ajoute à l'argument du point de référence un important indice grammatical qui est que le savoir est imperméable aux différences de degrés, aux fluctuations qui affectent les croyances. De quelqu'un qui a

1. Je peux dire « Il croit qu'il va pleuvoir mais il se trompe » alors que je ne peut pas dire « Je crois qu'il va pleuvoir, mais c'est faux ». En revanche, je ne peut pas dire « Il sait qu'il va pleuvoir et c'est faux ». Cette impossibilité montre bien qu'il y a un point de référence extérieur impliqué dans la logique du terme « savoir » et que le savoir n'est, du coup, pas un état d'esprit : même si nous disposions d'un outil permettant de tester les contenus de l'esprit, il demeurerait impossible, sur la base de leur seul examen, de dire s'ils constituent des éléments de connaissance ou non.

2. R.M. Chisholm, *Perceiving : a philosophical study*, Ithaca, Cornell UP, 1958, p. 17-18.

compris tout à coup Shakespeare, on dira qu'il a connu un *attainment* et que ce dernier non plus ne connaît pas les degrés et les fluctuations : *M* comprend une œuvre, en a une perception architectonique et cette perception n'a pas pour effet que ce sur quoi elle porte soit plus ou moins vu ou plus ou moins cru selon les moments. Il peur arriver en revanche qu'une telle perception se perde ou soit remplacée par une autre (comme lors d'un changement d'aspect) mais c'est là un autre problème. En conclusion, il est intéressant de constater que savoir et comprendre tombent dans des catégories apparentées mais distinctes, le succès et l'accomplissement.

Le savoir et l'étudiant timide

Scheffler prend cet exemple de l'étudiant timide au milieu d'un chapitre consacré aux garanties épistémiques requises pour que quelqu'un puisse légitimement se déclarer en possession d'un savoir. Ce passage est particulièrement intéressant parce qu'il noue les fils de différents thèmes relevant de la théorie de la connaissance tout en mettant en relief une de leurs retombées éducatives. L'idée de départ est que l'on peut définir le savoir en disant que *X* sait *Q*, si et seulement si (1) *X* croit que *Q*, (2) *X* a le droit d'être sûr que *Q* et (3) *Q*. Cette notion de *right to be sure* est plus large que celle d'*evidence*. Il est, en effet, des choses dont on a le droit d'être sûr (par exemple le fait que l'on a mal quelque part) sans avoir à produire des *evidences* pour cela (il serait saugrenu de demander à quelqu'un : « Quelles sont vos raisons pour dire que vous avez mal à la tête ? »).

Néanmoins, le fait pour une assertion d'être sûre sans procéder d'une *evidence* ne l'immunise nullement contre l'erreur. En bon faillibiliste, Scheffler pense en effet que même des énoncés tels que « J'ai une douleur dans le dos » peuvent faire l'objet d'une correction : bien évidemment, on peut se tromper sur la localisation de la douleur, mais en plus, on peut être amené à dire dans un deuxième temps : « En réalité, c'est plus une gêne [*twinge*] qu'une véritable douleur [*pain*] » [1].

1. Cf. *Les conditions de la connaissance*, *infra*, chap. 2, section 4. Dans *World of truth*, *op. cit.*, p. 10, Scheffler étend son faillibilisme à la certitude du *cogito*. Le passage mérite d'être cité en entier : « Il a été avancé [...] que l'assertion "Cogito" pouvait être mise en doute par les autres mais pas, cependant, par son auteur lui-même *au moment où il la profère*, et ce même s'il en vient à douter de sa véracité ultérieurement. En réponse à cette objection, on peut souligner que la proposition elle-même était, de toute façon, exposée au doute et donc incertaine, comme le montrent les raisons ultérieurement avancées à la fois par son auteur et l'observateur extérieur [*outsider*]. Néanmoins, les tenants de cette objection pourraient la maintenir en avançant qu'alors que l'auteur et l'observateur peuvent l'un et l'autre être en mesure de détailler les raisons de douter d'une phrase, l'auteur *ne peut le faire qu'après coup*.

Quoi qu'il en soit, le point est qu'un droit, quel qu'il soit, peut être exercé ou non, et le droit d'être sûr ne fait pas exception à la règle. Le propre de l'étudiant timide est d'avoir ce droit (et donc de savoir que *Q*), tout en étant dépourvu de toute conviction forte que *Q*. Le travail du maître consiste donc moins à lui enseigner quelque chose qu'à l'amener à exercer son droit (étant entendu que la timidité peut s'expliquer par des motifs extrêmement variables : échecs passés, manque de confiance en soi, etc.). Nous avons relevé que le faillibilisme conduisait à la mise hors circuit de la notion de certitude objective. Dans le cas de l'étudiant timide, c'est plutôt la certitude *subjective* qui fait défaut, autrement dit la confiance résolue dans le fait qu'on a le droit d'être sûr. Un maître doit composer, selon les cas, avec cette confiance (qui peut être excessive lorsqu'elle existe) et avec son absence (lorsqu'elle fait défaut). Cet exemple montre finalement de manière excellente ce que nous avons mis en avant en commençant cet exposé : le lien entre l'analyse des pratiques éducatives, celle du langage de l'éducation (*savoir que*) et celle d'un certain nombre de concepts-clé de la théorie de la connaissance (*savoir* vs *conviction subjective*).

À la différence de l'observateur extérieur, il ne peut souscrire à ces raisons négatives au moment même de son énonciation, ce qui reviendrait à affirmer et à nier en même temps. Donc, conclut triomphalement cet argument, la phrase "Je pense" était certaine et au-delà de tout doute pour son locuteur au moment critique où elle a été énoncée, même si cette certitude était destinée à s'évaporer par la suite. Cet argument est cependant confus, dans la mesure où, si le locuteur met la main ultérieurement sur de bonnes raisons de retirer sa déclaration vulnérable, celle-ci, à l'évidence, était vulnérable depuis le début, et n'était donc pas, même alors, au-delà de tout doute. L'énoncé ne peut donc être tenu pour certain même pour le locuteur et même au moment critique où il a été proféré. Si la simple impossibilité d'affirmer et de nier simultanément une assertion devait impliquer la certitude de cette dernière, n'importe quelle assertion serait certaine ».

Israel Scheffler

LES CONDITIONS DE LA CONNAISSANCE

UNE INTRODUCTION À L'ÉPISTÉMOLOGIE ET À L'ÉDUCATION

À la mémoire de mon Père
Leon Scheffler
(1885-1964)

PRÉFACE[1]

Les conditions de la connaissance est conçu comme une introduction à la théorie de la connaissance, dans une perspective éducative. J'ai essayé de présenter un certain nombre d'enjeux majeurs de la théorie de la connaissance, telle qu'elle a été développée particulièrement dans la philosophie récente, et de traiter ces enjeux analytiquement, en relation avec les intérêts qui sont ceux de l'éducation. Mon approche n'a pas été celle d'une pure exposition. J'ai sélectionné des points qui m'ont semblé à la fois particulièrement intéressants et importants, et j'ai exprimé mon propre jugement en même temps que je les traitais. Mon espoir a été d'inciter le lecteur lui-même à une démarche de réflexion philosophique sur la nature et les conditions de la connaissance, de l'encourager à développer ses propres solutions aux problèmes et sa propre évaluation de leurs aspects éducatifs. Je tiens à exprimer ici mes remerciements à madame Dorothy Spotts qui a tapé le manuscrit, à Peter F. Carbone Jr. pour ses commentaires et son aide lors de la rédaction de la bibliographie et des notes de bas de page, ainsi qu'à David Halfen, à madame Betty Leake, et à mademoiselle Judy Gregg pour leurs suggestions touchant la rédaction. Je suis reconnaissant envers le Fonds William F. Milton dont l'aide m'a facilité la préparation du manuscrit.

Israel SCHEFFLER

1. Les notes du traducteur sont données en bas de page, annoncées numériquement ; celles de l'auteur, également en bas de page, sont appelées alphabétiquement en continu par chapitre. Les éventuelles précisions du traducteur sont signalées entre crochets droits [ ]. Toutes les traductions d'auteurs cités par Scheffler sont l'œuvre du traducteur.

Introduction

ÉPISTÉMOLOGIE ET ÉDUCATION

But de ce livre

Le développement et la transmission de la connaissance sont des tâches fondamentales de l'éducation, alors que l'analyse de sa nature et de ses justifications relève de cette branche de la philosophie connue sous le nom d'épistémologie, ou théorie de la connaissance. Une philosophie de l'éducation appropriée ne doit pas se contenter d'aborder les problèmes épistémologiques sous une forme générale, mais doit également s'efforcer de les envisager dans la perspective des tâches et des buts éducatifs.

C'est cet objectif qui fixe la direction et les priorités du présent livre. En nous fondant sur la conviction que l'analyse épistémologique constitue en elle-même un ingrédient important de la philosophie de l'éducation, nous examinerons un ensemble choisi de problèmes relevant de la théorie générale de la connaissance, et nous les examinerons plus particulièrement sous la forme qu'ils ont pris dans les discussions récentes et contemporaines. Qui plus est, nous examinerons ces problèmes, tout au long de l'ouvrage, en relation avec un arrière-plan permanent de préoccupations éducatives et en explorant toutes les implications qu'ils peuvent sembler avoir pour l'analyse de concepts et de propos spécifiquement éducatifs. Le livre peut ainsi être lu comme une introduction à la fois à la théorie de la connaissance et à la philosophie de l'éducation. Peut-être la meilleure façon de le présenter consiste-t-elle à dire qu'il s'agit d'une introduction à l'épistémologie dans une perspective éducative.

TROIS PHILOSOPHIES DE LA CONNAISSANCE

Il convient de commencer ce travail par l'examen d'un certain nombre de complications propres à notre sujet. Car si l'épistémologie peut être vue simplement comme l'analyse logique de la connaissance, la notion de connaissance en elle-même est loin d'être simple. Tout d'abord, le champ couvert par le concept ordinaire de connaissance est très large, et inclut la familiarité que nous avons avec les choses, les lieux, les personnes et avec certains sujets, la compétence acquise permettant d'accomplir diverses performances, la maîtrise de tout un ensemble de vérités factuelles, la foi, les contenus falsifiables de la science et de l'expérience quotidienne de même que les certitudes supposées des mathématiques et la métaphysique.

Deuxièmement, le concept de connaissance entretient des liens importants avec d'autres idées fondamentales et difficiles. Il est, par exemple, associé de manière étroite avec les notions de compréhension et de contrôle de la nature dans le but de protéger et d'améliorer la vie civilisée; avec les idées de contemplation, d'appropriation et de jugement critique recherchés pour eux-mêmes – buts plutôt que moyens de la vie civilisée. Dans les contextes éducatifs, le terme *connaissance* est souvent conçu comme recouvrant les deux ensembles d'idées : les aptitudes et les savoirs accumulés contribuant à la maîtrise technologique de l'environnement d'une part, les activités et expériences intellectuelles dotées d'une valeur intrinsèque d'autre part. La connaissance, dans ces contextes, recouvre l'ensemble du contenu de notre héritage intellectuel, que l'éducation est supposée transmettre aux générations suivantes. Au bout du compte, dans des cas typiques, parler de connaissance ne désigne pas simplement des descriptions portant sur des savoirs constitués ou des types d'expérience; elles expriment nos normes, nos idéaux et nos goûts touchant la portée des activités cognitives et la démarche appropriée à celles-ci. Elles reflètent, par exemple, les idées que nous nous faisons sur la vérité et sur ce qui constitue une preuve[1], nos estimations touchant les possibilités de garantir nos croyances, nos préférences parmi un ensemble de stratégies d'investigation possibles. Dire de quelqu'un qu'il sait[2], c'est autant évaluer

1. *evidence*.

2. *to describe someone as knowing*. Nous serons le plus souvent amenés à traduire *to know* par « savoir » dans la mesure où il est, par exemple, impossible de rendre *to know that* par « connaître que »; il est également impossible de rendre *to know how* par « connaître comment ». Dans la suite de l'ouvrage, nous ferons usage du terme « savoir », spécialement

et approuver que rapporter un fait. Corrélativement, l'éducation vise à transmettre non seulement ce que nous savons, mais aussi notre manière de savoir, autrement dit les normes reconnues de compétence que nous mettons en œuvre lorsque nous agissons, nous livrons à des recherches ou à la critique intellectuelle.

Il n'est donc pas étonnant que le concept de connaissance ait donné lieu à une variété de traditions interprétatives développées. Car, non seulement l'extension même du concept fait qu'il se prête à des accentuations opposées, mais son association intime avec des idéaux de civilisation variables, des technologies changeantes et des modèles scientifiques induit en contrepartie des évaluations variables. Nous allons esquisser, à l'aide d'illustrations, trois grandes approches de la connaissance, l'approche rationaliste, l'approche empiriste et l'approche pragmatiste[a].

Pour la tradition rationaliste, les mathématiques sont le modèle de la science. Les vérités mathématiques sont générales et nécessaires, et peuvent être établies par le moyen de chaînes déductives les reliant à des vérités de base par elles-mêmes évidentes. La démonstration forge les chaînes et l'intuition fournit les vérités de base. L'intuition, qui plus est, garantit chaque étape de la chaîne démonstrative. Quiconque comprend une vérité mathématique la sait nécessaire et indépendante des faits de la nature. Une figure peut bien être utilisée pour illustrer un théorème géométrique mais elle ne peut être conçue comme une preuve [*evidence for*] du théorème concerné. À supposer qu'une mesure précise de la figure montre qu'elle ne parvient pas à donner corps aux relations exprimées par le

a. Les trois esquisses qui suivent sont composites, mais il peut être utile d'associer quelques noms aux approches évoquées. Nous pouvons associer au rationalisme les noms de Platon, Descartes, Leibniz ; à l'empirisme Locke, Berkeley et Hume ; au pragmatisme ceux de Peirce, James et Dewey.

dans les contextes où Scheffler traite de l'opposition *to believe/to know*. Nous rencontrerons un problème similaire avec *to teach*. Ce verbe est, en gros, l'équivalent du français « enseigner ». Cependant, *to teach to* ne peut être traduit que par « apprendre à », et *to teach how* par « apprendre comment ». Par ailleurs, Scheffler oppose nettement *to teach* et *to learn*. En effet, en anglais *to learn* a un emploi subjectif (c'est *X* qui apprend), et un emploi objectif (si *X* apprend, *X* apprend forcément quelque chose). En revanche l'emploi intersubjectif est contingent (*X* peut très bien avoir appris tout seul). Cette dimension intersubjective est, en revanche, constitutive du concept de *teaching*. Une ambiguïté résulte ainsi du fait que 1) « apprendre » est un candidat naturel pour traduire le verbe *to learn*, mais 2) « apprendre » est aisément pris dans un emploi intersubjectif (« apprendre à quelqu'un »), lequel est beaucoup moins naturel pour son équivalent anglais ; c'est l'existence de ce dernier emploi qui fait que ce verbe constitue aussi, dans certains contextes, une traduction obligée de *to teach*. L'opposition lexicale anglaise ne peut donc être restituée mot à mot en français.

théorème, ce dernier n'en sera pas falsifié. Nous devrions plutôt dire en pareil cas que la figure constitue seulement une approximation ou une suggestion de la vérité enveloppée par le théorème. Les points physiques ont une étendue et les lignes physiques ont une largeur, mais les points et les lignes mathématiques sont non des objets physiques mais des objets idéaux – on peut les comprendre mais non point leur trouver d'illustration dans la nature. Les objets naturels ne sont que des approximations, à un plus ou moins haut degré des objets idéaux des mathématiques et, dans la mesure où ils se présentent comme des approximations de ces objets idéaux, ils peuvent également être compris. Les énoncés qui décrivent *directement* les objets naturels relèvent de la sphère du plus ou moins, ils sont contingents plutôt que nécessaires, dépendent pour être établis, de l'observation de cas particuliers et sont susceptibles d'être falsifiés par le biais de l'expérience.

Les vérités mathématiques ne sont pas dépendantes de l'expérience, même si le fait de prendre conscience d'elles peut résulter de l'expérience. Les mathématiciens n'ont besoin ni de laboratoire ni d'expérimentation ; ils ne procèdent pas à des relevés, pas plus qu'ils ne collectent des statistiques. Ils travaillent seulement avec du papier et un crayon et parviennent cependant aux vérités les mieux établies protégées de toute remise en cause procédant de l'expérience. Dans le dialogue de Platon *Le Ménon* un jeune esclave non éduqué est conduit, à travers une habile série de questions portant sur une figure, à reconnaître la vérité géométrique selon laquelle le double d'un carré est construit sur la diagonale de celui-ci[b]. Platon, s'appuyant sur de tels exemples, en vient à supposer que la source de la connaissance authentique est intérieure, et que la connaissance elle-même est susceptible d'être actualisée par des questions et des suggestions qui attirent l'attention de l'esprit sur ce qu'il possède déjà. L'éducation idéale, selon Platon, est une éducation mathématique, au cours de laquelle l'esprit en vient à appréhender des vérités nécessaires concernant des formes

b. Ce point peut être illustré par la figure que voici :

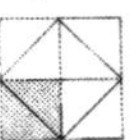

Le problème est de déterminer quel carré est le double de la surface du carré sombre. Le garçon est conduit à voir que le grand carré obtenu en doublant le côté du carré sombre constitue une figure quatre fois plus grande, laquelle est occupée pour moitié par le carré intérieur obtenu à l'aide des diagonales, dans la mesure où chaque diagonale coupe en deux les petits carrés. La conclusion est que le carré ayant pour côté la diagonale du carré sombre est le double de ce dernier.

idéales, éducation qui dote l'élève du moyen d'appréhender le monde naturel comme une réalisation approximative de ces formes.

Dans la tradition empiriste, les sciences de la nature sont considérées comme le modèle fondamental. Les phénomènes naturels nous sont livrés par l'expérience; ils ne sont pas dévoilés par l'intuition, et leurs interrelations ne sont pas dérivables à partir d'axiomes évidents par eux-mêmes. Une personne privée d'expérience visuelle depuis sa naissance peut être pleinement rationnelle et en possession de ses capacités logiques, mais sera incapable d'intuitionner ou d'imaginer la couleur verte. Ni cette couleur, ni quelque autre composante phénoménale élémentaire n'est présente à l'origine dans l'esprit et susceptible d'être appréhendée par l'introspection; il faut les acquérir par le biais de l'observation, tout au cours de l'expérience. Qui plus est, les relations entre les éléments – leurs groupements typiques et leur structuration au cours du temps – ne peuvent être inférées au moyen de la logique à partir de vérités évidentes par elles-mêmes; elles constituent des associations naturelles que la généralisation projette à titre d'essai à partir de notre expérience passée limitée. L'esprit, selon la phrase de Locke est une *tabula rasa* à la naissance, et il dépend de l'expérience aussi bien pour ce qui est du contenu de ses idées élémentaires que pour leurs relations mutuelles.

L'esprit, bien évidemment, doit être envisagé comme ayant le pouvoir de comparer, combiner, analyser et généraliser à partir des matériaux fournis par l'expérience, et comme possédant par ailleurs la capacité d'effectuer des opérations logiques sur ses propres concepts. Les mathématiques peuvent être comprises soit comme la représentation de relations logiques « internes » entre concepts, soit comme celle de généralisations très abstraites basées sur l'expérience. De toute manière, toute connaissance qui va au delà du cercle des propres concepts de l'esprit et se rapporte au monde doit être basée sur l'observation de ce qui est situé au delà de ce cercle et ne se trouve pas de façon innée dans l'esprit. L'éducation idéale, telle que la vision empiriste la suggère, serait une éducation fournissant à l'élève des expériences phénoménales abondantes et ordonnées de façon optimale, de telle façon que ses capacités d'observation et d'association puissent s'exercer et lui permettent de saisir l'ordre naturel entre les événements. Cette éducation idéale, qui plus est, n'exercerait pas seulement chez l'élève les habitudes appropriées en matière de logique, mais aussi les dispositions requises pour apprendre à partir de l'expérience – le sens de l'observation, celui de la généralisation raisonnable, la résolution de réviser des lois supposées qui s'avèrent incapables d'anticiper le cours effectif des événements – et, éventuellement, de les rejeter.

La vision pragmatiste souligne le caractère expérimental de la science empirique, mettant l'accent sur les phases actives de l'expérimentation. Pour apprendre quelque chose de significatif sur le monde, nous devons faire plus qu'effectuer des opérations logiques à partir de vérités de base qui nous apparaissent évidentes par elles-mêmes, et nous devons aussi aller au-delà de la généralisation raisonnable portant sur des structures phénoménales tirées de notre expérience passée. L'expérimentation implique une transformation active de l'environnement guidée par des idées directrices mises en avant en réponse à des problèmes et avancées dans le but de leur répondre. Le problème apporte à la recherche expérimentale à la fois son occasion et son centre d'intérêt durable ; il lui donne ses questions initiales, fournit les normes permettant d'effectuer les contrôles portant sur la pertinence, et définit le succès de l'entreprise. La pensée apporte des idées hypothétiques en réponse au problème, idées qui ne reflètent pas nécessairement l'expérience passée, dans la mesure où elles concernent les questions en jeu et sont en mesure de fournir des réponses *pertinentes*. Ces idées hypothétiques sont testées dans l'action ; en les utilisant comme des instruments pour des opérations contrôlées effectuées sur la nature, l'expérimentateur trouve qu'elles ne sont pas toutes également convaincantes. Certaines éveillent des attentes qui ne sont pas remplies par les résultats expérimentaux, d'autres annoncent avec précision les réponses de la nature. Dans les termes de Dewey, il s'agit d'un processus au cours duquel *on essaie et on suit* ce qui se passe – on essaie pratiquement une idée, et on apprend des conséquences qui résultent de cette tentative[c].

La connaissance mathématique est en continuité avec la logique dans le schéma pragmatiste. Elle constitue un appareillage utile pour concevoir la signification d'idées hypothétiques, pour faire apparaître leurs connexions avec des conséquences pratiques et mettre en lumière leurs relations mutuelles. Elle ne nous dit rien en elle-même sur le monde, mais, en mettant de l'ordre dans notre réseau de concepts et en développant leurs conséquences, elle sert d'instrument régulateur au cours de l'investigation. L'investigation en elle-même est une action, mais une action régulée par la logique, éclairée par la théorie et conduisant à des réponses à des problèmes pratiques préoccupants.

Le processus d'apprentissage à partir de l'expérience est ainsi un processus actif pour le pragmatiste. L'esprit n'est pas davantage conçu comme un puits profond de vérités nécessaires que comme une table rase

c. J. Dewey, *Democracy and Education*, New York, Macmillan, 1916, p. 139 [trad. fr. *Démocratie et éducation*, Paris, Colin, 2003].

sur laquelle l'expérience vient s'inscrire. Bien plutôt, il est conçu comme une capacité à produire activement des idées dont la fonction est de résoudre des problèmes posés à un organisme par son environnement. L'idéal d'éducation est ainsi de connecter des idéaux généraux avec des problèmes réels, ceci mettant en relief leur portée pratique. Il encourage l'imagination théorique de l'élève et en même temps insiste sur le contrôle de cette théorisation au moyen des résultats de l'expérimentation active.

AUTRES QUESTIONS CONCERNANT LA CONNAISSANCE

Les trois approches qui viennent d'être esquissées illustrent certaines des différences d'accentuation opposant entre elles les grandes interprétations philosophiques de la connaissance. Elles servent aussi à illustrer la variété des questions auxquelles se sont affrontées les grandes écoles d'interprétation. Ainsi, chaque approche que nous avons présentée traite non seulement de la nature et de la justification de la connaissance, mais aussi de sa genèse et de son développement propre. Il vaut la peine de distinguer schématiquement différentes questions se rapportant à la connaissance, de façon telle que l'objet principal de la discussion qui va suivre soit clairement indiqué.

D'abord, nous pouvons considérer la question épistémologique: « Qu'est-ce que la connaissance? ». Chercher à répondre à cette question c'est s'efforcer de proposer une description générale ou une définition, autrement dit c'est vouloir énoncer un critère de la connaissance susceptible de permettre de clarifier son statut logique. Deuxièmement, se pose une question d'évaluation: « Quelle connaissance est la plus fiable ou la plus importante? ». Se poser cette question revient à s'interroger sur la classification des types de connaissance et sur le classement de ces derniers en fonction de quelque norme raisonnable de valeur. Troisièmement, nous pouvons mentionner la question génétique « Comment la connaissance se construit-elle? ». Répondre à cette question c'est rendre compte des processus et des mécanismes au moyen desquels la connaissance se développe; cela revient typiquement à proposer un modèle de l'esprit qui puisse rendre les processus d'apprentissage intelligibles. Quatrièmement, se pose la question méthodologique: « Comment la recherche de la connaissance doit-elle être conduite? ». Répondre à cette question revient à proposer une conception des méthodes appropriées à la recherche, en même temps qu'une justification de ces méthodes. Cinquièmement, nous pouvons envisager la question pédagogique: « Comment la connaissance peut-elle être dispensée au mieux ? ». Répondre à cette question revient à dire comment l'enseignement devrait idéalement procéder pour transmettre la connaissance. Ces questions ont fréquemment été insuffisamment distinguées les unes des autres. Il est cependant important de voir qu'elles sont logiquement distinctes, bien qu'elles soient intimement reliées au sein d'interprétations philosophiques d'ensemble et soient toutes essentielles à une philosophie de l'éducation achevée. Nous allons nous centrer spécifiquement sur la question épistémologique et nous ne nous pencherons pas directement sur les problèmes d'évaluation, de genèse, de méthode ou de pédagogie. Nous tenterons cependant de relier la question épistémologique, à chaque fois que cela sera possible, à des analyses de concepts et de situations éducatives. Dans le prochain chapitre, nous allons nous livrer à une comparaison générale des vocabulaires cognitifs et éducatifs et nous discuterons les portées respectives de ces termes ; nous présenterons ensuite une définition de la connaissance propositionnelle qui servira de base pour notre discussion au cours des chapitres ultérieurs.

CHAPITRE UN

CONNAISSANCE ET ENSEIGNEMENT

RELATION ENTRE LES TERMES COGNITIFS ET ÉDUCATIFS

Comment les termes cognitifs *connaître* et *croire* sont-ils reliés aux termes éducatifs *apprendre* et *enseigner*? La question n'est pas aussi simple qu'il y paraît, et l'examen auquel nous allons nous livrer va nous permettre d'introduire un certain nombre de points qui resteront pertinents tout au cours de nos discussions.

Nous pourrions, en nous basant sur l'observation de certains cas simples, supposer qu'*apprendre que* [*learning that*] implique *savoir que* [*knowing that*]. Si un élève a, par exemple, appris que Boston est la capitale du Massachusetts, on dira normalement qu'il en est venu à *savoir que* Boston est la capitale du Massachusetts. Cependant, nous ne pouvons généraliser à partir de tels cas et conclure qu'à chaque fois qu'une personne *X* a appris que Q, elle en est venue à savoir que Q.

Imaginons un élève vivant en des temps lointains ou au sein de quelque culture éloignée où la maladie est attribuée à l'action d'esprits malins. Un tel élève pourrait bien avoir appris de ses maîtres que la maladie est causée par des esprits malins, mais nous ne serions pas tentés de le décrire comme en étant venu à savoir que la maladie est causée par des esprits malins. À coup sûr, *lui* pourrait parfaitement être tenté de dire « Je *sais* que des esprits malins sont les causes des maladies », mais néanmoins *nous* ne souhaiterions pas le décrire comme tel car cela reviendrait à admettre nous-mêmes que des esprits malins causent *bel et bien* les maladies. Le fait de dire d'une personne qu'elle sait qu'il en est ainsi revient en général pour nous à souscrire au contenu même de l'assertion enchâssée qu'il en *est* ainsi. Lorsque nous répugnons à une telle adhésion, nous évitons en conséquence d'attribuer une connaissance, mais nous pouvons toujours attribuer une croyance. Dans le cas présent, nous nierons que l'élève en question en soit venu à savoir que les esprits malins causent les maladies, mais nous pouvons sans risque le décrire comme croyant que les esprits malins le sont, car notre attribution de croyance ne nous conduit pas à souscrire au contenu même de l'assertion en question. Par contraste, dans notre exemple précédent, dans la mesure où nous étions nous-mêmes parfaitement disposés à accorder que Boston est la capitale du Massachusetts, l'attribution plus forte d'une connaissance à l'élève ne nous conduisait pas à attribuer une assertion enchâssée avec laquelle nous aurions été en désaccord.

Ainsi sommes-nous conduits à établir un contraste entre *apprendre que* et *savoir que* de la manière suivante : dire de quelqu'un qu'il en est venu à savoir que Q nous conduit généralement à souscrire au contenu de l'assertion représentée par « Q ». Par exemple, si nous disons d'un élève qu'il en est venu à savoir que Cornwallis s'est rendu à Yorktown, nous nous trouvons nous-mêmes souscrire au contenu de l'assertion « Cornwallis s'est rendu à Yorktown ». Dire de quelqu'un qu'il a appris que Q ne nous engage pas de la même façon ; notre engagement se limite, en général, à la seule affirmation qu'il en est venu à croire que Q[a].

Il existe, c'est sûr, certains usages d'*apprendre que* qui nous font adhérer au contenu de la façon que nous avons discutée. Considérons par exemple la déclaration suivante : « Les reporters, au terme d'investigations étendues, apprirent que des négociations secrètes s'étaient déroulées pendant trois semaines avant que l'accord ne soit publiquement annoncé ». La force d'« apprendre que » dans cette déclaration se rapproche de celle de « trouver que » ou « découvrir que » qui, eux, nous conduisent à souscrire au contenu. Nous pouvons appeler un tel usage d'« apprendre que » *usage de découverte* [*discovery use*] en opposition avec l'*usage tutorial* [*tutorial use*], dans lequel l'expression se rapporte (sans que nous soyons supposés y adhérer) à ce que les gens en sont venus à croire, à travers leur éducation. L'existence de l'usage tutorial suffit à montrer qu'une application de la forme *apprendre que* ne nous conduit généralement pas à adhérer au contenu de l'assertion enchâssée. Et, comme nous l'avons vu précédemment, ceci suffit à *bloquer* la généralisation consistant à dire que ce que *X* a

a. La lettre Q apparaît ici, et dans les discussions qui suivent. Sans les guillemets, elle joue le rôle d'une phrase en tant que telle, laquelle est ainsi présente là où se trouve l'occurrence en question. La lettre *avec* les guillemets, d'un autre côté, joue le rôle d'un nom de la phrase en question – typiquement le rôle d'un nom-de-phrase, lequel est constitué de la phrase concernée elle-même entourée de guillemets.

appris, il en est venu à le savoir, et à n'autoriser que la généralisation plus faible énonçant que ce que *X* a appris, il en est venu à le croire.

En d'autres termes, la généralisation plus faible, à la différence de la plus forte, nous libère de toute adhésion à des contenus d'assertions avec lesquels nous sommes en désaccord, dans tous les cas où nous appliquons *apprendre que* au sens tutorial mais rejetons le contenu appris. L'élève évoqué peut bien être dit avoir appris et avoir cru que les esprits malins causent les maladies, mais il ne peut être dit en être venu à le savoir. Supposons maintenant que nous considérions tous les cas – et seulement les cas où (1) *X* a appris que Q, et où (2) nous nous accordons avec le contenu de l'assertion représentée par « Q ». Devrions-nous, dans tous ces cas du moins, dire que *X* en est bel et bien venu à savoir (et pas seulement à croire) que Q ?

Cette question soulève un point d'une portée générale concernant l'attribution de connaissance : certains auteurs traitant de ce sujet ont distingué un sens fort et un sens faible de *savoir que*[b]. La réponse à notre question dépendra du sens que nous avons à l'esprit. Au sens faible, *savoir que* dépend seulement du fait d'avoir une croyance vraie ; au sens fort, cela demande quelque chose de plus – par exemple la capacité de l'étayer de façon pertinente, de l'appuyer sur des éléments de preuve, ou celle de montrer qu'on est en position de savoir ce que la croyance concernée affirme. Si nous prenons le sens faible de *savoir que*, nous répondrons à notre question affirmativement. Si *X* a appris que Q et en est donc venu à croire que Q, et si, qui plus est, nous sommes disposés à nous accorder avec l'assertion représentée par « Q » (*i.e.*, d'affirmer qu'elle est vraie), alors nous devons reconnaître que *X* en est venu à juste titre à la croire, et donc à savoir (au sens faible) que Q.

Si nous considérons le sens fort de *savoir que*, cependant, nous devons répondre à notre question de manière négative. Car une personne peut croire correctement ou à juste titre que Q, et cependant ne pas avoir la capacité de produire des justifications appropriées pour sa croyance ou de montrer qu'elle est dans une position qui lui permet de savoir que Q. Quand bien même cette personne a appris que Q, et en est venue à croire à juste titre que Q, elle ne sait pas *réellement* – ou au sens fort – que Q. Elle aura, par exemple, appris à l'école que $E = mc^2$, mais ne peut, à moins qu'elle ne soit en mesure de fournir des raisons appropriées à l'appui de son propos, être dite savoir (au sens fort) que $E = mc^2$.

b. Voir par exemple, J. Hintikka, *Knowledge and Belief*, Ithaca, Cornell UP, 1962, p. 18-19.

Au point où nous en sommes, nous pouvons résumer la discussion de la manière suivante : si *X* a appris que Q, il en est venu à croire que Q. Si nous nions « Q », nous excluons directement l'idée que *X* en est également venu à savoir que Q, aussi bonne que soit la manière dont *X* défend « Q ». D'un autre côté, si nous accordons que « Q » est vrai, l'éventualité que nous disions que *X* en est venu à savoir que Q n'est pas directement exclue. En effet, nous dirons cela immédiatement si nous employons le mot *savoir* dans son sens faible, mais si nous l'employons dans son sens fort, nous ne le dirons que si sont satisfaites des conditions supplémentaires.

Souvent – et peut-être typiquement – nous ne réalisons toutefois pas de test direct pour déterminer si ces conditions supplémentaires ont bel et bien été satisfaites ; nous agissons plutôt en fonction de présomptions générales qui nous semblent plausibles. La présomption que les conditions pertinentes ont été satisfaites varie, par exemple, en fonction de la difficulté, de la technicité ou de la complexité du sujet. Aussi nous a-t-il semblé précédemment tout à fait naturel de dire de l'élève ayant appris que Boston est la capitale du Massachusetts qu'il en est venu à savoir cela. Et cela ne semble pas simplement résulter de l'emploi du verbe *savoir* au sens faible. La question « Il l'a appris mais le sait-il vraiment ? » nous vient moins aisément aux lèvres dans ce cas que dans celui de « $E=mc^2$ ». Car quelle sorte de justification technique complexe pourrait bien être nécessaire ici ? Si c'est bien du sens fort de *savoir* qu'il s'agit, il est vraisemblable que, sur des bases générales, nous supposerons l'élève davantage en mesure d'étayer de façon appropriée ce qu'il avance lorsqu'il a appris un « simple » fait que lorsque son apprentissage porte sur une affirmation « complexe » ou technique.

Une autre source de variation semble tenir à la méthode au moyen de laquelle la croyance a été acquise. Le simple fait d'avoir été avisé ou informé par quelqu'un que Q laisse ouverte la possibilité pratique que l'on ne sache pas réellement (au sens fort) que Q, même si « Q » se trouve être vraie. Le fait que l'intéressé ait trouvé par lui-même que Q confère davantage de crédibilité à la présomption qu'il en est réellement venu à savoir que Q, car ce fait suggère, même s'il n'implique pas à strictement parler, qu'il s'est trouvé dans une position appropriée pour réaliser que Q, soit de façon relativement directe, soit sur la base d'indices ou de raisons orientant vers Q.

Par là se trouvent suggérées les raisons qui font que l'usage de découverte d'*apprendre que* semble impliquer le fait de *savoir que*, au sens fort. Songez à nouveau à nos reporters qui ont appris (découvert) à l'issue d'une investigation étendue que les négociations avaient été entamées trois semaines avant que l'accord ne soit publiquement annoncé. La question

« Ils ont découvert, c'est entendu, mais, pour autant, savent-ils réellement ? » ne nous paraît pas immédiatement pertinente ou naturelle. Il se pourrait bien que les éducateurs qui insistent sur les soi-disant méthodes de découverte ou de résolution de problèmes dans l'enseignement se basent en réalité dans leur travail sur la présupposition générale selon laquelle de telles méthodes conduisent, en fait de résultat, au savoir au sens fort. L'accent mis sur l'*enseignement*, avec ce que ce terme peut connoter d'explication rationnelle et de dialogue critique, pourrait bien avoir le même objet : développer une sorte d'apprentissage au sein duquel l'étudiant sera en mesure d'étayer ses croyances à l'aide de moyens à la fois appropriés et suffisants. Avoir appris que Q en tant que conséquence d'un enseignement authentique, semble, si l'on tient « Q » pour vrai, conférer un certain poids à la présomption selon laquelle l'intéressé a acquis un savoir.

La notion d'enseignement, contrairement à celle d'apprentissage possède, typiquement, à la fois un usage *intentionnel* et un usage de *succès*[c]. Ceci revient à dire que le fait d'enseigner implique normalement celui d'essayer d'enseigner, alors que le fait d'apprendre n'implique rien de tel. Dire d'un enfant qu'il est en train d'apprendre à marcher, qu'il est en train d'apprendre une poignée de mots nouveaux chaque jour, qu'il est en train d'apprendre comment se conduire en société, qu'il est en train d'apprendre à bien s'exprimer par la parole, ne revient normalement pas à suggérer qu'il *essaie* d'accomplir ces choses. Cela ne suggère même pas qu'il est engagé dans leur réalisation ou occupé à les faire – autrement dit qu'il pense à ce qui se passe, concentre son attention, et agit avec précaution. Apprendre, pourrait-on dire, ne constitue pas une *activité* mais plutôt une sorte de *processus*. Nous pouvons, à coup sûr, distinguer différentes étapes dans un processus, et également les situations où le processus a couru jusqu'à son terme de celles où il a été interrompu. Mais de telles analyses ne présupposent pas que le processus soit délibéré, ni qu'il fasse intervenir l'intention, bien que celle-ci *puisse*, dans des circonstances particulières, se trouver impliquée. Nous pouvons essayer d'apprendre ceci ou cela, mais nous apprenons souvent sans essayer du tout ; il n'y a, de surcroît, aucune raison générale de présumer que tous les cas donnés d'apprentissage sont intentionnels.

En comparaison, enseigner apparaît bien différent. Dire d'une personne qu'elle enseigne véhicule normalement l'idée qu'elle se livre à une activité,

c. Sur ce point, voir I. Scheffler, *The Language of Education*, Springfield, Charles C. Thomas, 1960, p. 42 et 60-61 [trad. fr. *Le langage de l'éducation*, Paris, Klincksieck, 2003, p. 67 et 89-90].

plutôt que celle qu'elle se trouve engagée dans un processus. Cela implique qu'en relation avec un certain contexte, ce qu'elle fait est dirigé vers un but et met en jeu une intention et une attention. Pour faire bref, elle se livre à une tentative, et ce qu'elle tente de réaliser c'est le *succès* dans cette activité, plutôt que le simple état final d'un processus. Nous pouvons, à l'évidence, parler de ce que l'on peut appeler un « enseignement non intentionnel », au terme duquel une personne provoque une certaine sorte d'apprentissage, quoique cela se produise sans qu'elle ait essayé de le provoquer et même sans conscience de sa part. Mais parler ainsi requiert que le mot *enseignement* soit accompagné du qualificatif approprié (par exemple de l'épithète *non intentionnel*), ou qu'une explication supplémentaire du cas concerné soit proposée. En l'absence d'un tel supplément d'information, la simple attribution du fait d'*enseigner* implique un contexte requérant l'intention, alors que l'usage de succès du verbe (par exemple « John a appris à son fils comment nager ») signifie que l'intention a été amenée jusqu'à sa réalisation.

Que peut-on considérer comme le but de l'enseignement? Qu'est-ce qu'une personne engagée dans une tâche d'enseignement a l'intention de – ou cherche à – réaliser? À l'évidence, elle veut que celui qui reçoit l'enseignement apprenne quelque chose d'approprié. Dans le cas en particulier où il s'agit d'*enseigner que*, cas dont nous nous sommes plus spécialement occupés jusqu'à présent, si *X* enseigne à *Y* que Q, alors *Y* tente de faire que *Y* apprenne que « Q ». Comme nous l'avons vu, ceci implique que *Y* en vienne à accepter « Q » ou à croire que Q. Si *X* a réussi à enseigner à *Y* que Q, *Y* a bel et bien appris que Q, en est venu à croire que Q.

Le contraire, bien entendu, n'est pas vrai : quelqu'un peut avoir appris que Q sans qu'il y ait eu personne pour le lui apprendre. Qui plus est, nous ne devons pas supposer que le fait d'enseigner peut être *réduit* à celui d'essayer d'amener quelqu'un à croire quelque chose, Quelqu'un peut chercher à propager une croyance en usant de toutes sortes de moyens autres que l'enseignement – par exemple au moyen de la tromperie, de l'insinuation, de la publicité, de l'hypnose, de la propagande, de l'endoctrinement, de menaces, de la corruption et de la force. Nous ne devons pas davantage nous hâter d'identifier l'enseignement avec l'éducation scolaire [*schooling*] en général, tant il est vrai que des institutions qui, officiellement, se présentent comme scolaires ont employé et emploient encore souvent des méthodes autres que l'enseignement – par exemple l'endoctrinement, la suggestion, les menaces et la force. Ainsi, si nous voyons *apprendre que* comme une expression se rapportant à l'acquisition d'une croyance dans le contexte d'une éducation scolaire, nous ne pouvons pas considérer que l'enseignement est simplement dirigé vers l'apprentissage comme vers son but, quand bien même il se trouve, en effet, avoir l'apprentissage comme but.

Ce qui distingue l'enseignement, comme nous l'avons précédemment remarqué, est le lien spécial qu'il entretient avec l'explication rationnelle et le dialogue critique : avec l'entreprise consistant à donner des raisons honnêtes et à accueillir les questions de fond. La personne impliquée dans un enseignement ne veut pas simplement amener l'élève à croire, elle veut l'amener à croire à travers l'exercice du jugement rationnel libre. C'est là ce qui distingue l'enseignement de la propagande et du débat, par exemple. Lorsqu'il enseigne, le maître révèle les raisons qui sont les siennes en faveur des croyances qu'il entend transmettre et il soumet, en conséquence, son propre jugement à l'examen et à l'évaluation critiques de l'élève ; il se trouve pleinement engagé dans le dialogue par lequel il espère enseigner, et il met en danger, à un plus ou moins haut degré, ses propres croyances, à mesure qu'il enseigne.

Enseigner, pourrait-on dire, implique que l'on tente de provoquer l'apprentissage, moyennant de sévères restrictions touchant la *manière* d'y parvenir – autrement dit, à l'intérieur des limitations imposées par le cadre de la discussion rationnelle. Dans la mesure où le fait d'enseigner que Q présuppose que le maître tienne « Q » pour vraie (ou, à tout le moins, considère que cette proposition fait partie d'un ensemble d'approximations légitimes de la vérité auxquelles on peut faire appel dans un but de simplification ou de facilitation pédagogiques) et dans la mesure où l'activité d'enseignement en appelle au jugement rationnel libre de l'élève, nous pourrions dire que le maître tente d'amener celui-ci au savoir, au sens fort précédemment discuté. Car on suppose qu'une personne que l'on aura encouragée à former ses croyances en suivant des méthodes rationnelles libres sera vraisemblablement en mesure de fournir des justifications pour celles-ci. Le maître ne s'efforce pas simplement d'obtenir de l'élève qu'il apprenne la proposition Q, il s'efforce également de faire qu'il l'apprenne d'une manière telle qu'il puisse la connaître – autrement dit être en mesure de la justifier de manière appropriée.

Nous devons cependant admettre qu'il y aura en général des différences d'opinions concernant le succès ou l'échec de l'ensemble de la démarche d'enseignement. Les exemples transculturels fournissent les illustrations les plus claires. Considérons un maître vivant à une époque éloignée et qui s'efforce d'enseigner que des esprits malins sont les causes des maladies. Il *tente* (avons-nous dit) d'amener ses élèves à savoir cela. Admettons maintenant qu'il connaisse le succès dans sa tentative d'obtenir d'eux qu'ils croient que les esprits malins causent les maladies, et même qu'il y soit parvenu en étayant cette croyance d'une manière ayant pu être raisonnable, compte tenu de leur environnement culturel. Il ne nous est cependant pas possible d'admettre qu'il a *réussi* à obtenir des élèves qu'ils *sachent* que les esprits malins causent les maladies, car *nous* tenons cette doctrine pour fausse.

N'y a t-il pas ici une difficulté du point de vue de l'évaluation de l'enseignement? Nous voulons, au sein même de cette ère éloignée, distinguer l'enseignement couronné de succès de l'enseignement qui échoue, mais notre présente analyse nous force à juger (du moins en ce qui concerne les doctrines fausses telles que celle que nous avons évoquée) que cet enseignement est d'un bout à l'autre un échec. Pour affronter ce problème, nous pouvons mettre en avant une notion seconde ou « subjective » de succès complétant la notion initiale ou « objective » dont nous avons fait usage. Selon cette notion seconde ou subjective de succès, la vérité de la doctrine enseignée doit être jugée du point de vue du maître; nous jugeons également de la question des justifications appropriées d'une manière qui fait appel aux normes qui prévalaient et aux données disponibles au sein de la culture concernée. Ensuite nous jugeons du succès de façon normale. Nous pouvons maintenant nous livrer aux distinctions transculturelles requises entre enseignement couronné de succès et enseignement qui échoue, même là où, d'un point de vue objectif, et dans notre perspective, il n'y a qu'insuccès.

Un enseignement, quel qu'il soit, est supposé viser ce que le maître tient pour vrai, et son but n'est pas simplement que l'élève l'apprenne, mais qu'il devienne capable d'étayer ce qui est ainsi appris à l'aide de critères de justification appropriés et dont on pense qu'ils s'imposent. Dans la mesure où le maître *enseigne*, il expose, en tout cas, ses propres jugements de vérité au risque, car il les livre à la critique générale de ces critères et au libre jugement critique issu de l'esprit de l'élève.

Un point de portée générale doit plus spécialement être noté. Les attributions en termes de *savoir que* reflètent les jugements de vérité et les normes critiques du locuteur; elles l'engagent de façon importante touchant les croyances qu'il impute aux autres, et elles s'articulent à son critère particulier de justification des croyances. Aussi, contrairement aux attributions de *croyances* ou à celles qui prennent les formes en *apprendre que* et en *enseigner que*, elles révèlent sa propre orientation épistémologique touchant les éléments de croyance en question; en ce sens, elles font plus que décrire la personne à qui le savoir est attribué.

Nous avons, en somme, relié comme suit les notions éducatives d'apprentissage et d'enseignement aux notions cognitives de connaissance et de croyance : apprendre que Q implique d'en venir à croire que Q. Sous certaines conditions (vérité de « Q » et sens fort de connaître, justification appropriée de « Q »), apprendre que Q implique aussi d'en venir à savoir que Q. Enseigner que Q implique, moyennant certaines restrictions caractéristiques concernant la manière, que l'on tente de provoquer l'apprentissage que (et la croyance que) Q, et, qui plus est, le savoir que Q, si l'on suit le jugement du maître formé en fonction de sa perspective.

Maintenant, il existe certaines classes de contre-exemples qui pourraient bien être avancés en opposition à ces généralisations. Un élève pourrait dire, en rapportant ce qu'il a appris un certain jour, « J'ai appris que les dieux vivaient sur l'Olympe », ou, s'il s'agit d'un étudiant en philosophie, « J'ai appris que le monde sensible n'est qu'une illusion ». Ces témoignages pourraient bien être vrais, sans que l'élève en soit effectivement venu à *croire* que les dieux vivent sur l'Olympe ou que le monde sensible constitue une illusion. De tels témoignages, de manière plausible, peuvent cependant être interprétés comme elliptiques. Ce que l'on veut réellement dire, c'est que « J'ai appris que certaines personnes [les Grecs] croyaient que les dieux vivaient sur l'Olympe », ou « J'ai appris qu'il était affirmé (par tel ou tel philosophe) que le monde sensible n'est qu'une illusion ».

Une autre sorte de contre-exemple est fournie par *X* enseignant à *Y* que les métaux se dilatent lorsqu'on les chauffe mais ne se souciant pas réellement de savoir si *Y* le croit ou non. Il ne tente pas d'obtenir de *Y* qu'il en vienne à croire que ou (de son point de vue) à savoir que les métaux se dilatent lorsqu'on les chauffe. Il se limite à préparer *Y* à faire ce qui est nécessaire pour réussir l'examen de fin de semestre. Il se peut qu'il ne prête même pas attention à cela; il se peut qu'il cherche seulement à finir la journée. En ce qui concerne d'abord ce dernier cas, il est tout à fait possible pour un *enseignant* de ne pas être impliqué dans l'*enseignement* à un moment donné. Être appelé enseignant, c'est typiquement être décrit comme tenant un certain rôle institutionnel dans le processus de l'éducation scolaire plutôt que comme étant engagé dans une activité d'enseignement; nous devons éviter la supposition selon laquelle tout ce qu'un maître fait dans le cadre de son travail peut être décrit comme de l'enseignement. Deuxièmement (pour en revenir au premier cas), nous pourrions aisément différencier le fait d'enseigner à *Y* que les métaux se dilatent lorsqu'on les chauffe du fait d'enseigner à *Y* comment s'en sortir en présence de questions d'examen portant sur ce sujet dans le but de favoriser son succès. Il est, en fait, possible de faire une de ces choses sans faire l'autre; depuis l'époque des Sophistes (au moins), on s'est avisé de ce que l'enseignement pouvait viser non point une connaissance portant sur des propositions tenues pour vraies, mais plutôt l'acquisition d'aptitudes à maîtriser les manifestations extérieures de ce savoir. Il existe des cas analogues, qui plus est, où ce dernier objectif est parfaitement respectable – par exemple lorsque l'enseignement vise à développer des aptitudes dans le maniement d'une théorie plutôt que l'acceptation de la vérité de celle-ci[d].

DOMAINES D'UTILISATION DES TERMES COGNITIFS ET ÉDUCATIFS

Notre discussion au cours de la section précédente a porté sur certaines connexions générales entre les termes éducatifs *apprendre* et *enseigner* et les termes cognitifs *connaître* et *croire*. Notre discussion était restreinte, toutefois, à des usages comparables de ces termes – *i.e.*, *apprendre que*, *enseigner que*, *savoir que* et *croire que*. Nous devons maintenant nous tourner vers la question de leurs divers domaines d'utilisation, lesquels diffèrent de manière importante. Nous aurons alors une idée plus claire du paysage au sein duquel nos précédentes considérations doivent être situées. Qui plus est, nous trouverons des raisons d'éviter d'identifier le domaine de l'*éducation* avec celui du *savoir*. Poursuivant notre exploration de ce territoire plus large, nous en viendrons à des analyses détaillées de la région où les domaines éducatifs et cognitifs ont leur intersection.

Nous pouvons commencer en suggérant que *savoir* couvre un domaine plus vaste que *croire*. Nous pouvons parler non seulement de *savoir que* mais aussi de *savoir comment faire pour* [*knowing how to*]; nous pouvons seulement parler de *croire que*. Nous pouvons non seulement dire « *X* sait que Napoléon a été battu à Waterloo », mais aussi « *X* croit que Napoléon a été battu à Waterloo ». Cependant, bien que l'on puisse dire « *X* sait comment conduire une bicyclette », nous ne *pouvons pas* dire « *X* croit comment conduire une bicyclette ». Ce point peut être formulé adéquatement en baptisant *propositionnel* l'emploi avec *que* et *procédural* celui avec *comment* et en observant qu'alors qu'il existe un emploi propositionnel à la fois pour *savoir* et pour *croire*, il n'est d'emploi procédural que pour *savoir*.

On doit, assurément, tout de suite remarquer qu'alors que nous disposons de la construction en *croire en* [*believing in*], nous ne disposons pas de celle en *savoir en* [*knowing in*]. *X* peut être dit croire en Dieu, en la bienveillance de Dieu, dans l'avenir des Nations Unies, en la démocratie,

d. On doit ici tenir compte des critiques de M. Brown, « Knowing and Learning », *Harvard Educational Review*, XXXI (hiver 1961), p. 10-11 et note 19.

ou en John Jones. Cependant, il semble possible de suggérer, en contexte, des interprétations propositionnelles plausibles de *croire en*. Croire en Dieu, dans beaucoup de contextes typiques, revient à croire qu'il y a un Dieu; croire en la bienveillance de Dieu revient à croire que Dieu est bienveillant; croire dans l'avenir des Nations Unies revient à croire que les Nations Unies ont un avenir; croire en la démocratie revient à croire que la démocratie est bonne ou qu'elle a un avenir; croire en Jones revient à croire que Jones ne trahira pas la confiance ou ne décevra pas les espoirs de bonnes performances et de réussite placés en lui. Il n'y a, semble-t-il, pas de méthode de réduction unique pour les déclarations en *croire en*; cependant, à l'aide d'indices contextuels, il semble plausible de supposer que la réduction peut être conduite selon les axes qui viennent d'être esquissés, éventuellement en combinaison avec d'autres méthodes.

Si l'on suppose une telle réduction, la croyance devient analysable en termes propositionnels, alors que le savoir s'avère clairement non seulement propositionnel mais aussi procédural. Néanmoins, c'est un emploi extra procédural qui fournit la seule indication *prima facie* du fait que *savoir* possède un domaine d'utilisation plus large que *croire*. Nous pouvons dire d'abord que l'on sait pourquoi il y a des marées mais pas que l'on croit pourquoi il y a des marées, que l'on sait qui a commis le meurtre (ou comment ou quand il a été commis), mais pas que l'on croit qui l'a commis (ni comment il l'a été, ni quand). Nous pouvons, pour prendre un second ensemble d'exemples, dire que l'on connaît[1] les échecs, la musique ou le Scrabble, mais pas que l'on croit les échecs, la musique ou le Scrabble. Le premier ensemble d'exemples fait implicitement référence à des *questions* d'une sorte ou d'une autre (« Pourquoi y a-t-il des marées? », « Qui a commis le meurtre? », etc.). Nous rangerons ces emplois sous le label *usage appelant une question* [*question use*]. Nous appellerons le second ensemble *usage portant sur un sujet* [*subject use*], dans la mesure où il se rapporte à des « sujets » tels que les échecs, la musique, etc.

Il est vrai que certains sujets n'interdisent pas que leur soient appliquées des notions impliquant celle de *croyance*. Par exemple, nous pouvons non seulement parler de connaître la théorie de l'évolution mais aussi de croire en la théorie de l'évolution. Néanmoins, nous ne pouvons appliquer des notions impliquant celle de *croyance* semblablement à toute la catégorie de sujets susceptibles d'être connus – par exemple les échecs ou la musique.

1. *To know* doit être ici traduit alternativement par « savoir » et par « connaître ». Dans le cas des *subject uses*, la traduction par « connaître » apparaît naturelle (même s'il arrive parfois que l'on dise de quelqu'un, par exemple, qu'il sait l'anglais).

Qui plus est, même dans les cas de sujets qui permettent bel et bien l'application de la notion de *croyance*, cette application est propositionnelle alors que la connaissance correspondante ne l'est *pas*; mieux, la croyance concernée n'est ni impliquée par, ni incluse dans la *connaissance* correspondante, alors qu'elle l'est dans les cas où le savoir en question est propositionnel. Autrement dit, *savoir* que les métaux se dilatent quand on les chauffe implique de *croire que* les métaux se dilatent quand on les chauffe, mais connaître la théorie de l'évolution n'implique pas de croire à la théorie de l'évolution. Dire de quelqu'un qu'il croit à la théorie de l'évolution revient, normalement, à dire qu'il l'accepte ou la tient pour vraie. Dire de ce quelqu'un qu'il connaît la théorie de l'évolution ne revient pas à en dire *plus* mais à dire quelque chose de *différent*: cela revient à dire qu'il est familier de la théorie en question ou qu'il peut la reconnaître, la manier et, peut être, l'exposer. *Croire* à une théorie, en résumé, c'est croire *qu*'elle est correcte ou vraie; *connaître* une théorie n'est *pas* avoir connaissance du fait *qu*'elle est vraie ou fausse. Le sens pertinent de *connaître* est différent de celui lié à l'usage *propositionnel* dont nous avons discuté.

Venons-en maintenant à la suggestion selon laquelle les usages du verbe *connaître* portant sur un sujet comme ceux appelant une question sont réductibles à des usages procéduraux: *connaître une théorie*, c'est *savoir comment* la formuler et, éventuellement, comment travailler avec elle; *savoir pourquoi* il y a des marées, c'est *savoir comment* répondre correctement à la question «Pourquoi y a-t-il des marées?». D'un autre côté, quelqu'un pourrait proposer de réduire les usages appelant une question, tout au moins, aux usages propositionnels, en tenant que «*X* sait qui est le meurtrier» signifie «Il y a une réponse vraie à la question "Qui est le meurtrier?" et *X* sait que cette réponse est vraie». Ces suggestions peuvent être considérées – ou non – comme plausibles mais nous n'avons pas à décider si elles sont adéquates, à tout le moins compte tenu de nos objectifs présents. Il suffit que nous reconnaissions qu'une croyance peut être interprétée, dans tous les cas de figure, comme propositionnelle. D'un autre côté, le savoir n'est pas toujours propositionnel: il n'est pas toujours, ni à chaque fois, réductible au *savoir que*. Même si les réductions mentionnées à l'instant s'avéraient praticables nous nous retrouverions toujours avec un usage procédural et un usage propositionnel de *savoir*. La réduction de l'usage procédural lui-même à l'usage propositionnel n'est pas plus plausible: à quelle expression en *savoir que* pourrait bien correspondre «savoir comment taper à la machine»?

Le domaine d'emploi de *connaître* peut ainsi être caractérisé comme étant plus large que celui de croire. Si nous nous tournons maintenant vers les termes *apprendre* et *enseigner* nous constatons qu'ils sont applicables dans tous les cas examinés jusqu'ici; ils ne sont pas limités aux seuls usages propositionnels. L'élève peut apprendre que Napoléon a été battu à Waterloo et cela peut également lui être enseigné; il peut apprendre à conduire une bicyclette ou l'emploi d'une machine à écrire et cela peut également lui être enseigné. Il peut apprendre pourquoi il y a des marées et cela peut également lui être enseigné. Il peut apprendre le jeu d'échecs ou la théorie de l'évolution, comme ils peuvent lui être enseignés. Dans la mesure ou, cependant, la notion de croyance n'est applicable à aucun de ces cas en dehors du premier et du dernier (*i.e.* croire que Napoléon a été battu à Waterloo, croire en la théorie de l'évolution), elle ne se prête donc pas à une mise en rapport générale avec les notions d'apprentissage et d'enseignement, comme c'était le cas s'agissant spécifiquement des occurrences propositionnelles précédemment discutées. Si l'on considère d'abord la notion d'apprentissage, on ne peut pas dire, par exemple, que si *X* a appris comment taper, il en est venu à croire comment taper, alors que l'on *peut* dire que s'il a appris que Napoléon a été battu à Waterloo, il en est venu à le croire. Nous ne pouvons pas dire que si *X* a appris pourquoi il y a des marées, il en est venu à croire pourquoi il y a des marées. Nous ne pouvons pas davantage dire qu'il en est venu à croire les échecs s'il a appris comment jouer aux échecs. Bien plutôt, nous devons dire que s'il a appris comment taper, il en est venu à savoir comment taper; s'il a appris pourquoi il y a des marées, il en est venu à savoir pourquoi il y a des marées; s'il a appris les échecs, il en est venu à connaître les échecs. Qui plus est, même s'il *est* possible de parler d'une croyance en la théorie de l'évolution, alors qu'il n'est pas possible de dire que l'on croit aux échecs, il est faux de dire que si *X* a appris la théorie, il en est venu à la croire; nous devons plutôt dire qu'il en est venu à connaître la théorie – ce qui, nous l'avons vu, est différent du fait de l'accepter comme vraie.

De manière analogue, nous ne pouvons introduire la notion de croyance au sein de notre explication générale de l'enseignement, comme nous l'avons précédemment fait. Par exemple, nous ne pouvons dire qu'en enseignant à *Y* comment taper, le maître tente d'amener *Y* à croire comment taper. Bien plutôt, il nous faut dire qu'il tente d'obtenir de *Y* qu'il sache comment taper. Semblablement, le maître veut que l'élève connaisse la théorie de l'évolution, les échecs ou les causes des marées.

Le principal résultat à noter est que, alors que le domaine d'emploi de *savoir* est plus large que celui de *croyance*, *apprendre* et *enseigner* sont au moins aussi large quant à leur domaine d'application que *savoir*. L'éducation excède par son domaine celui de la croyance, dans la mesure, pourrions-nous dire, où la concernent également le développement des compétences, les techniques procédurales, la familiarisation avec certains sujets – en bref, tout ce qui peut être caractérisé en termes de savoir. Néanmoins, nous ne devons pas supposer que le domaine de l'éducation coïncide avec celui du savoir. En fait, il va au-delà; les concepts d'apprentissage et d'enseignement sont applicables dans des cas où celui de *savoir* ne l'est pas.

On peut introduire ce point au moyen de l'observation qu'*apprendre à* [*to learn to*] et *apprendre à* [*to teach to*] n'ont pas de contrepartie telles que *croire à* [*believing to*][1] ou *savoir à* [*knowing to*]. Un enfant, par exemple, peut apprendre à être ponctuel, il se peut qu'on lui apprenne à être ponctuel, mais il ne peut pas, suite à cela, être dit *croire* ou *savoir à* être ponctuel. Son apprentissage est ici bien mieux conçu si on l'envisage en termes de propensions actives, de tendances, ou d'habitudes de conduite. Il n'en est pas nécessairement, ni simplement, arrivé à avoir une nouvelle croyance, pas plus qu'il n'en est simplement, ou nécessairement, venu à maîtriser une nouvelle technique procédurale ou un nouveau sujet avec lequel il s'est familiarisé. Il a, bien plutôt, acquis un trait nouveau ou une nouvelle manière d'agir. Sa conduite, désormais, peut être caractérisée par le fait qu'elle manifeste en général sa ponctualité, alors que tel n'était pas le cas antérieurement.

L'emploi des expressions *apprendre à* [*learning to*] et *apprendre à* [*teaching to*] n'est pas, de plus, limité aux propensions actives; il s'étend aussi à d'autres cas, dont le classement est délicat, mais que l'on peut appeler *accomplissements*[2]: l'enfant peut, par exemple, apprendre à *apprécier* la musique ou à *maîtriser* [*understand*] les relations entre multiplication et addition, mais il ne peut être dit *croire à* ou *savoir à* apprécier ou maîtriser. Par conséquent, aussi bien eu égard aux accomplissements

1. Il ne faut pas perdre de vue que la comparaison est établie avec *apprendre à*, tel qu'employé dans *apprendre à être poli*. Et, à l'évidence, il n'y aurait aucun sens à dire de quelqu'un qu'il *croit à être poli*.

2. *Attainments*. Ce terme est délicat à traduire. Il faut entendre ici par « accomplissement » un état (et non l'acte ou le processus menant à celui-ci). Ainsi considèrera-t-on, par exemple, que le fait d'être parvenu à se détacher des choses est un *attainment*. Un *attainment* n'est pas nécessairement un *achievement*, autrement dit une réussite, même dans les cas où cette dernière demande, elle aussi, des efforts. Le jugement de réussite implique un point de référence extérieur: si *X* a réussi la course, c'est que les autres sont arrivés après lui. Tout à l'inverse, on peut considérer que *X* a atteint ou accompli quelque chose même s'il arrive bon dernier. Semblablement *X* peut réaliser un exploit personnel sans que l'on considère ce dernier comme une réussite.

qu'aux propensions, nos termes éducatifs excèdent le domaine d'emploi du terme *savoir*.

Mais peut-être le fait de comprendre quelque chose se réduit-il au fait de connaître cette chose, de sorte qu'apprendre à maîtriser *X* revient à apprendre à connaître *X*. Alors qu'il existe des contextes au sein desquels savoir *X* véhicule l'idée d'une compréhension de *X*, il ne semble pas possible de *généraliser* cette réduction. Une personne peut dire sans contradiction « Je connais les doctrines des existentialistes, mais je ne les comprends pas ». Ou nous pouvons dire d'un enfant « Il connaît les lois de Newton (ou les pièces de Shakespeare) mais il ne les comprend pas ». Les limites d'un tel savoir sont peut-être élastiques, elles incluent à certains moments la familiarité avec son objet, la recognition, la connaissance directe, et la capacité à formuler, à paraphraser et à utiliser, mais elles n'incluent pas dans tous les cas la compréhension. Ce en quoi consiste la compréhension, si elle n'est pas simplement la familiarité ou une aptitude d'un certain type, constitue une question séparée. Certains ont suggéré que la compréhension impliquait quelque chose d'analogue à la perception : voir ce qui est en jeu. On pourrait aussi la comprendre comme consistant en partie dans le fait d'avoir expliqué ou paraphrasé la doctrine concernée en des termes particuliers, compréhensibles d'emblée par l'intéressé, ou on pourrait penser qu'elle implique un certain degré d'expérience ou de maturité (comme dans le cas de la compréhension des pièces de Shakespeare). Quelle que soit la façon dont nous l'interprétons, elle ne semble *pas* se réduire à l'usage portant sur un sujet de *savoir*.

On pourrait suggérer maintenant que, bien qu'il n'y ait pas de locutions telles que *croire à* ou *savoir à*[1], une sorte de *croire que* ou de *savoir que* accompagne le fait d'*apprendre à*. L'idée serait en effet de réduire ce dernier à apprendre que : l'enfant qui a appris à être ponctuel en est venu à croire ou à savoir qu'il *devait être* ponctuel ; l'enfant qui a appris à apprécier la musique en est venu à croire ou à savoir qu'il devait apprécier la musique ; ayant appris à maîtriser les multiplications, il en est venu à savoir qu'il devait comprendre la multiplication.

Cette suggestion ne semble cependant pas pouvoir être suivie. Il est certain que la réduction contraire échoue même si, dans certains contextes, nous interprétons, par exemple, le cas de l'enfant sachant qu'il doit être ponctuel comme impliquant qu'il est ponctuel. Mais même les inférences allant des énoncés en *apprendre à* aux énoncés suggérés en *croire que* ou

1. Comme on l'a vu, l'on ne saurait dire que quelqu'un *croit à* ou *sait à* être ponctuel lorsqu'il a appris à être ponctuel.

savoir que échouent. Un garçon peut apprendre à se ronger les ongles ou à fumer sans en venir à croire ou à savoir qu'il doit se ronger les ongles ou fumer. Une personne peut en être venue à apprécier une peinture ou à comprendre les concepts de la théorie atomique sans pour autant estimer qu'il était de son devoir d'y arriver; en réalité, on devrait même soulever la question de savoir s'il est bien sensé de dire de quelqu'un qu'il doit apprécier ou comprendre, si du moins on entend par là quelque chose de distinct du fait d'essayer d'apprécier ou de comprendre. Une personne qui en vient à apprécier une peinture n'en vient pas à davantage toujours croire qu'elle est une bonne peinture: et, assurément, la proposition contraire est tout aussi fausse (l'appréciation peut, à coup sûr, impliquer le fait d'aimer, mais le fait d'aimer n'est pas lui-même réductible à une croyance portant sur le fait que son objet est bon).

On pourrait suggérer finalement qu'*apprendre à* a quelque chose de *procédural*, et recouvre l'acquisition de compétences et de techniques plus ou moins complexes, descriptibles en termes de *savoir faire*. Il existe quelques exemples semblant indiquer que cette suggestion constitue une interprétation plausible: dire de quelqu'un qu'il a appris à nager ou à conduire une voiture revient en fait à dire qu'il en est venu à savoir comment nager ou conduire – il a acquis des aptitudes en matière de natation et de conduite. Il s'agit là, en réalité, de cas dans lesquels l'expression *apprendre à* pourrait aisément être remplacée par *apprendre comment faire pour*: avoir appris à nager ou à conduire revient à avoir appris comment faire pour nager ou pour conduire. Tous les cas d'*apprendre à* ne peuvent cependant pas être interprétés comme des cas d'*apprendre comment faire pour*, pas plus qu'ils ne peuvent tous être interprétés en termes d'acquisition d'une certaine dose de savoir-faire. Apprendre à être un bon voisin ou un bon citoyen n'est pas la même chose qu'apprendre comment être un bon voisin ou un bon citoyen. Apprendre à payer ses dettes n'est pas apprendre comment payer ses dettes; il ne s'agit pas simplement, par exemple, d'apprendre l'utilisation appropriée d'un carnet de chèques[e]. Apprendre différentes techniques pour s'assurer de sa propre ponctualité ne revient pas à apprendre à être ponctuel. Acquérir une compétence est une chose, acquérir une habitude ou une propension en est une autre.

Le point semble encore plus avéré s'agissant de ce que nous avons appelé les accomplissements. Car, alors que les propensions actives se trouvent fréquemment être associées de manière stricte à des techniques

e. Voir I. Scheffler, *The Language of Education*, *op. cit.*, p. 98 [trad. p. 135].

(par exemple, une personne qui aime nager et qui nage régulièrement sait comment nager), les accomplissements ne peuvent être associés de façon stricte à des techniques. Une personne qui apprécie la musique ne peut, à proprement parler, être dite savoir comment apprécier la musique; quelqu'un qui comprend la théorie quantique ne peut être décrit comme une personne qui sait comment comprendre la théorie quantique (si quelqu'un disait qu'il sait très bien *comment* apprécier la musique mais a choisi de ne pas le faire, ou si quelqu'un disait qu'il sait *comment* comprendre la théorie quantique mais ne l'a finalement pas comprise, cela semblerait certainement étrange). Il y a à coup sûr des techniques *incorporées* aux accomplissements : celui qui comprend la théorie quantique sait comment lire, et celui qui apprécie la musique sait comment écouter. Mais ces portions de savoir-faire ne leur sont pas strictement associées; elles ne sont pas des équivalents, respectivement, de savoir comment faire pour *comprendre* ou pour *apprécier*. La compréhension et l'appréciation ne peuvent pas, semble-t-il, être aisément décrites comme des mises en œuvre de techniques ou de savoir-faire, de la façon dont l'activité consistant à nager peut être décrite comme la mise en œuvre d'un savoir-faire en matière de nage. Car il n'existe rien de tel, semble-t-il, qu'un *savoir-faire de compréhension* ou un *savoir-faire d'appréciation*. Et encore moins peut-on suggérer de réduire le fait d'apprendre à comprendre ou à apprécier à la simple acquisition de tels savoir-faire.

Les aptitudes, les procédures et les éléments constituant les savoir-faire drainent avec eux un faisceau de notions associées, lesquelles ne s'appliquent toutes, *ni* dans le cas des propensions *ni* dans celui des accomplissements. Premièrement, une aptitude ou un élément de savoir-faire, une fois acquis, peuvent ou non être exercés, en fonction des situations qui se présentent; une personne peut être dite disposer d'une aptitude, ou d'un savoir-faire approprié, quand bien même elle ne les a jamais (ou très rarement) exercés, alors qu'elle a eu amplement l'opportunité de le faire. Il y a beaucoup de gens qui ont appris et savent comment nager mais ne nagent plus du tout, ou presque plus, quand bien même ils ont la possibilité de le faire. Nous pouvons supposer qu'ils sont un peu rouillés sur le plan technique, mais nous ne nous sentons pas enclins à nier leur *aptitude* à nager. Au contraire, une personne qui a l'habitude ou le trait de caractère consistant à être ponctuelle est une personne qui est généralement ponctuelle dans les occasions qui le demandent. Si une personne qui s'est toujours montrée ponctuelle commençait à arriver en retard à tous – ou à presque tous – ses rendez-vous, et continuait ensuite régulièrement à se comporter ainsi, et ce pendant une période de temps suffisamment longue, nous finirions par dire qu'elle a perdu son habitude de ponctualité. Une personne ne pourrait pas continuer à affirmer qu'elle est ponctuelle sur la seule base du fait qu'elle l'a été, alors que depuis longtemps elle n'est jamais, ou presque jamais, arrivée où que ce soit à l'heure. En bref, il est tout à fait possible de dire que *X* sait comment nager mais ne nage jamais ; il nous paraîtrait cependant contradictoire de dire que *X* a l'habitude d'être ponctuel mais n'arrive jamais à l'heure. En ce qui concerne les accomplissements, la notion même de performance répétée est suspecte : nous pouvons dire de quelqu'un qui sait nager qu'il nage tous les mercredis ; nous pouvons dire d'un élève ponctuel qu'il est arrivé vingt fois d'affilée à l'heure en classe. Mais que pourrait bien signifier le fait de dire d'une personne qui comprend la théorie quantique qu'elle la comprenait chaque mercredi du mois dernier, ou d'une personne qui apprécie l'art qu'elle l'apprécie vingt fois d'affilée ?

Deuxièmement, dans le cas d'une aptitude ou d'un savoir-faire, une personne peut clairement décider de ne pas les exercer. Il n'y a rien d'étrange dans le fait de dire que quelqu'un sait comment jouer au tennis mais choisit de ne pas le faire. Une description analogue est également possible dans le cas des habitudes, car il se peut qu'un homme contrôle délibérément ses propres propensions dans des occasions particulières ; un fumeur, par exemple, peut décider de fumer ou de ne pas fumer. Il semble cependant que rien d'analogue n'existe en ce qui concerne les accomplissements : une personne comprenant la théorie quantique ne peut pas choisir de ne pas la comprendre ; quelqu'un qui apprécie la poésie ne peut pas décider de l'apprécier le lundi. Pour les habitudes elles-mêmes, l'analogie n'a qu'une portée limitée ; lorsque le contrôle est assez étendu, il mène à l'élimination de l'habitude en question.

Troisièmement, la notion de pratique apparaît clairement pertinente dans le cas des aptitudes et des savoir-faire ; les unes et les autres se mettent en place au fil de tentatives et d'exercices répétés. De manière semblable, nous pouvons décrire les habitudes comme s'étant formées au fil d'essais répétés ; par exemple, en fumant encore et encore, quelqu'un peut contracter une authentique habitude de fumer. Une description parallèle semble toutefois hors de question dans le cas des accomplissements. Quelqu'un ne peut développer une compréhension de la mécanique quantique en la comprenant encore et encore ; quelqu'un ne peut pas davantage raffermir et approfondir sa compréhension au moyen de performances de compréhension répétées : la notion même de performance est ici suspecte, comme nous l'avons indiqué plus haut. Il y a un sens à dire à un élève de s'exercer à jouer une certaine pièce musicale; il n'y a aucun sens à lui dire de s'exercer à apprécier ce qu'il joue.

Au bout du compte, l'idée qu'on maîtrise ou qu'on domine quelque chose semble particulièrement applicable aux aptitudes. Quelqu'un peut parvenir à une aisance en conduite ou devenir un maître des échecs, mais on ne peut décrire quelqu'un ni en disant qu'il a la ponctualité ou l'honnêteté aisées, ni en disant qu'il est devenu un maître en matière de promenade habituelle avant le petit déjeuner. Quelqu'un ne peut pas davantage être dit avoir une maîtrise de la compréhension, pas plus qu'il ne peut être dit avoir acquis une maîtrise en ce qui concerne l'appréciation de Bach. Un individu peut comprendre un sujet plus ou moins bien, il peut apprécier plus ou moins un poème, mais il ne peut pas être appelé un bon « compreneur » ou « appréciateur » alors qu'on peut le décrire comme un bon conducteur, un bon claviste ou un bon joueur d'échec. Semblablement, chez une personne, l'habitude de fumer ou de se ronger les ongles peut être forte ou faible, profondément ou moins profondément enracinée, facile ou difficile à éradiquer, mais il reste que cette personne ne peut être valablement décrite comme un bon fumeur ou un bon rongeur d'ongles.

Le résultat est que propensions et accomplissements ne peuvent réellement être assimilés à la catégorie des aptitudes ou savoir-faire, pas plus qu'*apprendre à* [*learning to*] et *apprendre à* [*teaching to*] ne peuvent être analysés comme étant, en réalité, procéduraux. Il s'ensuit que le domaine d'emploi des concepts psychologiques est non seulement plus large que celui du concept de croyance, comme nous l'avons vu précédemment; il est également plus large que celui du concept de connaissance. Le concept d'éducation déborde par son domaine d'emploi les notions cognitives prises toutes ensemble recouvrant, comme nous l'avons vu, la formation des propensions et des traits de caractère, et le développement de la compréhension et de l'appréciation.

DÉFINITION ILLUSTRATIVE DE LA CONNAISSANCE PROPOSITIONNELLE

Ayant parcouru le large domaine des notions éducatives, nous allons maintenant en venir à l'examen de cette portion du domaine qui recoupe celui du *savoir*. Le cas de connaissance qui a fait l'objet d'un traitement éminent au sein des discussions classiques en théorie de la connaissance est celui de la connaissance propositionnelle, et c'est celui dont nous allons d'abord traiter. Nous considérons qu'il est approprié d'introduire ici une définition préliminaire de *savoir que* qui nous servira de point d'ancrage au cours de nos discussions ultérieures de la connaissance propositionnelle. Cette définition établit trois conditions pour *savoir que*, et nous nous rapporterons désormais à ces trois conditions en les appelant *condition de croyance*, *condition d'évidence* et *condition de vérité*[f].

> *X* sait que Q
> si et seulement si
> (1) *X* croit que Q
> (2) *X* a des preuves adéquates que Q
> (3) Q

Cette définition considère que les trois conditions avancées définissent conjointement *savoir que* et ainsi correspondent au sens fort de *savoir* discuté précédemment dans la première section du présent chapitre. Le sens faible est obtenu facilement, en laissant (2) de côté. Dans chacun des trois chapitres qui suivent, nous prendrons l'une des conditions mentionnées ci-dessus et discuterons certains des enjeux les plus remarquables liés à son interprétation. Venons-en d'abord à la vérité.

f. Des variantes de cette définition peuvent être trouvées chez R.M. Chisholm, *Perceiving: a Philosophical Study*, Ithaca, Cornell UP, 1957, p. 16 et D.J. O'Connor, *An Introduction to the Philosophy of Education*, New York, Philosophical Library, 1957, p. 73.

CHAPITRE DEUX

CONNAISSANCE ET VÉRITÉ

LA CONDITION DE VÉRITÉ DE LA CONNAISSANCE PROPOSITIONNELLE

À la fin du chapitre précédent, nous avons énoncé la troisième condition de notre définition en l'appelant *condition de vérité*. Le point est, en effet, que lorsque nous *énonçons* qu'une personne *X* sait que Q, nous ne sommes pas seulement en train d'affirmer la vérité de la déclaration dans son ensemble, mais nous nous engageons également à propos de la vérité de l'assertion enchâssée. Nous pouvons, bien entendu, nous tromper sur les deux points, car il se peut, en fait, que *X* ne sache pas que Q et que ce ne soit pas le cas que Q. Nous pouvons aussi ne nous tromper que sur un seul point, car *X* peut, en fait, ne pas savoir que Q, même si l'assertion « Q » est vraie. Mais la possibilité restante se trouve exclue par la condition de vérité : que nous soyons dans le vrai en tenant que *X* sait que Q, tout en étant dans l'erreur à propos de la vérité de « Q ». La condition de vérité peut être interprétée ainsi : *s'il* est vrai que *X* sait que Q, *alors* il est vrai que Q. De plus, l'usage de la notion de *vérité* dans le présent exposé n'est qu'une commodité; le contenu de la déclaration concernée pourrait être exprimé également comme suit : si *X* sait que Q, alors Q (quelle que soit l'assertion mise à la place de l'une et l'autre des occurrences de « Q »). Le point important, dans tous les cas, est que si nous assertons ou tenons pour vrai que *X* sait que Q, nous sommes également contraints d'affirmer, ou de tenir pour vrai, que « Q » car cette assertion est une « condition nécessaire » de la précédente.

Dire que nous sommes contraints d'affirmer que Q, ne signifie évidemment pas qu'il est besoin que cette contrainte s'affiche dans notre conscience à chaque fois que nous jugeons que *X* sait que Q. La condition de vérité n'est pas supposée refléter ce qui se passe dans la conscience de la personne qui attribue le savoir; bien plutôt, son objet est de refléter une contrainte objective d'une telle attribution, contrainte qui se manifeste indirectement à travers la manière dont les attributions particulières sont évaluées de façon critique : en particulier, l'attribution d'un savoir sera retirée ou rejetée s'il est nié que Q.

Nous avons discuté un exemple pertinent dans la première section du chapitre 1. L'élève affirmant qu'il sait que des esprits malins causent les maladies ne sera pas reconnu par nous comme détenant un tel savoir, car nous nions que des esprits malins causent réellement les maladies. Il se peut, en revanche, si nous tenons la déclaration pour sincère, que nous admettions que cet élève *croit* que des esprits malins causent les maladies, bien que sa croyance soit entachée de fausseté. Si vous m'entendiez dire que je sais que la pièce commence à vingt heures, alors même que vous avez été informé à l'instant par le programme que le début était à vingt heures trente, vous supposeriez que j'ai une croyance fausse. Vous ne me décririez certainement pas en disant que je *sais* que la pièce commence à vingt heures, si du moins vous vous inclinez devant l'information officielle fournie par le programme.

En général, si vous pensez que ma croyance est erronée, vous êtes amené à nier que je possède un savoir portant sur ce qui fait l'objet de cette croyance, quel que soit le degré auquel vous me jugez sincère, et quelle que soit la force que vous attribuez à ma conviction. Juger que *X* est dans l'erreur constitue une base suffisante pour que l'affirmation selon laquelle *X* sait soit rejetée. Il s'ensuit que, si l'on admet que *X* sait, on doit juger qu'il n'est pas dans l'erreur, et c'est précisément le point sur lequel porte la condition de vérité.

Un étayage supplémentaire peut être fourni à cette condition par l'examen de nos façons communes de parler. Alors que nous pouvons décrire quelqu'un comme croyant à tort que les baleines sont des poissons, nous ne pourrions le décrire comme sachant à tort que les baleines sont des poissons. Nous pouvons dire qu'une personne a tort de croire que l'eau se contracte lorsqu'elle gèle, mais nous ne dirions pas qu'elle a tort de savoir que l'eau se contracte lorsqu'elle gèle. Je ne me contredis pas si je dis « La plupart des gens croient qu'il est difficile d'apprendre la logique symbolique, mais ils se trompent ». En revanche, je me contredis bel et bien, semble-t-il, si je dis « La plupart des gens savent qu'il est difficile d'apprendre la logique symbolique, mais ils se trompent ». J'ai pu dire un jour « Je sais que je n'apprendrai jamais à taper à la machine ». Ayant par la suite appris, je n'ai alors pas dit « Je savais à l'époque que je n'apprendrai jamais à taper à la machine, ce en quoi je me trompais ». Ayant réalisé que je me trompais, je retire l'affirmation selon laquelle je savais. Enfin, je pourrais bien dire, « Je crois que le nom de cet homme est Jones, mais je peux tout-à-fait me tromper » ; il ne m'est pas réellement possible de dire « Je sais que le nom de cet homme est Jones, mais je puis me tromper ».

Le fait de savoir, semble-t-il est incompatible avec le fait d'être dans le faux ou de commettre une erreur, et lorsque j'attribue un savoir à quelqu'un, je m'engage sur le fait qu'il n'est pas dans l'erreur. Lorsque je discute les opinions d'autres personnes, il se peut que j'affiche les miennes en usant du mot *savoir*, au lieu de les garder pour moi en usant du mot *croire*. Si, par exemple, je dis « Platon croit qu'il existe des formes idéales », vous êtes en droit de vous demander si je suis d'accord avec lui ou non. Si, tout à l'inverse, je dis « Dewey sait que c'est des problèmes qu'émerge l'enquête », j'ai, par le fait même, indiqué que je suis d'accord avec lui.

Nous devons toutefois maintenant nous arrêter sur quelques contre-exemples apparents à la condition de vérité. Précédemment, nous avons vu que l'on pouvait considérer que l'élève disant « J'ai appris que les dieux vivent sur l'Olympe » voulait dire en réalité « J'ai appris que l'on *croyait* que les dieux vivaient sur l'Olympe ». Ayant réussi son examen, cet élève pourrait bien alors être décrit par son professeur comme quelqu'un qui *sait* que les dieux vivent sur l'Olympe, sans que cela corresponde, de la part du professeur, à un engagement portant sur le fait que les dieux vivent bel et bien sur l'Olympe. En pareil cas, la condition de vérité serait violée. La description faite par le professeur pourrait, toutefois, être également interprétée comme elliptique, l'élève étant alors dit savoir que l'on *croyait que* les dieux vivaient sur l'Olympe. Si une telle interprétation était retenue, la condition de vérité se trouverait préservée, car le professeur s'engagerait alors sur l'assertion selon laquelle on *croyait* que les dieux vivaient sur l'Olympe.

Un traitement assez semblable peut être appliqué au contre-exemple apparent « John sait que Hamlet était un prince du Danemark » qui peut être compris comme signifiant « John sait que la pièce de Shakespeare présente Hamlet comme un prince du Danemark ». ici également la condition de vérité se trouve préservée si l'on se donne la peine d'expliciter le contenu de connaissance supposé, « savoir que » en venant, en effet, à être compris comme signifiant « savoir qu'il a été asserté que ».

Un autre type de contre-exemple apparent à la condition de vérité est fourni par notre description, non de l'élève, mais des Grecs eux-mêmes dans la phrase « Les Grecs savaient que les dieux vivaient sur l'Olympe ». Le remède précédemment utilisé est inefficace ici, car nous *ne* voulons clairement *pas* signifier que les Grecs *savaient que l'on croyait que* [*that*] les dieux vivaient sur l'Olympe. Ce que l'on veut dire, bien plutôt, est qu'ils *croyaient savoir que* [*that*] les dieux vivaient sur l'Olympe, ou qu'ils étaient sûrs que les Dieux vivaient sur l'Olympe. Ce point est souvent énoncé à l'aide de la formule suivante : « Pour les Grecs, les dieux vivaient sur l'Olympe ». Moyennant une telle interprétation, la condition de vérité se trouve à nouveau être préservée, car elle s'applique au savoir et non au fait de *croire que* [*believe in*] l'on sait.

En dehors des exceptions apparentes du type de celles que nous venons d'examiner et dont on peut disposer au moyen d'expressions développées appropriées, nous pouvons considérer que la condition de vérité énonce directement que l'assertion « *X* sait que Q » engage son énonciateur quant à la vérité de l'assertion représentée par « Q ». Si ce dernier dit « *X* croit par erreur que "Q" », il s'engage, d'un autre côté, à nier « Q ». Il reste neutre face à l'alternative « Q » ou « non-Q » s'il se contente de dire « *X* croit que Q ». Mieux, s'il nie le savoir au lieu de l'attribuer, il conserve également sa neutralité. Par exemple, « Il ne sait pas que la voiture est dans le garage » n'implique ni qu'elle y soit, ni qu'elle n'y soit pas. Il se peut que la voiture *soit* dans le garage, et nier qu'*il* le sait revient à dire qu'il ne pense pas qu'elle y soit, ou qu'il n'est pas dans une situation lui permettant d'être sûr qu'elle y est. Ou il se peut que la voiture *n*'y soit *pas*, et nier qu'il le sait revient simplement à dire qu'il ne le sait pas parce qu'il ne peut pas savoir ce qui n'est pas ainsi.

La connaissance comprise comme un succès[1]

La condition de vérité suggère qu'attribuer une connaissance revêt une double fonction, laquelle peut être caractérisée comme suit : en attribuant une connaissance à *X*, je ne décris pas seulement *X*, je dis quelque chose à propos du monde. Je caractérise l'état d'esprit de *X* comme étant une *croyance qu*'il en est ainsi, et j'ajoute qu'il en *est* ainsi. Ces deux assertions composantes sont logiquement indépendantes l'une de l'autre. Nous ne pouvons certainement pas, de façon générale, *supposer que* si *X* croit que Q, alors Q, ni le contraire. La catégorie d'*erreur* est à coup sûr applicable à la croyance dans les cas précisément où le contenu de croyance « Q » est invalidé par le fait effectif que non-Q.

1. *Achievement*.

Les descriptions de croyances de *X* sont des descriptions qui incorporent des phrases nominales qui ne font pas l'objet d'une affirmation – *i.e.* celles que représente « Q ». Une personne peut, par exemple, être décrite comme croyant que la terre est plate ; son état d'esprit a été caractérisé ici au moyen de la phrase enchâssée « La terre est plate », bien que cette phrase ne soit sûrement *pas* affirmée par la description de croyance en tant que telle. Nous pouvons néanmoins soulever, indépendamment de cela, la question de savoir si la terre *est* plate ou non – autrement dit si les faits rendent vrai le contenu de la croyance enchâssée ou non. Si la réponse est non, la croyance est erronée ; autrement, il n'en est rien. Dire « *X sait* que Q » revient à affirmer non seulement que *X* croit que Q, mais également que « Q » est vrai de manière indépendante, que la croyance de *X* n'est, de fait, pas erronée. La connaissance est ainsi incompatible avec l'erreur. Si « Q » s'avère être faux, alors, même si la sincérité et la force de conviction de *X* sont aussi fortes que possible, il ne peut *savoir* que Q, car ce savoir ne requiert pas seulement l'état d'esprit approprié de la part de *X* mais aussi l'état du monde approprié. On pourrait dire, sans trop déformer les choses, que la croyance prétend à la vérité, alors que le fait de *savoir que* réalise cette prétention.

Une autre façon de présenter les choses (mais peut-être est-elle davantage susceptible de mettre sur une fausse piste) consiste à dire qu'alors que le fait de *croire que* recouvre uniquement une réalité psychologique, et ne requiert qu'un état d'esprit approprié, le fait de *savoir que*, en général, ne recouvre pas seulement une réalité psychologique, dans la mesure où il se rapporte aussi à un état du monde approprié. En opposition à la vue traditionnelle selon laquelle savoir et croire sont des formes d'activités mentales reliées entre elles, l'idée que nous développons présentement nous conduit à les distinguer fortement, en niant que la connaissance relève simplement du mental ou du psychologique.

Beaucoup d'auteurs contemporains ont défendu cette thèse en adoptant différentes perspectives et ont introduit pour l'étayer des considérations auxiliaires de nature variable. R.M. Chisholm, par exemple, écrit que « Nous ne devons pas songer que la connaissance constitue, en quelque façon, une "variété de" la croyance ou de l'adhésion. Un homme peut être dit croire fermement, ou avec des réticences, ou avec des hésitations, mais personne ne peut être dit *connaître* fermement, ou avec des réticences, ou avec des hésitations »[a]. J.L. Austin, dans un passage fréquemment cité,

a. R.M. Chisholm, *Perceiving : a Philosophical Study*, *op. cit.*, p. 17-18.

insiste sur le fait qu'il est étrange de classer croire et savoir comme s'ils appartenaient au même continuum d'actes cognitifs : « Dire "Je sais", écrit-il, ce *n*'est *pas* dire "j'ai réalisé une performance particulièrement étonnante en matière de cognition, supérieure sur une même échelle à croire et à être sûr, et même à être vraiment tout-à-fait sûr" car il n'y a rien sur cette échelle qui soit supérieur à être tout-à-fait sûr »[b].

Austin souligne aussi des différences dans la façon dont les énoncés de croyance et de savoir à la première personne sont mis en cause. Nous demandons « *Comment* le sais-tu ? » et « *Pourquoi* le crois-tu ? » et non le contraire. « Et sur ce point [...] non seulement d'autres expressions telles que "faire l'hypothèse que" "supposer", etc., mais aussi telles que "être sûr" et "être certain", suivent l'exemple de "croire" et non celui de "savoir" » (p. 46). De plus, comme le remarque Austin, un défi qui n'est pas relevé avec succès est traité de manière très différente dans le cas du savoir et dans celui de la croyance. Si la *croyance* en examen ne donne pas satisfaction à celui qui la met en cause, « il dira quelque chose comme "Il n'y a quasiment pas de preuve sur laquelle s'appuyer : vous ne devriez pas baser votre conviction sur la force de ces seuls éléments" » (p. 46). D'un autre côté, si la *connaissance* est remise en cause, la réaction sera « quelque chose comme "Alors vous ne savez *pas* réellement telle chose", ou "Mais cela ne prouve rien : et pour cette raison même, en réalité, vous n'en savez rien"... L'"existence" de votre croyance supposée n'est pas remise en cause, mais l'"existence" de votre supposée connaissance *est* remise en cause. S'il nous plaît de dire que "Je crois" et, semblablement, "Je suis sûr" et "Je suis certain" sont des descriptions d'états ou bien d'attitudes mentales ou cognitives subjectifs, alors "Je sais" n'en est pas une, ou, à tout le moins, n'est pas simplement cela et fonctionne différemment dans le discours » (p. 46-47).

En niant l'existence de raisons suffisantes d'affirmer que votre croyance est correcte ou qu'elle est adaptée aux faits, je conclus seulement que votre croyance n'est pas bien étayée et non qu'elle n'existe pas. Il est théoriquement possible, bien évidemment, de trouver de bonnes raisons de dire que la croyance en question n'existe pas : il me faudrait cependant trouver des indications appropriées concernant votre état « interne » ou psychologique. Par exemple, il se pourrait que je dispose d'indications pertinentes me conduisant à supposer que lorsque vous avez énoncé votre croyance, vous n'étiez pas sincère mais étiez en train de mentir, de blaguer ou de vous duper vous-même. En tout cas, il ne me serait pas possible de me

b. *Cf.* J.L. Austin, « Others Minds », dans *Philosophical Papers*, Clarendon Press, Oxford, 1961, p. 67 [trad. fr. *Écrits philosophiques*, Paris, Seuil, 1999].

contenter de montrer simplement que votre croyance est fausse. Tout à l'inverse, dans le cas de la connaissance, sans avoir d'indication comparable portant sur votre état « interne » ou psychologique, et simplement par le fait d'exhiber une cause conduisant à considérer que votre prétention à la connaissance est invalidée par les faits, je suis en mesure de conclure que vous *ne* savez *pas*. La conclusion semble être que connaître, à la différence de croire, requiert une référence indépendante du côté des faits. La condition de vérité, qui rend explicite cette référence à un fait, semble exclure l'idée traditionnelle (et encore courante de nos jours) selon laquelle la connaissance ne serait, purement et simplement, qu'une tâche, une faculté, une activité, un état, un processus ou une performance cognitive.

L'idée que la connaissance constitue une réussite et non point, en particulier, une sorte de performance ou d'activité mentale a été défendue par Gilbert Ryle[c]. Ryle commence par introduire la notion générale d'*erreur catégoriale*, qu'il illustre de la manière suivante : un visiteur se rendant à Oxford ou à Cambridge se voit montrer les différents collèges, les bibliothèques, les bureaux, les musées, etc. et demande ensuite « où est l'Université ? » car il considère à tort que celle-ci tombe sous la même catégorie que les choses qui lui ont déjà été montrées. Ryle n'avance pas de définition de ce qu'il entend par catégorie, mais l'idée qui le guide semble être que les membres d'une même catégorie doivent être sujets aux *mêmes sortes* d'attributions et se prêter aux *mêmes sortes* de questions. Le problème théorique urgent qui se pose à toute tentative pour définir ce qu'est une *catégorie* est celui de déterminer ce qu'on entend par aux *mêmes sortes* dans chaque cas, mais laissons ici de côté ce problème et suivons Ryle dans son usage de notre notion non-analysée et intuitive de ressemblance.

Si nous procédons ainsi, l'idée que la connaissance appartiendrait à une catégorie différente de celle des activités et des performances apparaît plausible. Par exemple, à la question, « Que faites-vous ? » quelqu'un peut répondre « Lire un livre », « Manger mon repas », « Relire mes notes », « Écouter la radio ». Mais quelqu'un ne pourrait valablement répondre « savoir que 2 et 7 font 9 ». Si vous demandez à quelqu'un de sortir faire une promenade, il se peut bien qu'il dise « Je suis trop occupé pour pouvoir me joindre à vous » ou « Je préfère rester étudier » ou « Je suis trop occupé à étudier », mais il ne pourrait pas valablement répondre « Je préfère

c. G. Ryle, *The Concept of Mind*, London, Hutchinson House, 1949 [trad. fr. *La notion d'esprit*, Paris, Payot, 1976]. La discussion de l'erreur catégoriale débute à la p. 16. Les références ultérieures à Ryle seront toutes à *Concept of Mind*.

connaître qu'aller marcher» ou «Je suis occupé à connaître en ce moment». De façon générale quelqu'un peut dire «Je suis en train de nager» ou «Je suis en train de lire» ou «Je suis en train de taper à la machine», mais non «Je suis en train de connaître». Une personne peut lire rapidement ou lentement, soigneusement ou négligemment, attentivement ou distraitement, mais elle ne peut connaître rapidement, lentement, soigneusement, négligemment, attentivement, ni distraitement.

Les performances sont bien ou mal réalisées et elles se prêtent à des appréciations au moyen d'adjectifs tels que *compétent*, *bon*, *habile* [*skilled*]. Une personne peut être dite une dactylographe compétente, un bon danseur, un mécanicien habile, mais ne peut, en revanche, être dite, en tant que détentrice d'une connaissance, compétente, bonne ou habile. Une performance ou une activité peuvent être interrompues: un appel téléphonique peut, par exemple, interrompre quelqu'un alors qu'il est en train de lire un livre et l'empêcher de le finir; aucun élève ne peut, cependant, dire qu'il a été interrompu dans le déroulement de sa connaissance du fait que Napoléon a été battu à Waterloo et qu'il s'est trouvé empêché de finir son travail. Les performances peuvent, en général, être améliorées par la pratique, mais la connaissance du fait que $7+6=13$ ne relève pas d'une pratique. Une personne peut décider ou non de réaliser une performance, si elle sait comment faire; une personne ne peut, de façon analogue, être décrite comme décidant si oui ou non elle sait que $7+6=13$, si elle sait comment savoir cela. À l'image de la compréhension et de l'appréciation qui ont été discutées précédemment (dans la seconde section du chapitre 1), la connaissance ne semble pas entrer dans la catégorie des performances, ni dans celle des activités, ni dans celle des aptitudes; elle ne se rattache pas davantage aux propensions, pour lesquelles les notions de décision et d'essai répété semblent également pertinentes. La connaissance semble plutôt se rapprocher de ces choses qui tombent sous les catégories d'accomplissement, d'attitude ou, plus largement, d'*état*. En particulier, il semblerait qu'une «erreur de catégorie» soit impliquée dans le fait de parler de la connaissance comme d'une tâche, d'une activité ou d'une performance.

Une conclusion en tout point identique semble s'appliquer également à la croyance, car, dans tous les exemples examinés au cours des deux derniers paragraphes, la croyance se comporte trait pour trait de la même manière que la connaissance. Ainsi, si le fait de connaître ne constitue pas une performance, la croyance n'en est pas davantage une. Nous discuterons en détail de la croyance au chapitre 4, mais un point semble d'ores et déjà évident. Alors que croire peut être analysé comme un état *purement psychologique* sans que cela entraîne quelque difficulté que ce soit, cette analyse semble exclue dans le cas de la connaissance, car les attributions de connaissance n'énoncent pas seulement l'existence d'un état psychologique approprié, mais aussi l'existence d'un état du monde approprié, et généralement indépendant. En fait, les descriptions en termes de connaissance attribuent des états de croyance, mais souscrivent également aux phrases enchâssées au moyen desquelles les croyances en question sont identifiées par une telle adhésion. Se trouve reconnu le fait que les états de croyance ainsi attribués sont satisfaisants, en fonction d'un critère logiquement indépendant.

À la lumière de considérations analogues, Ryle en vient à traiter la connaissance comme une *réussite* et la rattache à une catégorie générale dotée de caractéristiques comparables. Cependant, son souci n'est pas tellement d'opposer la connaissance à la croyance, mais plutôt au fait de suivre certaines procédures d'investigation. L'investigation consiste dans les efforts que nous déployons pour atteindre la connaissance, alors que celle-ci requiert la satisfaction de conditions indépendantes qui s'imposent de fait. Quoique le fait de savoir que présuppose celui de croire que, il ne présuppose vraisemblablement pas toujours le respect de procédures appropriées; Ryle indique lui-même qu'il existe des choses telles que les « réussites par chance » (p. 151). Le fait de savoir que peut cependant être présenté comme une réussite vers laquelle « l'activité d'investigation paraît orientée ». La préoccupation principale de Ryle, comme nous le verrons, est de proposer une alternative à la doctrine épistémologique de l'infaillibilité : la connaissance, en tant que réussite, ne peut échouer, mais cela ne signifie pas qu'existe une procédure d'enquête ne pouvant échouer. Nous allons nous confronter à cette ligne d'argumentation dans la prochaine section et, dans l'immédiat, nous tourner vers le concept ryléen de réussite. Nombre de verbes dont nous nous servons pour décrire une performance

> signifient non seulement l'occurrence d'actions, mais celle d'actions appropriées. Ils signifient des réussites. Des verbes tels que « épeler », « saisir », « résoudre », « trouver », « gagner », « guérir », « marquer » [*to score*], « duper », « persuader », « arriver » et d'innombrables autres signifient non seulement qu'une performance a été réalisée mais aussi que quelque chose a été réussi par celui qui en est l'auteur. Ce sont des verbes de succès. (p. 130)

Les verbes de succès [*success verbs*] sont tout à fait différents, Ryle y insiste, des verbes d'activité ou de procès ; en particulier, ils sont différents des verbes de tâche qui leur correspondent, et assimiler les uns aux autres revient à se rendre responsable d'une confusion catégoriale.

> Une grande différence entre la force logique d'un verbe de tâche et celle du verbe de réussite correspondant est qu'en appliquant un verbe de réussite nous énonçons qu'un certain état de choses est réalisé outre celui qui consiste dans la conduite de l'activité menant à cet état de choses. Pour qu'un coureur gagne, il ne doit pas seulement courir, ses rivaux doivent de surcroît franchir la ligne d'arrivée après lui; pour qu'un médecin cause la guérison, son patient doit à la fois être soigné et être à nouveau en bonne santé; pour que quelqu'un qui cherche le dé à coudre le trouve, il faut qu'il y ait un dé à coudre à l'endroit qu'il indique et à l'heure où il l'indique; et pour qu'un mathématicien prouve un théorème, celui-ci doit être vrai et découler des prémisses dont il entend montrer qu'il dérive. (p. 150)
>
> Si l'on décrit une personne en disant qu'elle s'est battue et a gagné, ou en disant qu'elle a voyagé et qu'elle est parvenue à destination, on ne veut pas signifier par là qu'elle a fait deux choses, mais qu'elle a fait une chose avec un certain résultat. Semblablement, une personne qui a essayé et a échoué n'a pas fait suivre une occupation d'une autre: elle a fait une chose et a échoué. Aussi, alors que nous espérons d'une personne qui a tenté de réussir quelque chose qu'elle sera capable d'énoncer, sans avoir à se livrer à des recherches, ce en quoi elle était engagée, nous n'espérons pas nécessairement d'elle qu'elle soit en mesure de dire, sans recherche aucune, si elle a réussi ou non. Réussites et échecs ne relèvent pas du type d'occurrences susceptibles de faire l'objet de ce qu'on appelle parfois – peut-être de manière trompeuse – « la conscience immédiate ». Ils ne sont pas des actes, ni des efforts, ni des opérations ou des performances, mais – si on laisse de côté les réussites dues à la seule chance – consistent en ce que certains actes, opérations, efforts ou performances ont eu certains résultats. (p. 150-151)

ÉVITER LA CROYANCE EN LA CERTITUDE

Ryle suggère qu'une des conséquences de la confusion entre les réussites et les tâches consiste en une croyance erronée en l'*infaillibilité*, en une faculté ou en une performance mentale immunisée contre l'erreur. Ainsi, séparer les réussites des tâches ce n'est pas seulement éviter une grave erreur catégoriale mais aussi tarir la source de la conception traditionnelle selon laquelle la connaissance implique non seulement la vérité mais également la *certitude*. Penchons-nous d'abord sur une source rationaliste de cette notion, associée à celle de vérité nécessaire.

Nous avons précédemment noté (dans la seconde section de l'Introduction) la revendication rationaliste des mathématiques en tant qu'idéal d'éducation. L'attractivité de cet idéal tient à son lien avec la nécessité, basé sur l'idée que les vérités mathématiques ne nous enseignent pas seulement ce qui est le cas, mais *ce qui ne peut pas* être autrement. Étant donnée une telle conception, si quelqu'un connaît une vérité mathématique, non seulement il *n'*est *pas* dans l'erreur, mais *il n'est pas possible* qu'il le soit, et ceci doit être compris au sens particulier où ce qui est connu est nécessaire. Ceci peut paraître très proche de l'idée que si quelqu'un connaît quoi que ce soit, il n'est pas possible qu'il se trompe, au sens où sa connaissance consiste dans l'exercice d'une faculté mentale infaillible, d'une intuition prémunie contre toute erreur. De l'idée d'un *objet* de connaissance nécessaire ou certain, on passe ainsi à l'idée d'une *performance ou d'une faculté cognitive* certaine, c'est à dire infaillible. Ces deux notions, toutefois, sont logiquement indépendantes, et inférer l'une à partir de l'autre constitue un paralogisme. Pour exprimer la chose autrement, on pourrait dire qu'une personne qui sait que $2+2=4$ ne peut pas se tromper, en ce sens que son *résultat* resterait exact, quels que soient les changements advenant dans le monde. Il serait tout différent de dire qu'elle ne peut se tromper en ce sens qu'elle est dans le vrai, quelle que soit la proposition qu'elle saisit de façon intuitive, ou appréhende d'une manière psychologiquement similaire, cette manière constituant définitivement une connaissance.

Bien que le fait de passer de la certitude d'un *objet de connaissance* à celle d'une *faculté ou d'une performance cognitive*, que l'on tient pour constitutive de la connaissance, constitue clairement un paralogisme, cette dernière notion peut, évidemment, être étayée par d'autres moyens. Un de ces moyens dépend de la condition de vérité. Car, comme nous l'avons relevé, la force de la condition de vérité est de nier que connaître soit compatible avec le fait d'être dans l'erreur. Si quelqu'un *sait* qu'il en est ainsi, il a toujours *raison* sur le fait qu'il en est ainsi, quoi que soit ce dont « ainsi » tient lieu. Quelqu'un ne peut en même temps et à propos de la même proposition savoir *et* se tromper ou être dans l'erreur. Si une personne sait que $2+2=4$, la condition de vérité elle-même nous garantit que cette personne est sur ce point dans le vrai, quelles que soient les autres propositions qu'elle *connaît* par ailleurs. Si maintenant la connaissance est analysée en termes de performance mentale ou de tâche d'un genre spécial, il s'ensuit que, dans la mesure où celle-ci n'est *jamais* erronée, elle est toujours vraie et, en conséquence, certaine. La connaissance apparaît ainsi comme l'exercice d'une faculté ou d'une capacité mentale infaillible, ou comme la réalisation d'une tâche mentale spécifique, dont le succès est garanti. Si notre performance mentale se déroule de la manière requise, nous sommes certains d'atteindre la vérité.

L'idée d'une performance mentale infaillible a été ici obtenue par la combinaison de la condition de vérité *et* de l'analyse de la connaissance en termes de performance mentale. La difficulté vient de ce que, comme le remarque Ryle, la connaissance n'est pas une performance du tout, et ne peut pas non plus, pour cette raison même, être une performance infaillible. La connaissance constitue plutôt une réussite. Dire que toutes les réussites sont couronnées de succès est trivial ; en particulier, cela n'implique pas du tout qu'il y ait une certaine *manière d'accomplir la performance* concernée qui soit immunisée contre l'erreur. Distinguer nettement entre les réussites et les performances, revient ainsi à éliminer une source de la croyance selon laquelle le fait de connaître implique l'infaillibilité ou la certitude. Ryle, dans le passage que voici, établit ce point, non seulement en ce qui concerne le terme « connaître », mais aussi en relation avec d'autres termes épistémologiques de réussite.

> La distinction entre verbes de tâche et verbes de réussite, ou entre verbes « d'essai » [*« try » verbs*] et verbes « de saisie » [*« got it » verbs*] nous libère d'un autre embarras théorique. On a réalisé depuis longtemps que les verbes comme « savoir », « découvrir », « résoudre », « prouver », « percevoir », « voir » et « observer » (du moins dans certains usages standards d'« observer ») ne sont en général pas susceptibles d'être qualifiés par des locutions adverbiales telles que « de façon erronée » ou « incorrectement ». À partir du moment ou ils ont, de manière automatique, analysé ces verbes et d'autres qui leur sont apparentés, comme renvoyant à certains types d'opérations et d'expériences, certains théoriciens de la connaissance se sont sentis obligés de postuler que les gens maîtrisent certaines procédures d'investigation spéciales qui les soustraient à tout risque d'erreur. Ils n'ont point besoin, et, en réalité, ne peuvent point, mettre en œuvre ces procédures soigneusement, car elles n'offrent aucune prise à l'idée même de soin. L'impossibilité logique pour une découverte d'être infructueuse ou, pour une preuve d'être non valide est analysée de façon fautive comme une impossibilité quasi-causale de s'égarer. Si seule la voie appropriée était suivie, ou si seule la bride de la faculté appropriée était lâchée, des observations échappant à toute correction ou des intuitions évidentes par elles-mêmes ne pourraient pas ne pas s'ensuivre. Ainsi les gens sont-ils parfois infaillibles. Semblablement, si taper dans le mille était compris comme une tentative d'une certaine sorte, ou si guérir était compris comme une certaine forme de traitement, alors, dans la mesure ou aucun des deux ne pourrait, logiquement, être dans l'erreur, il s'ensuivrait qu'existent des manières spéciales, immunisées contre les erreurs, d'essayer et de pratiquer la médecine. Il existerait des hommes d'élite provisoirement infaillibles et des docteurs occasionnellement infaillibles. (p. 152-153)

Comme Ryle le résume dans un autre passage :

> La simple logique « empêche » soigner, trouver, résoudre, et taper dans le mille de rater ou d'être vains. Le fait que les médecins ne peuvent pas guérir sans succès ne signifie pas qu'ils sont des médecins infaillibles ; cela signifie seulement qu'il y a une contradiction dans le fait de dire qu'un traitement qui a marché n'a pas marché. (p. 238)

L'application de l'argument de Ryle au cas de la connaissance semble assez claire. La connaissance n'est pas une stratégie d'investigation, pas plus que guérir n'est une stratégie de traitement. Le fait que si vous savez, vous n'êtes pas dans l'erreur ne constitue ainsi en rien une raison de supposer qu'existe une procédure d'investigation infaillible, pas davantage que le fait que, si vous guérissez le patient, il retrouve la santé ne constitue une raison de supposer qu'il existe une stratégie médicale qui n'échoue jamais.

Il n'en reste pas moins difficile de comprendre l'opposition *générale* entre les tâches et les réussites, telle que présentée par Ryle. Veut-il dire que certaines paires de verbes sont, de manière reconnaissable, reliées comme un verbe de réussite est relié au verbe de tâche qui lui correspond, de la façon dont, par exemple, *guérir* est relié à *donner un traitement*? Mais il compte également au nombre des verbes de réussite des mots tels qu'*épeler* ou *persuader*, lesquels ne semblent pas avoir de verbe de tâche qui leur corresponde, quand bien même existent les constructions *essayer d'épeler* et *essayer de persuader*, lesquelles semblent bien dénoter les « tâches orientées » qui leur correspondent. D'un autre côté, si nous admettons que ces dernières locutions servent à exprimer des tâches et correspondent respectivement aux verbes de réussite *épeler* et *persuader*, nous devons également admettre, par exemple, *essayer de marcher* et *essayer de courir*, ce qui a pour conséquence de faire apparaître *marcher* et *courir* comme des verbes de réussite, plutôt que comme des verbes de tâche, d'activité ou de performance, alors que nous avons intuitivement tendance à les considérer comme tels. En fait, il est bien difficile de voir comment nous pourrions empêcher les performances en général de se transformer en réussites, si les constructions avec *essayer* sont admises : non seulement gagner est un succès, mais courir en serait un aussi ; il est certain que courir implique un état de choses en plus de la « tâche orientée » qui consiste à essayer de courir. Bref, l'idée de deux catégories exclusives, celle des tâches et celle des réussites semble-t-elle ainsi s'évanouir.

Le point essentiel sur lequel porte la distinction n'est-il pas plutôt que certains verbes peuvent, de façon appropriée, être décrits au moyen de la notion de succès et d'autres non ? Nous pouvons, par exemple, dire d'un patient qu'il a été soigné avec ou sans succès, mais non dire qu'il a été guéri sans succès. Et, alors que nous n'employons pas normalement l'expression «courir une course avec succès (ou sans succès)», nous pouvons, d'une manière tout à fait intelligible, demander, à propos d'un coureur engagé dans une course s'il a gagné, ce qui constitue une manière de reconnaître que la victoire était le but implicite qu'il s'efforçait d'atteindre en pratiquant la course, la forme de succès appropriée vers laquelle sa course était dirigée; nous ne pouvons, à l'opposé, poser une question similaire à celui que nous savons être le vainqueur, car gagner n'est pas de la même façon dirigé vers un but implicite quelconque.

Cette idée apparaît plausible, mais bien qu'elle ne transforme pas les performances en réussites, comme c'était le cas avec la proposition précédente, elle induit cependant une catégorie de réussites indûment étendue. Par exemple, marcher s'avérerait être une réussite, dans la mesure ou nous ne parlons jamais de marcher avec succès ou sans succès, pas plus que nous ne considérons que l'idée de marcher enveloppe celle de s'efforcer d'atteindre un but implicite quelconque. Par analogie de raisonnement, être assis, être debout et dormir s'avéreraient être des réussites, formant une classe unique avec trouver, gagner et parvenir. On pourrait suggérer que trouver, gagner et arriver induisent normalement l'idée que l'on s'efforce de façon appropriée d'effectuer une tâche orientée vers ces buts, alors qu'il n'en va pas de même s'agissant d'être assis, d'être debout et de dormir. Mais un des points principaux de la distinction de Ryle se trouve être, après tout, qu'il convient de classer le fait de connaître parmi les réussites, et le fait de connaître, normalement, ne présuppose *pas* d'effort d'investigation approprié, ni de procédure d'investigation. Contrairement à la suggestion impliquée par le traitement de Ryle, l'idée que nous ne nous sommes pas lancés dans la recherche de la plupart des choses que nous nous trouvons connaître est tout à fait plausible.

Le contraste général entre tâches et réussites, tel que conçu par Ryle, apparaît ainsi tout à fait obscur (il vaut la peine de noter la nature des principales difficultés: nous avons trouvé beaucoup de performances classées comme des réussites, mais nous n'avons trouvé aucune réussite transformée en performance). Peut-être la meilleure démarche est-elle de renoncer à comprendre l'opposition comme une distinction absolue et générale entre deux classes, qu'il s'agisse de classes de mots ou de choses. Nous pourrions, de façon sensée, continuer à parler d'une *relation* réussite-tâche existant entre deux verbes, ou usages de mots, ou même entre des entités non-linguistiques. Il ne nous serait plus possible d'établir une liste de verbes qui seraient, absolument parlant, ou des verbes de réussite, ou des verbes de tâche, mais nous pourrions relier des paires de verbes se trouvant dans la relation requise, et admettre que le même verbe peut être relié de manière toute différente à d'autres. En tout cas, une telle relativisation de la distinction serait suffisante pour établir le point épistémologique que Ryle cherche à établir : le fait de savoir constitue une réussite relativement à la tâche de chercher ou de s'efforcer de savoir, et ne constitue pas une tâche en relation avec quoi que ce soit d'autre (en lui-même, le fait de savoir n'implique aucune tentative). Le fait que *savoir* ne soit pas susceptible d'erreur ne nous donne aucune base pour supposer que *s'efforcer de savoir*, ou quelque autre tâche mentale est infaillible, c'est à dire nécessairement immunisé contre l'erreur.

L'ASSAUT CONTRE LA MÉTHODE INFAILLIBLE

La critique de Ryle contre l'infaillibilité est de portée plus limitée que ne l'étaient les critiques empiristes classiques. Ryle avance, comme nous l'avons vu, que la méconnaissance du fait que connaître constitue une réussite tend à produire une croyance en l'infaillibilité d'un certain type de démarche de recherche. En conséquence, pour éviter l'erreur catégoriale critique consistant à assimiler les réussites aux performances, il convient de se débarrasser d'un des arguments en faveur de cette infaillibilité. Cela ne revient pas, cependant, à se débarrasser de *tous* ces arguments. Dans cette direction, l'empirisme classique est allé beaucoup plus loin : il a argumenté contre la possibilité même d'une garantie de vérité infaillible dans le domaine de l'investigation empirique. La source principale d'un tel argument est l'œuvre de David Hume, et nous allons présenter brièvement quelques unes des idées de son *Enquête sur l'entendement humain* [1], section IV (parties 1 et 2) et section V (première partie).

Hume divise tous « les objets de la raison ou de l'investigation humaine » en deux genres : les relations d'idées et les points de fait. Au premier genre appartiennent la géométrie, l'algèbre et l'arithmétique,

> et, en bref, toute affirmation qui est soit intuitivement soit démonstrativement certaine. *Le carré de l'hypoténuse est égal au carré des deux autre côtés*, c'est là une proposition qui exprime une relation entre ces figures. *Trois fois cinq est égal à la moitié de trente* exprime une relation entre ces nombres. Les propositions de ce genre peuvent être découvertes

1. D. Hume, *An Enquiry Concerning Human Understanding*, Oxford, Clarendon Press, 2006, trad. fr. M. Malherbe, Paris, Vrin, 2008.

> par la simple opération de la pensée, indépendamment de ce qui existe où que ce soit dans le monde. Bien qu'il n'y ait jamais eu de cercle ou de triangle dans la nature, les vérités démontrées par Euclide conserveront à jamais leur certitude et leur évidence.

D'un autre côté, les points de fait ne sont pas, si l'on suit Hume,

> établis de la même manière; nos preuves en faveur de leur vérité, aussi fortes soient-elles, ne font pas qu'un avec ce qui se passe. Le contraire d'un état de fait [*matters of fact*] est toujours possible; parce qu'il n'implique jamais de contradiction et est conçu par l'esprit avec la même facilité et la même distinction que s'il se conformait à la réalité. La proposition *Le soleil ne se lèvera pas demain* n'est pas moins intelligible et n'implique pas davantage de contradiction que l'affirmation *il se lèvera.* Nous chercherions en vain, en conséquence, à démontrer sa fausseté. Si elle était démonstrativement fausse, elle impliquerait une contradiction, et ne pourrait être conçue distinctivement par l'esprit.

Les vérités empiriques sont, en conséquence, ni intuitivement certaines en elles-mêmes, ni démontrables – c'est-à-dire dérivables par la seule pensée de vérités dont les contraires sont des propositions qui se contredisent elles-mêmes. Quelle sorte de preuve sous-tend donc nos croyances portant sur les états de fait? Il est clair qu'un appel aux sens et à la mémoire est requis, mais n'est qu'à peine suffisant, car nous croyons à toutes sortes de propositions empiriques dont le contenu va bien au-delà de ce qui est actuellement présent à l'observation ou à la mémoire. Hume soutient que nous avons besoin, de surcroît, de reconnaître «la relation de cause à effet», qui nous autorise à étendre notre savoir largement au-delà du contenu immédiat de nos sens et de notre mémoire.

> Tous les raisonnements concernant des états de fait semblent fondés sur la relation de *Cause à Effet.* Au seul moyen de cette relation, nous pouvons aller au delà de ce qui est donné à notre mémoire et à nos sens. Si vous deviez demander à un homme pourquoi il croit à tel ou tel état de fait qui n'est pas donné, par exemple que son ami est à la campagne ou en France, il vous donnerait une raison; et cette raison consisterait en un autre fait, tel qu'une lettre reçue de lui, ou la connaissance de ses résolutions et engagements antérieurs. Un homme trouvant une montre ou quelque autre machine sur une île déserte conclurait qu'il y a eu des hommes sur cette île. Tous nos raisonnements portant sur des faits sont de même nature. Et l'on suppose en permanence ici qu'existe une connexion entre le fait présent et celui qu'on infère à partir de lui. N'y aurait-il rien pour les relier que l'inférence en deviendrait totalement précaire.

Mais comment, maintenant, en arrivons-nous à la connaissance de la cause et de l'effet? Ici, Hume soutient qu'aucune certitude ne peut jamais sous-tendre notre connaissance causale. « Je m'aventurerai à avancer, en guise de proposition générale ne souffrant aucune exception, que la connaissance de cette relation n'est en aucun cas atteinte au moyen de raisonnements *a priori* ; mais qu'elle dérive entièrement de l'expérience, au sein de laquelle nous trouvons que les objets particuliers sont conjoints de façon constante les uns aux autres ».

Cependant, quelle est la base permettant de généraliser à partir des conjonctions trouvées dans notre mémoire ? « Le pain que j'ai précédemment mangé m'a nourri ; autrement dit, un corps doté de telles qualités sensibles s'est avéré, à un moment, receler de tels pouvoirs secrets : mais s'ensuit-il qu'un autre pain me nourrira également à un autre moment, et qu'avec des qualités sensibles semblables on doive s'attendre à des pouvoirs secrets semblables ? La conséquence ne semble en rien nécessaire. [...] Ces deux propositions sont loin d'être identiques, *J'ai découvert qu'un certain objet a toujours été accompagné d'un certain effet, et je prévois, que d'autres objets qui sont, en apparence, similaires, seront accompagnés des mêmes effets* ».

Pouvons-nous *démontrer* qu'il est fiable de généraliser à partir de l'expérience ? Une telle démonstration n'est pas possible, dit Hume, « car il n'y a aucune contradiction dans l'idée que le cours de la nature puisse changer, et qu'un objet apparemment semblable à ceux dont nous avons fait l'expérience puisse s'accompagner d'effets différents ». Peut-être alors qu'à défaut d'une *démonstration* en bonne et due forme, nous pouvons avancer quelque autre argument en faveur de la fiabilité des généralisations basées sur l'expérience. Mais un tel argument, quel qu'il soit, dans la mesure où il se trouve privé de démonstration, ne pourra lui-même être qu'un argument de nature probabiliste, basé sur des états de fait – par exemple nos précédents succès en matière de généralisation. S'il en est ainsi, tout argument de cette sorte sera circulaire, car il procèdera lui-même d'une généralisation à partir de l'expérience passée, « prenant comme argent comptant ce qui constitue le point même en question ».

Hume conclut qu'il n'y a *pas* d'argument pouvant justifier les généralisations ou les inductions causales qui sous-tendent nos raisonnements portant sur les états de fait. Un nouveau principe est requis et son nom est la « Coutume » ou l'« Habitude », conçue comme un « principe de la nature humaine ». Former une croyance en accord avec une généralisation issue de l'expérience « constitue une opération de l'âme [...] aussi inévitable que l'est le fait de se mettre à aimer lorsqu'on est l'objet de compliments ou celui de se mettre à haïr lorsqu'on est insulté. Toutes ces opérations constituent des espèces des instincts naturels, qu'aucun raisonnement ou processus de pensée ou de compréhension n'est capable ni de déclencher, ni de prévenir ».

Hume fournit ainsi un argument général contre la possibilité d'une méthode infaillible permettant d'acquérir la certitude pour ce qui touche aux états de fait. De surcroît, il soulève le problème de la justification de l'induction, problème qui a connu une histoire longue et compliquée, que nous n'allons pas retracer ici. Le point pour nous important à noter est que l'idée même d'une méthode à la fois empirique et infaillible est ici attaquée frontalement. Cette offensive générale a été, dans une large mesure, accueillie avec faveur par les écoles modernes de philosophie, lesquelles ont, d'une manière ou d'une autre, tenté de fournir une explication plausible de l'aspect probabiliste et provisoire du développement des sciences empiriques. Les propos de Hume lui-même sur ce sujet sont toujours pertinents :

> L'effort le plus élevé de la raison humaine a été entrepris pour amener les principes produisant les phénomènes naturels à une plus grande simplicité, et pour réduire les innombrables efforts particuliers à un petit nombre de causes générales, au moyen de raisonnements basés sur l'analogie, l'expérience et l'observation. Mais en ce qui concerne les causes de ces causes générales, il est vain de tenter de les découvrir ; nous ne serons pas davantage capables de nous satisfaire un jour d'une explication particulière à leur sujet. Ces sources et principes ultimes sont entièrement soustraits à la curiosité et à l'investigations humaines. [...] La philosophie naturelle la plus parfaite se contente de tromper notre ignorance un peu plus longtemps.

Ceux qui ont suivi Hume jusque là se sont cependant divisés sur un autre enjeu, concernant le problème de la certitude. Rejetant l'idée d'une *connaissance infaillible portant sur les connexions causales*, certains ont affirmé, alors que d'autres ont nié qu'une forme spéciale de certitude s'attachait aux pures *descriptions empiriques*. On se rappelle que le point le plus fort de l'argument de Hume portait directement contre l'idée que les *relations* causales peuvent être établies par le seul moyen d'un raisonnement *a priori*. Il accorda une attention particulière à la *connexion* entre « le fait présent et ce qu'on peut inférer à partir de lui », avançant que rien de ce qui se trouve ainsi être inféré n'offre de garantie de vérité à l'avance. Mais qu'en est-il du fait présent en lui-même ?

Imaginons, suivant l'exemple de Hume, que je découvre une montre sur une île déserte et en infère une présence humaine antérieure. Si l'on accorde à Hume son argument, s'agissant de mon *inférence*, quel est le statut du *fait présent*, représenté par mon assertion « Ceci est une montre » ? La négation de cette assertion est parfaitement cohérente sur le plan logique, à la différence de celle des vérités logiques et arithmétiques, aussi cette assertion n'a-t-elle *rien de logiquement nécessaire*. Néanmoins, elle *est* fermement basée sur le témoignage de mes sens, que je *ne puis* présentement nier. Si on laisse de côté le cas des inférences erronées que je puis en tirer, comment pourrait-elle être fausse ? Compte tenu de tout ce que Hume dit, il semble raisonnable de tenir une telle assertion portant sur un *fait présent*, sinon pour nécessaire, du moins pour *à l'abri des corrections* : il ne semble pas en effet y avoir quelque interstice que ce soit, par lequel l'erreur pourrait se glisser, même si elle n'est pas *logiquement* prouvée. En inférant quelque chose d'autre à partir d'un fait, je dois admettre que je puis me tromper, mais dans la mesure où je me limite à décrire *ce* fait présent, quoi qu'il arrive par ailleurs et qui concerne d'autres faits supposés, quelle que soit la façon dont le cours de la nature dévie par rapport aux formes qu'il prenait antérieurement, il semble que je ne puisse pas me trouver dans l'erreur, car ma *description* ne m'engage pas sur quoi que ce soit qui serait situé au delà de ce que je sens ou observe présentement. Au sein du noyau descriptif des mes assertions empiriques, donc, il semble bien que je parvienne à une forme de certitude ou d'immunité vis-à-vis de l'erreur.

Est-il vrai, toutefois, qu'en énonçant « Ceci est une montre » je me limite simplement à ce que je sens ou observe maintenant ? L'assertion, après tout, entend se rapporter à un objet physique, qui mène sa propre vie au-delà des limites de mon expérience présente. Hume, cependant, comprend les références visant des objets physiques elles-mêmes comme des références complexes se rapportant en réalité à des éléments phénoménaux – *i.e.*, des impressions et des idées. Son idée était que toutes nos perceptions mentales sont soit vives et puissantes, et il les appelait des *impressions*, soit moins vives et moins puissantes, et il les appelait alors des *pensées* ou des *idées*, lesquelles sont toutes des copies des *impressions*. Tous les termes intervenant dans notre discours peuvent être ramenés à des impressions originaires, s'ils correspondent à une idée ou à une signification[d]. La notion de *substance* est simplement une « collection d'idées simples [...] unifiées par l'imagination »[e]. Les penseurs phénoménistes suivant cette ligne d'analyse affirmeraient en conséquence que dire que ceci est une montre revient seulement à dire qu'une certaine donnée visuelle, tactile, et d'autres phénomènes encore, existent et sont associés d'une certaine façon.

d. D. Hume, *An Enquiry Concerning Human Understanding*, Section II.

e. D. Hume, *A Treatise of Human Nature*, Livre 1, Première partie, Section VI [London, Penguin Books, 1969; trad. fr. *L'entendement. Traité de la nature humaine*, Livre 1, Paris, GF-Flammarion, 1999].

Néanmoins, ces phénomènes ne sont cependant pas tous donnés au même moment, et ceci constitue un point important. Dire « Ceci *semble* être une montre » ou « Il *semble* que je sois en train de voir une montre » revient peut-être simplement à décrire des phénomènes visuels dont on fait l'expérience, autrement dit des « impressions ». Tout à l'opposé, dire « Ceci est une montre », même pour le phénoméniste, c'est dire beaucoup plus ; cela revient à dire aussi, par exemple que si j'ai l'impression de tendre ma main dans une certaine direction, j'aurai certaines impressions tactiles ; si j'ai l'impression continue de regarder dans une certaine direction, l'apparence visuelle de la montre ne va pas se dissiper brusquement, etc. En d'autres termes, l'analyse phénoménale des énoncés portant sur l'objet physique s'accorde avec l'interprétation usuelle, en ceci qu'elle les considère comme ayant une référence qui s'étend au-delà de l'expérience momentanée, dans la mesure où elle reconnaît qu'ils sont *implicitement prédictifs*. La conséquence qui en résulte est qu'il y a de nouveau place pour l'erreur, même là où je me borne simplement à *décrire* des faits physiques actuels car, de toute façon, je m'engage également par là sur le contenu d'un nombre indéfiniment large de prédictions conditionnelles portant sur de futurs événements, lesquels peuvent, ou non, se produire, pour autant que je puisse présentement en juger.

Les phénoménistes ont cependant souvent soutenu que les jugements *portant sur des faits phénoménaux présents* étaient, de ce point de vue – et de façon évidente – très différents, et qu'ils *étaient* donc immunisés contre l'erreur. En effet, si je me limite à dire « *Il me semble* que je suis en train de voir une montre », je n'ai aucune possibilité de me tromper, si j'ai été sincère et si j'ai essayé de décrire mon expérience avec précision. Car mon assertion n'entre pas et ne peut pas entrer en conflit avec ce qui se produit par ailleurs, *quoi qu'il arrive*, elle n'est pas implicitement prédictive. Même si je rêve ou si j'ai une hallucination, ma description n'est pas menacée. Hume lui-même a dit à propos des impressions, qu'il n'était pas « facile de tomber dans l'erreur ou la confusion à leur sujet »[f] ; de nombreux phénoménistes ont, quant à eux, hardiment défendu le caractère *certain* des énoncés phénoménaux[g].

f. D. Hume, *An Enquiry*, *op. cit.*, Section II.

g. Sur ces enjeux, voyez C.I. Lewis, *An Analysis of Knowledge and Valuation*, La Salle, The Open Court Publishing Company, 1946, plus spécialement chap. 7 ; A.J. Ayer, *The Foundations of Empirical Knowledge*, New York, Saint-Martin Press, 1961 et l'étude d'A. Pap, *Elements of Analytical Philosophy*, New York, Macmillan, 1949, chap. 7 et 8. on trouve une excellente discussion dans le symposium organisé par C.I. Lewis, H. Reichenbach

On doit noter qu'une telle certitude n'est pas très puissante car, lorsque j'en viendrai à considérer, après coup, mes jugements phénoménaux présents et qu'*alors* je tenterai de décider s'ils étaient vrais ou non, il me faudra m'appuyer sur le souvenir et l'inférence rétrospective à partir de mes futures expériences phénoménales. Aussi, la certitude de mon jugement présent n'est-elle au mieux qu'une chose momentanée et éphémère; elle ne signifie pas, en particulier, que celui-ci restera indéfiniment aussi assuré que maintenant. Néanmoins, n'est-il pas vrai qu'à *chaque* moment ma tentative sincère de description phénoménale simultanée est certaine d'être correcte? Ne suis-je pas toujours assuré que mon jugement présent sur mon expérience phénoménale *doit* être vrai, même si cette assurance ne peut être étendue au futur[h]?

Ce dernier argument en faveur de l'infaillibilité a souvent été combattu par des philosophes qui ont souligné que nous étions souvent indécis quant à la manière de décrire nos expériences *présentes*[i]; qui plus est, nous décidons souvent, et de manière raisonnable, qu'une description antérieure était *erronée*. Ce point ne consiste pas simplement à dire qu'une évaluation future de mon jugement présent devra recourir à l'inférence et ne pourra, à ce titre, prétendre à une assurance maximale, mais qu'elle peut déboucher sur la conclusion que je suis *présentement dans l'erreur*. Je puis, par exemple, être indécis sur le point de savoir si je dois dire que j'ai une gêne ou une douleur à ma dent; l'ayant appelée douleur, je puis par la suite décider qu'il s'agissait en réalité d'une gêne. Ultérieurement, il se peut qu'il me faille choisir entre mon jugement présent, selon lequel j'éprouve une douleur, et mon jugement futur, selon lequel ce que j'ai ressenti alors est exactement semblable à la gêne que j'éprouve au même endroit, au moment même où je le forme. Mais, si mes jugements phénoménaux eux-mêmes peuvent ainsi *entrer en conflit*, comment puis-je, *même maintenant*, être sûr que ce sont mes jugements présents qui sont vrais?

Supposons de plus que j'infère à partir d'une expérience prétendument phénoménale qu'une autre expérience d'un certain type va se produire : ici Hume insiste sur le fait que l'*inférence* est fragile parce que la généralisation sur laquelle elle repose va au delà de mon expérience passée, laquelle

et N. Goodman, « The Experiential Elements in Knowledge », *Philosophical Review*, LXI (avril 1952), p. 147-175.

h. Pour une discussion de cette idée, voyez A.J. Ayer, *The Problem of Knowledge*, Harmondsworth, Penguin Books Ltd, 1956, p. 54-57. L'ensemble du chapitre 2 de l'ouvrage d'Ayer est d'un intérêt considérable.

i. Voyez J.L. Austin, « Others Minds », *op. cit.*, p. 58 *sq.*

porte sur un nombre fini de conjonctions pertinentes. Le point qu'il souligne est que, *même si* l'expérience phénoménale initiale est correctement décrite, il n'en résulte pas nécessairement que l'expérience inférée se produira, car la généralisation peut être fausse. Il ne s'ensuit pas, cependant, que l'expérience initiale *a été* nécessairement correctement décrite. En fait, si l'expérience inférée ne se produit pas, je puis raisonnablement décider de défendre la généralisation et juger que ma description phénoménale initiale était une erreur. Si je suis effectivement en présence d'une telle éventualité, comment puis-je, *même maintenant*, être certain que mes descriptions phénoménales *présentes* sont vraies? À coup sûr, *si* elles le sont, aucun phénomène autre que certains de ceux présents n'est requis pour qu'elles le soient, mais il ne s'ensuit pas pour autant que je puis être sûr qu'elles *sont* vraies. Peu importe le degré auquel elles apparaissent aujourd'hui être solides, il se peut qu'elles soient détrônées par des descriptions concurrentes suffisamment solides qui revendiquent également mon adhésion. Une telle expulsion doit, bien entendu, prendre elle-même place *dans le futur*, sous la forme d'un jugement futur portant sur l'erreur présente, mais cela est suffisant pour ruiner mon assurance absolue présente. S'il n'en était pas ainsi, la thèse de la certitude phénoménale reposerait sur la considération triviale selon laquelle mes jugements phénoménaux présents ne peuvent *simultanément* être congédiés. Dans la mesure, cependant, où *aucun* jugement effectif à un moment donné ne peut, simultanément, faire l'objet d'une expulsion, un tel critère rendrait *tous* les jugements certains, et, du même coup, viderait de tout contenu la notion de certitude. De tels arguments font ressortir le contexte *systématique* des jugements ainsi que le fait que nulle assertion, physique ou phénoménale, ne peut être analysée comme une unité isolée, immunisée contre l'erreur[j].

Les arguments phénoménistes examinés défendent, au mieux, une forme faible et éphémère de certitude, alors que les contre-arguments que nous avons avancés tendent à discréditer y compris la variété faible, et donc à suggérer que tous les jugements empiriques, quels qu'ils soient, sont faillibles. Nous disposons, en somme, de bases très solides pour rejeter l'idée que le savoir entraîne toujours la certitude, qu'on la prenne au sens d'une méthode d'investigation infaillible ou au sens d'une forme de jugement échappant à toute correction.

j. Voyez N. Goodman, « Sense and Certainty », *Philosophical Review*, LXI (avril 1952), p. 160-167.

LE FAILLIBILISME ET LA VÉRITÉ ABSOLUE

Beaucoup de philosophes ont, dans les temps récents, soutenu qu'à partir du moment où la certitude était abandonnée en tant que condition de la connaissance, il devait en être de même de la *vérité*, au moins au sens absolu selon lequel chaque assertion est vraie ou fausse sans équivoque, sans considération du temps, de l'endroit, de la personne et des circonstances. Les motivations en faveur de cet argument sont variables et complexes, mais son objectif principal et partagé aura été de mettre la théorie de la connaissance en phase avec la pratique scientifique, au sein de laquelle les idées paraissent des hypothèses faillibles, toujours exposées à d'éventuels tests futurs. On en a tiré la morale qu'il n'y a, dans la science, aucune vérité absolue, simplement parce qu'il n'y a, toujours en science, aucune prétention à la certitude à quelque moment que ce soit. Les théories sont radicalement modifiées au cours de l'investigation scientifique, et leur vérité doit toujours, en conséquence, être comprise comme relative aux données et aux suppositions de la communauté scientifique, à un moment donné.

Cette idée générale a été fréquemment adoptée et débattue par différents philosophes; des scientifiques s'en sont également faits les porte-parole et elle a fini par diffuser au sein du grand public. Nous allons toutefois nous concentrer, dans les discussions qui suivent, sur les formulations issues de l'école pragmatiste, dans la mesure où le pragmatisme a été extrêmement influent, non seulement en philosophie, mais également dans le champ éducatif.

Le pragmatisme devrait, toutefois, être compris non point comme un système unifié, mais bien plutôt comme un groupe de thèmes et de doctrines reliés entre eux et interprétés de façon quelque peu différente par les différents pragmatistes. Nous devons, en particulier, distinguer les approches pragmatiques de la *signification*, qui sont relativement homogènes, des approches pragmatiques de la *vérité*, qui varient de façon importante d'une formulation à l'autre. Nous allons nous tourner d'abord vers la doctrine pragmatique de la signification que l'on doit à C.S. Peirce[k]

k. En dehors des *Collected Papers of Charles Sanders Peirce*, (vol. 1-6, Cambridge, Harvard UP, 1931-1935 et vol. 7-8, Cambridge, Harvard UP, 1958), il existe différentes éditions en un seul volume des principaux articles de Peirce. Un des plus utiles est le récent *Value in a World of Chance : Selected Writings of Charles S. Peirce*, New York, Doubleday, 1958 et également Stanford, Stanford UP, 1958). C'est à cette dernière anthologie que renverront les références à Peirce figurant dans le présent livre. Nos citations proviennent dont le but était de clarifier la pensée philosophique en prenant en compte la disposition expérimentaliste de l'esprit.

Peirce a proposé de réaliser une telle clarification précisément en reliant les idées à la fois aux *opérations* qui leur sont associées et à leurs *conséquences*. Il s'est ainsi opposé à l'approche rationaliste, qui a mis en avant l'introspection en tant que moyen de parvenir à des « idées claires et distinctes » et qui a recherché la certitude en soumettant toutes les idées à l'épreuve d'un doute radical. Peirce a soutenu qu'un tel doute universel n'était pas possible, et que sa conception relevait d'une fantaisie de philosophe. Dans la vie réelle, nos doutes nous viennent de façon fragmentaire : ils ne portent jamais sur plus d'une chose, ou d'un petit nombre de choses, à la fois, et nous prenons pour argent comptant, dans le même temps, de façon provisoire, une grande masse de croyances. Au cours du travail scientifique, le chercheur doute d'une hypothèse particulière et la teste, admettant une grande variété de croyances pendant qu'il réalise le test. Par la suite, lorsque de nouveaux problèmes sont soulevés, il peut, bien évidemment, en venir à douter de n'importe laquelle d'entre elles. Mais il est une chose qu'il ne peut faire, c'est douter de toutes les choses simultanément sans faire aucune supposition. Les suppositions, dans cette conception, ne sont pas les fondations ultimes, taillées dans le roc; elles n'ont pas à faire d'avance l'objet d'une garantie absolue : Pierce met constamment l'accent sur le *faillibilisme*. Leur rôle est de fournir à nos actions un guide provisoire, de nous aider à dissiper des doutes particuliers, durant le temps où elles sont elles-mêmes tenues pour constantes. Elles sont des outils destinés à être appliqués, et leur utilité se manifeste dans le processus même de leur application.

De même, lorsque l'on clarifie des *idées particulières*, il n'est pas possible de s'appuyer seulement sur un processus d'introspection, sans prendre en compte l'application de ces idées dans l'action. Car une idée, en dernière analyse, relie notre action dans certaines circonstances, à des effets sensibles spécifiques. « Notre idée de quoi que ce soit, dit Peirce, *est* notre idée de ses effets sensibles » (p. 124).

d'abord de l'essai de Peirce intitulé « How to make our ideas clear » et ensuite de l'essai intitulé « The Fixation of Belief », respectivement p. 90-112 et 113-136 dans l'édition en question. Les deux essais sont parus initialement dans *Popular science Monthly*, le dernier en novembre 1877, le premier en janvier 1878 [ce sont les essais rassemblés dans le recueil intitulé *Textes anticartésiens*, Paris, Aubier, 1984]. W.B. Gallie, *Peirce and Pragmatism* peut être recommandé à la fois en qualité d'introduction lucide et à titre de commentaire.

Maintenant, il s'agit là d'une formulation abrégée, car les effets sensibles que Peirce a à l'esprit sont ceux qui résultent des opérations impliquant la chose concernée. Notre idée d'une chose *dure* par exemple, consiste dans l'idée que si elle heurte quelque chose, cela fera du bruit; *si* elle est déplacée elle opposera une résistance, etc. L'idée générale de dureté n'est pas clarifiée par l'introspection, autrement dit, en essayant d'en former une image appropriée, car il n'est en ce cas, comme dans beaucoup d'autres, aucune image appropriée qu'on puisse trouver. L'idée de dureté relie certaines actions ou opérations hypothétiques à certains conséquences perceptibles, et ce sur le mode du « si-alors », et le processus de clarification n'est autre que celui qui consiste à expliciter ces relations en « si-alors ». La dureté, en tant que caractéristique possédée par la pierre est analogue à une habitude, ce qui revient à dire qu'elle constitue une disposition à répondre d'une façon sensible déterminée dans des circonstances spécifiques. À la manière d'une habitude, elle n'est pas susceptible d'être représentée par une image, dans la mesure où elle consiste en une connexion générale entre des circonstances et des réponses. On peut, en réalité, s'interroger sur le point de savoir si cette explication se prête à une généralisation complète, car l'idée de certains effets sensibles – par exemple la *rougeur* – semble dénoter une qualité imaginable spécifique plutôt qu'une connexion abstraite. Nous n'allons pas tenter de régler ce problème car, en tout cas, il y a un ensemble considérable d'idées, constitué précisément de celles qui demandent le plus de clarification, qui ne peuvent, par quelque effort de l'imagination que ce soit, être comprises comme dénotant les qualités sensibles présentes dans l'expérience. Nous allons considérer que Pierce aborde ces idées armé de sa maxime énonçant la méthode pragmatique.

« Considérons, dit Peirce en exposant sa maxime, quels effets nous pensons être ceux de l'objet de notre conception, effets qui pourraient bien avoir une portée pratique. Alors, notre conception de ces effets constitue la totalité de notre conception de cet objet » (p. 124). Notre conception, ou notre idée de la dureté, par exemple – représentée par l'adjectif *dur* – n'est autre que notre conception de tous ces effets sensibles résultant d'opérations pratiques portant sur des choses dures. La *dureté* est exemplifiée par une variété d'effets sensibles connectés d'une façon déterminée à certaines sortes d'actions, et l'*idée de dureté* n'est rien d'autre que celle de ces effets pratiquement contingents. Elle est ainsi spécifiable à travers un ensemble de propositions en si-alors, chacune mettant en avant une occurrence sensible comme résultat d'une opération particulière. Les propositions en si-alors de ce type sont désormais connues comme étant des définitions opérationnelles[1]. Dans le cas de la dureté des minéraux, par exemple, une telle définition peut, de façon simplifiée, être avancée comme suit, en référence à une substance standard S :

> *X* est dur = si *X* est frotté contre la substance standard S, alors *X* rayera S.

Semblablement, une définition opérationnelle d'*être d'une intelligence supérieure à la moyenne* peut être formée, en référence à un test d'intelligence I, comme suit :

> *X* a une intelligence supérieure à la moyenne = si *X* passe le test *t*, alors *X* obtiendra plus de 110.

Lorsque nous laissons de côté le problème de la clarification des *idées particulières*, représentées par des termes tels que « dur » pour aborder celui de la clarification d'une *assertion complète* (par exemple : « Cette pierre est dure »), nous nous approchons d'un niveau qui est celui de la croyance. Car une croyance n'est pas incarnée dans une idée ou un terme particulier, mais bien plutôt dans une assertion complète, ou dans la proposition dont on suppose qu'elle l'exprime. Qu'est-ce donc que cela signifie de croire que la pierre est dure ? Si une personne a cette croyance, dit Peirce, *elle* a l'habitude d'agir d'une certaine façon vis-à-vis de la pierre ; elle est supposée agir envers elle en fonction de son habitude de dureté *à elle*. Elle est disposée à agir envers elle d'une certaine manière, pour peu qu'elle souhaite produire certains effets sensibles. Par exemple, si elle souhaite inscrire une marque sur une surface faite de la substance standard, S, il lui faudra utiliser la pierre en guise d'instrument pour écrire. « Toute la fonction de la pensée, dit Peirce, est de produire des habitudes d'action. [...] Maintenant, l'identité d'une habitude dépend de la façon dont elle nous conduit à agir, non point simplement dans des circonstances dont il est vraisemblable qu'elles se présentent, mais aussi dans des circonstances dont il est possible qu'elles soient réunies, aussi improbables soient-elles. [...] Il n'y a aucune différence de signification suffisamment subtile pour consister en autre chose qu'une différence possible dans la pratique » (p. 123).

Une assertion a une signification, pourrait-on dire, seulement dans la mesure ou elle est capable d'exprimer une croyance, capable, en

1. Sur l'opérationnalisme, P.W. Bridgman *The Logic of Modern Physics*, New York, Macmillan 1927. Un symposium récent, « The present state of operationalism » peut être trouvé dans l'ouvrage de Ph. G. Franck, *The Validation of Scientific Theories*, Boston, The Beacon Press, 1956.

conséquence, de représenter une habitude d'action impliquant des stimuli perceptifs et des résultats perceptibles. En bref, pour avoir une signification, une assertion doit envelopper des prédictions conditionnelles susceptibles d'être testées au moyen des sens. Peirce admet, bien entendu, que les croyances fausses, aussi bien que les vraies ont une signification, mais les processus d'investigation scientifique éliminent continûment les croyances fausses, et amènent les savants à converger vers le vrai. Il définit, en fait, la vérité comme une convergence ultime et idéale. « Différents esprits, écrit-il, peuvent commencer avec les vues les plus opposées, mais le progrès de l'investigation les amène, par une force qui leur est extérieure, à une seule et même conclusion. Cette activité de la pensée, par laquelle nous sommes conduits non là où il nous plaît d'aller mais vers un but préétabli, est semblable à l'intervention du destin. Ni la modification du point de vue adopté, ni quelque autre choix de faits à étudier, ni même quelque inclination naturelle de l'esprit ne peut permettre à un homme d'échapper à l'opinion prédestinée. Cette grande loi est enveloppée dans la conception de la vérité et de la réalité. L'opinion qui est destinée à être celle sur laquelle s'accorderont ultimement ceux qui font des recherches est ce que nous appelons la vérité, et l'objet que cette opinion représente est le vrai. Telle est la façon dont j'expliquerai la réalité » (p. 133).

La notion de vérité présentée ici constitue un idéal et un idéal prétendument absolu : comme Peirce le remarque, « l'opinion qui résultera finalement de l'investigation ne dépend pas de la façon dont quiconque pense effectivement » (p. 134). Peirce répond à l'objection selon laquelle il existe une quantité énorme de faits historiques disparus depuis bien longtemps et échappant à jamais à toute investigation, qu'il n'est pas possible d'être sûr qu'un fait donné ne pourra pas être dévoilé par un travail scientifique ultérieur, car la science a d'ores et déjà exhumé de nombreux faits dont on pensait avant qu'il ne serait pas possible de les connaître. Une telle réponse ne repose-t-elle pas, cependant, sur des « considérations lointaines » spécialement au regard du « principe selon lequel seules les distinctions pratiques ont une signification » (p. 135) ? Peirce reconnaît en effet leur caractère lointain, mais suggère que sa doctrine rend possible une appréhension claire de l'objet et des procédures de la science. Il semble suggérer que c'est seulement si nous pensons à la vérité comme à un idéal fixe de la méthode scientifique que nous pouvons donner un sens au fait que les controverses scientifiques se calment souvent avec le temps, apparemment sous le contrôle de facteurs impersonnels et objectifs. On doit reconnaître que l'explication peircéenne de la vérité ne se prête pas aisément à une formulation dans les termes de sa propre théorie des « définitions opérationnelles ». Il semble motivé, bien plutôt, par son désir de donner un sens à la méthode scientifique en projetant une limite idéale vers laquelle celle-ci est dirigée.

On peut avancer ainsi que la théorie de la vérité de Peirce n'est pas en cohérence avec la méthode pour clarifier les idées particulières qu'il expose par ailleurs. Quoi qu'il en soit, cette explication de la vérité présente aussi, semble-t-il, des faiblesses qui lui sont propres[m]. On peut relever d'abord que sa référence à la vérité en tant que « but préétabli » (p. 133) auquel aucun homme ne peut échapper ne peut être prise littéralement. Il y a toujours eu des désaccords radicaux, dans les sciences comme ailleurs; comment pourrait-on savoir que le destin décrète un consensus ultime? Peirce lui-même accorde que « notre perversité et celle des autres peut faire que le consensus d'opinion soit indéfiniment repoussé; il est même concevable qu'il occasionne l'acceptation universelle d'une proposition arbitraire, et ce aussi longtemps que durera la race humaine». Néanmoins, poursuit-il, « même cela ne changerait pas la nature de la croyance, qui seule pourrait être le résultat d'une investigation poursuivie suffisamment loin; et si, après l'extinction de notre race, une autre devait apparaître avec des facultés et des dispositions pour l'investigation, cette opinion vraie devrait être celle à laquelle ils en arriverait ultimement, "la vérité, foulée au pied, se lèvera à nouveau" » (p. 133-134).

Qu'est-ce qui donne à Peirce l'assurance que le consensus se fera ultimement autour de la vérité? Il n'est sûrement pas logiquement contradictoire de supposer qu'il ne se fera jamais, même si on fait l'hypothèse d'un processus sans fin d'investigation. Son allusion à « l'investigation poursuivie suffisamment loin » lui donne, évidemment, la possibilité de dire que tant que le désaccord persiste, l'investigation n'a pas été suffisante. Mais alors l'assertion selon laquelle le consensus doit se réaliser au terme d'une investigation suffisante est *vide*, dans la mesure où elle se réduit à l'affirmation que le consensus doit être le résultat d'une investigation suffisante pour réaliser le consensus.

Peirce est impressionné par le contrôle des assertions scientifiques au moyen de critères objectifs, et c'est cela, nous l'avons suggéré, qui le conduit à interpréter la vérité comme indépendante de ce qu'un homme particulier quelconque peut penser. D'un autre côté, il veut réduire toute chose, en général, à ce qui est accessible à la pensée. Il en vient ainsi à

m. W.V.O. Quine a formulé récemment des critiques contre cette explication, critiques que nous n'examinerons pas ici. Voir W.V.O. Quine, *Word and Object*, Cambridge, MIT Press, 1960 [trad. fr. *Le mot et la chose*, Paris, Flammarion, 1977].

comprendre la vérité comme l'« objet d'accord de la pensée en général » (p. 133), *i.e.*, de l'investigation sans fin par la communauté scientifique. Néanmoins, qu'est-ce qui écarte la possibilité que le consensus parfait s'établisse à propos d'une erreur sur laquelle on ne reviendra jamais ? Si, par exemple, une explication erronée d'un événement historique passé depuis longtemps a été mise en circulation par la propagande et s'est enracinée au point de ne jamais être révisée jusqu'à la fin des temps, doit-on dire qu'elle est vraie et représente la *réalité* ? L'argument de Peirce consiste à dire que nous ne pouvons pas être sûrs qu'une telle opinion ne sera *pas* révisée, mais il ne peut pas davantage être sûr qu'elle le *sera*, et, en fait, *supposer* qu'elle le sera dans tous les cas de figure semble défier toutes les probabilités. Dire qu'elle le *serait*, si l'investigation était « conduite assez loin » (p. 134), en l'absence de critère indépendant fixant ce que signifie « assez loin », réduit le propos à une trivialité. Admettre, d'un autre côté, qu'il est concevable qu'il y ait des faits *non* découverts par l'investigation, ou de prétendus faits *faussement* découverts, revient à reconnaître que l'investigation elle-même n'est pas ce qui détermine ultimement la vérité – que le consensus entre les chercheurs n'a de valeur que s'il satisfait le critère indépendant de représentation exacte des faits.

LE CARACTÈRE ABSOLU DE LA VÉRITÉ

Sur la question de la vérité, les variations sont considérables d'un pragmatiste à l'autre. Alors que Peirce propose une notion de vérité idéale et absolue, William James avance une interprétation pratique et relative. Paradoxalement toutefois, alors que la doctrine de Peirce semble difficile à accorder avec sa propre méthode pragmatique de clarification des idées particulières, la théorie de James constitue une tentative pour clarifier l'idée particulière *vrai*, au moyen de cette même méthode. James a besoin, en conséquence, de spécifier une *opération*, en relation avec la croyance et d'indiquer une classe d'*effets perceptibles* liés à cette opération chaque fois qu'elle se trouve associée à des croyances *vraies*[n].

Dans ce contexte, il met en avant l'« opération » consistant à agir en fonction d'une croyance, son idée générale étant que si, et seulement si, une croyance est *vraie*, elle produira des résultats sensibles dans l'expérience lorsque l'on agira en s'appuyant sur elle. Quelles sortes de choses, toutefois,

n. Voir M. White, *The Age of Analysis*, New York, Mentor Books, 1955, p. 154-160.

se rattachent à la rubrique des résultats satisfaisants? L'explication de James est ici plutôt vague. Dans un passage typique, il écrit :

> Toute idée que nous pouvons, pour ainsi dire, chevaucher, pour ainsi dire, toute idée qui nous conduira de manière fructueuse de quelque partie que ce soit de notre expérience à quelque autre, reliant les choses entre elles de façon satisfaisante, travaillant de manière assurée, apportant des simplifications épargnant du travail, est vraie précisément en raison de tout cela, vraie jusqu'à maintenant et ensuite, vraie *instrumentalement*[o].

Malheureusement, de tels passages autorisent aussi bien une construction *large* qu'une construction *étroite*, s'agissant de la sorte de satisfaction qu'on suppose corrélée avec la vérité. Selon la construction étroite, une croyance fonctionne de manière satisfaisante lorsqu'elle est satisfaite ou confirmée par l'expérience. Selon l'interprétation large, le fonctionnement satisfaisant inclut également des effets satisfaisants de la croyance sur celui qui y croit, tels qu'un état d'esprit agréable ou confortable, une attitude constructive face à la vie, et des traits de caractère favorables à la santé.

Qui plus est, il est difficile d'interpréter certains passages de James lui-même sans user de la notion large de satisfaction. James écrit ainsi : « s'il est avéré que les idées théologiques ont une valeur pour la vie concrète, elles seront vraies, pour le pragmatisme, au sens où elles seront bonnes à beaucoup d'égards »; dans des paragraphes antérieurs et postérieurs, il indique que par « valeur pour la vie concrète » il entend le « confort religieux » apporté « à une classe d'esprits des plus respectables » (p. 71-73). Évoquant la croyance en l'Absolu, il écrit « dans la mesure ou elle apporte un tel confort, elle n'est sûrement pas stérile; elle a un certain degré de valeur; elle remplit une fonction concrète. En bon pragmatiste, je devrais donc moi-même appeler l'Absolu vrai "jusqu'à maintenant et ensuite"; et je le fais derechef sans hésiter » (p 73).

James poursuit en critiquant la croyance en l'absolu parce qu'elle entre en conflit dans d'autres domaines avec d'autres vérités ayant un « bénéfice vital ». Mais le point crucial est qu'il considère le confort religieux procuré par une croyance comme une sorte de « bénéfice vital » que l'on met au compte de sa vérité. En venant à généraliser, il dit,

> S'il existe une vie quelconque qu'il est meilleur pour nous de mener, et s'il existe une idée qui, si nous y croyions, nous aiderait à mener cette vie, alors

o. W. James, *Pragmatism*, New York, Longmans, Green and C°, 1910, p. 58 [trad. fr. *Le pragmatisme*, Paris, Flammarion, 2005].

il serait réellement *meilleur pour nous* de croire en cette idée, *à moins, en effet, que la croyance en cette idée se trouve accidentellement en conflit avec d'autres avantages vitaux plus importants*. « Ce qu'il serait pour nous le mieux de croire ». Ceci sonne résolument comme une définition de la vérité. (p. 76-77)

James *n'*est sûrement *pas* coupable de la faute consistant à autoriser le caractère agréable d'une idée à prendre le pas sur toute autre considération, et il rejette, à juste titre, les critiques selon lesquelles le pragmatiste appelle « vrai tout ce qui, si c'était vrai, serait agréable » (p. 234). Mais il semble bel et bien prendre incontestablement le caractère agréable ou le confort comme *une* attestation de la vérité. C'est cela qui demeure passible de critique, dans la mesure où les effets d'une croyance sur celui qui y croit sont, tous autant qu'ils sont, dépourvus de pertinence pour la question de savoir si, oui ou non, la croyance est vraie. Ce qui compte, en tout et pour tout, c'est de savoir si les choses sont en fait telles que la croyance énonce qu'elles sont, et il est clair que c'est là un point logiquement indépendant des effets psychologiques résultant de l'acceptation de la croyance. Si la vérité est, comme James le dit, « une espèce du bien » (p. 75), ce bien particulier (ou cette satisfaction) doit être étroitement circonscrit. L'interprétation étroite de la théorie de James ne vise pas, en fait, les conséquences psychologiques satisfaisantes de l'acceptation de croyance, au sens où elles seraient plaisantes, mais bien plutôt les conséquences logiques de la croyance acceptée qui sont satisfaisantes au sens où elles sont confirmées par l'expérience.

Cette dernière idée forme la base de la version la moins exposée aux objections de la théorie de la vérité de James ; le caractère satisfaisant d'une croyance vraie consiste donc en ce qu'elle est adéquate sur le plan prédictif. Étant donné qu'une croyance est vraie, alors, et seulement alors, si vous agissez en vous basant sur elle, en élaborant vos prédictions en adéquation avec elle, l'expérience viendra satisfaire *ces prédictions*, et il est sans pertinence de se demander si *vous*, vous êtes satisfait ou non. La satisfaction d'une prédiction par l'expérience constitue une vérification de la croyance sur laquelle repose cette prédiction. La vérité est donc une fonction de vérifications particulières, et sa valeur tient à ce qu'elle nous prépare adéquatement à affronter nos futures expériences.

La vérité pour nous (dit James) n'est qu'un nom collectif pour un processus de vérification, tout comme la santé, la richesse, la force, etc. sont également des noms pour des processus connectés avec la vie, et poursuivis eux aussi parce que cela vaut la peine de le faire. La vérité est *produite*,

> exactement comme la santé, la richesse et la force sont produits, au cours de l'expérience. (p. 218)

La formulation de la théorie de James en termes de processus de vérification échappe à la critique visant l'idée selon laquelle la satisfaction psychologique constitue un index de vérité. Dans la dernière phrase du passage qui vient d'être cité, cependant, nous trouvons la preuve d'un *relativisme* fondamental affectant la présente version de la théorie de James, ce qui entraîne d'autres difficultés. James souligne que la vérité n'est pas « une qualité échappant au temps » (p. 219) mais plutôt quelque chose qui apparaît, dans le cours du processus historique, comme un concomitant de la vérification. Aussi James écrit-il que « les idées (lesquelles sont parties intégrantes de notre expérience) deviennent vraies pour autant qu'elles nous aident à établir des relations satisfaisantes avec d'autres parties de notre expérience » (p. 58). À un autre endroit, il exprime ce point encore plus directement comme suit : « la vérité d'une idée n'est pas une propriété immuable, inhérente à celle-ci. La Vérité *advient* à une idée. Elle *devient* vraie, est *faite* vraie par les événements. Sa vérité est en fait un événement, un processus : à savoir le processus de se vérifier elle-même, sa véri-*fication* » (p. 201).

L'idée générale a été avancée par beaucoup de penseurs dans ces derniers temps : elle consiste à dire que nous devons comprendre la vérité non point comme une propriété absolue des idées, mais bien plutôt comme une propriété variable – c'est-à-dire comme une propriété relative au temps et aux personnes, et cela dans la mesure où elle doit être corrélée avec la vérification et la confirmation, laquelle est elle-même relative au temps et aux personnes. Nous l'avons déjà noté, une raison forte en faveur de ce point de vue, a été le désir de placer la vérité dans le droit fil de l'esprit et de la pratique scientifiques, ce désir procédant de la supposition qu'inversement une notion absolue de vérité conduit au dogmatisme. James dit :

> la grande hypothèse des intellectualistes est que la vérité consiste essentiellement en une relation inerte et statique. Lorsque vous avez l'idée de quoi que ce soit, l'affaire est terminée. Vous la possédez ; vous *savez* ; vous avez accompli le destin de votre pensée. (p. 200)

Semble toutefois se glisser ici une confusion fondamentale entre la *vérité absolue* et la *certitude*. Une chose est de croire que la vérité est un absolu, *i.e.*, une propriété invariable de certaines idées ou croyances ; une toute autre chose est de supposer que nous pourrons un jour être certains de la détenir. En conséquence, il est tout à fait possible de récuser la certitude et de défendre une théorie absolue de la vérité. L'esprit et la pratique de la science sont, en effet, opposés au dogmatisme, mais le dogmatisme repose sur une conviction de certitude, non sur la vérité absolue. Nous avons déjà vu, en fait, que Peirce combinait une doctrine faillibiliste, inspirée par la science, et une notion de vérité, entendue comme une limite idéale et invariable de l'investigation scientifique. Il est clair que nous avons à tout moment des idée ou des croyances dont nous *estimons qu'elles sont vraies* ou que nous *tenons pour vraies*. Celles-ci sont, à coup sûr, modifiées au cours de notre expérience; il ne s'ensuit pas du tout que *la vérité elle-même* est altérée ou susceptible de l'être. James peut, peut-être, être interprété comme étant essentiellement intéressé par le combat contre la certitude; il est alors sur un sol ferme, même s'il est dans l'erreur lorsqu'il formule sa doctrine comme une attaque contre la vérité absolue[p].

Il y a, de surcroît, plusieurs arguments *indépendants* contre la relativisation de la vérité par sa réduction à la vérification ou à la confirmation. Nous supposons, de façon caractéristique, qu'une assertion est soit vraie, soit fausse (conformément au *principe du tiers exclu*). Mais certaines assertions ne sont jamais confirmées ni infirmées pour des personnes données à un moment donné. Nous ne pouvons, par exemple, confirmer ou infirmer la proposition selon laquelle César a pris un petit déjeuner le jour où il a franchi le Rubicon. Nous devons pourtant reconnaître qu'il l'a forcément pris ou non, et, en conséquence, qu'il est soit vrai qu'il l'a pris, soit vrai qu'il ne l'a pas pris, même si nous ne sommes pas en mesure de trancher.

Nous supposons également (conformément au *principe de contradiction*) qu'aucune assertion ne peut être à la fois vraie et fausse. Certaines assertions sont clairement confirmées pour certaines personnes dans certaines circonstances, et ne le sont pas pour d'autres dans les mêmes (ou dans d'autres) circonstances. Imaginez, par exemple, que je souffre d'un

p. Certains points de ma critique de James sont un développement de commentaires figurant dans mon compte-rendu de M. White, *Toward Reunion in Philosophy*, *Harvard Educational Review* XXVII (printemps 1957), p. 156-158. En dehors des écrits de Tarski et Carnap, auxquels il est brièvement fait référence dans la suite du texte, et auxquels mes remarques critiques sont redevables, je tiens à attirer l'attention sur la critique incisive de G.E. Moore, « William James' pragmatism » figurant dans ses *Philosophical Studies*, New York, Harcourt, Brace and C°, 1922. Il n'est peut-être pas sans intérêt de noter que Peirce, dans la dernière phrase de son « A neglected argument for the reality of god », critique la notion de mutation de la vérité chez James en la présentant comme une « graine de mort » que l'on a laissée infecter le pragmatisme, « une philosophie instinctivement en prise sur la vie » (p. 379).

mal de dents, tout en étant suffisamment habile pour dissimuler ce que je ressens à ma famille, au point que celle-ci ne se doute nullement que je souffre. Les membres de ma famille auront de bonnes raisons de nier que j'ai mal aux dents, alors que mon affirmation que j'ai mal sera appuyée sur des bases aussi excellentes que douloureuses. Cependant, la proposition selon laquelle j'ai mal aux dents ne peut à la fois être vraie et fausse.

Examinons maintenant un cas de *changement* dans le degré de confirmation d'une idée au cours du temps. Si, en particulier, une théorie scientifique s'est montrée adéquatement prédictive tout au long d'une période de temps et a été ensuite infirmée de manière décisive, nous n'allons pas décrire la situation en disant qu'elle a d'abord été vraie et qu'elle est ensuite devenue fausse. Nous pouvons, cependant, dire qu'elle a été, pendant un temps, *tenue* pour vraie, et qu'elle a été ensuite *jugée* fausse. Nous serions autrement amenés à penser que la nature elle-même change de façon concomitante à nos changements de théories et que ces dernières ne sont pas réellement en conflit : tout le temps que la théorie de Newton a été satisfaisante sur le plan prédictif, elle a été vraie – autrement dit la nature *était* newtonienne; avec la crise du newtonianisme, la nature a abandonné ses habitudes newtoniennes et est devenue einsteinienne. À coup sûr, la nature peut changer, mais quelle raison y a-t-il de croire que le changement s'effectue à chaque fois servilement dans le sens de la théorie physique qui achève de s'imposer?

Qui plus est, dans la mesure où chacune de ces théories prétend décrire non point simplement telle ou telle large région de la nature mais ce qui est vrai *toujours* et *partout*, il est logiquement absurde de supposer qu'une théorie est vraie d'abord et une autre, toute différente, ensuite. Les exemples historiques sont encore plus frappants : on pense d'habitude que Galilée a laissé tomber ses boules en acier du haut de la tour inclinée de Pise. On sait désormais que cette histoire est un mythe. Maintenant, nous ne pouvons supposer qu'il a été vrai à une époque que Galilée a lâché ses boules d'acier du haut de la tour, et qu'ensuite la proposition selon laquelle il ne l'a pas fait est devenue vraie. Soit il l'a fait à un moment ou à un autre, soit il ne l'a pas fait; la vérité, dans cette affaire ne change pas, bien que, évidemment, nos *opinions* sur ce en quoi consiste la vérité *soient* susceptibles de changer[q].

q. Voyez sur ce point A. Koyré, « Galilée et l'expérience de Pise », *Annales de l'Université de Paris* (1937) p. 441-453; et H. Butterfield, *The origins of modern science*, New York, Macmillan, 1960, p. 81-82.

James lui-même semble peu cohérent sur ces points. D'un côté, il veut dire que les théories anciennes *étaient* vraies « dans leurs limites d'expérience » (p. 223) et que les processus anciens étaient des « processus de vérité pour les acteurs qui s'y trouvaient impliqués » (p. 224), mais pas pour nous. Cependant, d'un autre côté, il pense également que nos jugements rétrospectifs sont vrais n'en déplaise aux anciens penseurs, et qu'ils dispensent un « éclairage en arrière » (p. 223-224) sur le passé; il admet même que les vues des anciens penseurs sont « absolument fausses » – il met le terme entre guillemets – (p. 223) dans la mesure où il est concevable que les limites de leur expérience *auraient* pu être transcendées. En fait, tout ce qu'il parvient à montrer est que ce que l'on *tient pour la vérité* change de temps en temps avec l'avancement de la recherche, mais il semble reconnaître que tout ce que l'on *tient pour vrai* est tenu *absolument* pour vrai, car on se heurte (comme nous l'avons vu) à des difficultés lorsque l'on *considère* que la même idée est au même moment vraie et fausse. En somme, la variabilité concerne ce que l'on *estime* être vrai et non la vérité elle-même.

Il est important de distinguer le caractère absolu de la vérité de la fixité de certains processus naturels, car les deux idées sont tout à fait indépendantes. La vérité est un attribut des assertions, croyances, propositions, ou idées, et non des choses, processus ou des événements en général. Dire que la vérité est absolue revient à dire que, *quoi que* cela puisse être, ce qui est affirmé par les assertions ou les idées vraies, est ainsi sans aucune réserve; il n'est en rien exigé, de surcroît, que les assertions vraies portent sur des caractéristiques *permanentes* ou *fixes*. Les faits consistant en des changements, quels qu'ils puissent être, rendent leurs descriptions vraies, vraies absolument. Les processus historiques fluides ou les événements historiques éphémères ne requièrent pas que la vérité de leurs vraies descriptions soit elle-même fluide ou éphémère. Nous avons déjà vu à quel point il était absurde d'admettre la vérité initiale de la supposition selon laquelle Galilée, à un moment du temps, aurait lancé des boules en acier du haut de la tour de Pise, et la fausseté ultérieure de cette même supposition. Inversement, la vérité absolue de l'assertion selon laquelle la Première Guerre Mondiale aurait débuté en 1914 n'implique en rien que le début de celle-ci ait été d'une certaine façon intemporel et fixe, la Guerre se trouvant du coup, d'une certaine façon, toujours à l'état naissant. Des qualificatifs spatiaux aussi bien que temporels de toutes sortes s'appliquent aux choses décrites par les assertions vraies, mais cela n'implique pas que la vérité elle-même doive être semblablement qualifiée. S'il pleuvait à Mexico le 7 avril 1934, la phrase, « Il pleuvait à Mexico le 7 avril 1934 » n'est pas vraie seulement à Mexico le 7 avril 1934; elle est vraie, tout simplement. Au point où nous en sommes, dans la mesure où la motivation d'une doctrine relativiste de la vérité est le désir de mettre l'accent sur la « fluidité » de l'histoire et l'omniprésence du changement naturel, force est de constater que le même objectif peut parfaitement être atteint (et avec beaucoup moins de difficultés logiques) au moyen d'une doctrine absolue de la vérité.

On peut toutefois nous objecter, en dépit de tout ce que nous avons dit, qu'il existe une classe particulière d'assertions dont la *vérité*, clairement, change bel et bien en fonction du moment, du lieu et de la personne. Observons par exemple les trois phrases qui suivent :

(1) Aujourd'hui c'est dimanche.
(2) Cette ville a trois quotidiens.
(3) Je suis Républicain.

Il est clair que ni (1), ni (2) ni (3) ne sont invariablement vrais. (1) n'est vrai que les dimanches, (2) n'est vrai que dans les villes qui ont trois quotidiens. (3) n'est vrai que lorsque énoncé par un Républicain.

On pourrait, en réponse, dire que ces phrases sont toutes, en un sens élémentaire, incomplètes ou indéterminées. Elles ne parviennent pas, par elles-mêmes, à constituer des assertions définies car les sujets grammaticaux de leurs attributions respectives, *i.e.*, *aujourd'hui*, *cette ville*, et *je*, n'ont pas de dénotation fixe. Comment l'une quelconque de ces trois phrases peut-elle être évaluée sur le plan de la vérité si ce sur quoi porte l'attribution n'est pas clair ? Supposons que quelqu'un dise « *X* est Républicain » Ne serait-ce pas là rien de plus que le *schéma* d'une assertion ? Il est certain qu'un tel schéma n'a pas de vérité ou de fausseté établie (pas de valeur de vérité établie, pour faire bref) mais peut être transformé en un nombre indéfini d'assertions dotées de valeurs de vérité fixes lorsque la variable « *X* » est remplacée par un nom ou une description, ou lorsque l'ensemble est précédé par « pour tout *X* » ou « Il y a un *X* tel que ». La théorie absolue de la vérité ne récuse pas le fait que les schémas se trouvent ainsi être variables pour ce qui est de la vérité, mais les schémas ne doivent pas être confondus avec des assertions ou des déclarations authentiques.

Il est évidemment vrai que (1), (2) et (3) sont, en un sens, plus déterminés que ne le sont des schémas incluant des variables telles que « *X* », « *Y* », etc. Le mot *aujourd'hui*, par exemple, bien qu'il varie quant à sa référence comme le fait « *X* », *acquiert* une référence *définie dans son contexte d'usage*, à la différence de « *X* ». Cela revient à dire que, quand un locuteur particulier emploie les mots « Aujourd'hui c'est dimanche », *aujourd'hui* se rapporte au jour où cette énonciation a lieu. Semblablement, *cette ville* se rapporte, à l'occasion de l'énonciation concernée, à la ville où celle-ci se produit, et *je* se rapporte lorsqu'on le prononce, au locuteur qui l'a prononcé. Néanmoins, les formes (1), (2) et (3) considérées indépendamment de leur énonciation, ne parviennent pas plus à constituer une assertion que ne le fait un pur schéma. Qui plus est, aussitôt qu'une telle forme en vient bel et bien à constituer une assertion, par le biais de son *énonciation* effective, non seulement sa référence supposée devient déterminée, mais sa valeur de vérité se trouve fixée. L'énonciation, *en une occasion déterminée*, de «Aujourd'hui c'est dimanche» est ainsi vraie ou fausse, absolument parlant, même si la même forme linguistique constitue une assertion différente lorsqu'elle est énoncée un autre jour.

Les mots qui sont des indicateurs variables[r], tels qu'*aujourd'hui*, *ceci*, *je* et bien d'autres peuvent, bien entendu, être remplacés, tous autant qu'ils sont, par des expressions qui ne sont pas des indicateurs et dotées de références définies; en ce sens, une valeur de vérité fixe est obtenue, laquelle se trouve préservée, même si les mêmes mots se trouvent prononcés en d'autres circonstances. Lorsque l'énoncé «Eisenhower est Républicain» remplace l'énoncé de M. Eisenhower en personne «Je suis Républicain», sa valeur est fixée, non seulement en tant qu'énonciation mais en tant que forme linguistique répétable. La conclusion générale est claire: pour peu que nous soyons en présence d'une déclaration ou d'une assertion authentique, la valeur de vérité est fixée.

Une particularité de la notion de vérité absolue est qu'elle semble totalement «transparente», *i.e.*, ne rien ajouter aux faits concernés. *C'est vrai*, tout comme *oui* n'est qu'une simple manière de donner son assentiment à une assertion comprise en contexte; ce n'est qu'une façon d'asserter à nouveau la déclaration elle-même, sans la répéter littéralement. Qui plus est, la phrase «il est vrai que Colomb a découvert l'Amérique» semble ne rien dire de plus que *Colomb a découvert l'Amérique*; le préfixe *il est vrai que* n'est qu'une manière d'insister. Au bout du compte, même si nous *attribuons* ou *prédiquons* la vérité, comme dans l'affirmation «Colomb a découvert l'Amérique» est vraie» ou «La première déclaration faite à la page 374 du volume 7 de l'*Encyclopaedia Britannica* est vraie», il semble que nous n'affirmions rien de plus que ce qu'affirment chacune des déclarations *mentionnées* elles-mêmes: dans chaque cas, à la fois les déclarations mentionnées et l'attribution de vérité sont vraies ou

r. Voyez N. Goodman, *The Structure of Appearance*, Cambridge, Harvard UP, 1951, p. 287 *sq.* pour un traitement systématique des indicateurs [trad. fr. *La structure de l'apparence*, Paris, Vrin, 2004, p. 261-262].

fausses ensemble (bien que dans le cas de l'*Encyclopaedia Britannica*, nous puissions même ne pas savoir en quelle forme linguistique consiste la déclaration mentionnée). Ainsi l'attribution de vérité est-elle correcte si et seulement si la phrase à laquelle la vérité est attribuée exprime ce qui se trouve être. Les faits mêmes qui rendent la phrase vraie rendent vraie l'attribution de vérité.

La « transparence » de la vérité absolue, quoique peut-être difficile à saisir, n'induit aucune difficulté logique fondamentale. Le logicien Alfred Tarski a, en fait, formulé un critère de vérité qui incorpore ce trait et met le doigt sur ce qui différencie la vérité de la notion voisine de confirmation[s]. Le critère de Tarski constitue la base d'un argument explicite de R. Carnap, selon lequel, même si nous abandonnons l'idéal de confirmation concluante, autrement dit de *certitude*, point n'est besoin que nous abandonnions la notion absolue de *vérité*[t]. Un examen de la proposition de Tarski et de l'argument de Carnap va clore le présent chapitre.

Tarski appelle son critère, *critère sémantique de la vérité*, dans la mesure où il traite la vérité comme une *attribution* faite à certaines phrases et la relie à ce qui est décrit par les phrases en question, la sémantique étant concernée par les relations entre le langage et la réalité. Son inspiration lui vient de la doctrine d'Aristote : « dire de ce qui est qu'il n'est pas, ou de ce qui n'est pas qu'il est, c'est cela le faux, alors que dire de ce qui est qu'il est, ou de ce qui n'est pas qu'il n'est pas, c'est cela le vrai »[u]. Tarski considère que cette idée reçoit une formulation moderne à travers la déclaration suivante : « La vérité d'une phrase consiste dans son accord (ou sa correspondance) avec la réalité »[v].

En relation avec la phrase particulière « La neige est blanche », Tarski explique que l'équivalence que voici, exprimant la correspondance requise, doit être valable dans toute définition adéquate de la vérité : La phrase « La neige est blanche » est vraie, si et seulement si, la neige est blanche.

En généralisant, il soutient que toutes les équivalences qui se présentent comme suit sont valables :

« ………………… » est vrai si et seulement si …………………

s. A. Tarski, « A systematic conception of truth », *Philosophy and Phenomenological Research* (1944), repris dans H. Feigl et W. Sellars, *Readings in Philosophical Analysis*, New York, Appleton-Century-Crofts Inc., 1949, p. 52-84.

t. R. Carnap, « Truth and Confirmation », dans *Readings in Philosophical Analysis*, *op. cit.*, p. 119-127.

u. Aristote, *Métaphysique*, Livre IV, chap. 7.

v. *Readings in Philosophical Analysis*, *op. cit.*, p. 54.

(pourvu que les deux blancs soient remplis par la même phrase, prise selon la même interprétation, et appartenant au langage de la formule elle-même). Le blanc de gauche, avec des guillemets autour de lui, forme le *nom* de quelque phrase que ce soit qui viendrait à s'y trouver insérée, alors que le blanc de droite ne forme rien de tel. La phrase insérée à droite exprime ainsi une condition factuelle ou un état de choses qui doit être réalisé si la phrase elle-même (nommée à gauche) est vraie. (Pour ce qui est de l'emploi de guillemets, du côté gauche, n'importe quel artifice permettant de nommer peut, qui plus est, être proposé en remplacement pourvu qu'il nomme bel et bien la phrase de droite). La formule, prise dans son ensemble, constitue le critère de Tarski.

Ce critère n'est *pas* une définition de la vérité, car il comporte des blancs et constitue ainsi un schéma et non point une affirmation, alors que chaque affirmation effective formée en remplissant les blancs ne sera pas assez générale pour être une définition. Néanmoins, il exprime une condition qui doit, selon Tarski, être remplie par toute définition adéquate de la vérité.

Toute définition de ce type, en d'autres termes, doit être telle que toutes les phrases formées en accord avec la formule du critère découlent de la définition. Compte tenu de nos buts, il ne nous est pas nécessaire d'entrer dans toutes les considérations techniques de la *définition* propre à Tarski, en tant qu'elle est distincte de son critère. Car le critère, si on le considère en fait comme une condition nécessaire de la vérité, est en lui-même suffisant pour montrer l'indépendance de la vérité par rapport à la confirmation et pour suggérer la force de l'interprétation absolue de la vérité, qu'il exprime.

Le critère, en effet, montre que l'attribution de la vérité à une phrase est très peu différente du fait d'asserter la phrase elle-même, et se trouve donc être « transparente » au sens précédemment discuté. Le critère n'offre, cependant, aucune méthode pour décider, en premier lieu, s'il convient d'affirmer la phrase ; il ne nous dit pas, par exemple, *si* la neige est blanche. Il dit seulement que « si jamais nous affirmons ou rejetons cette phrase, nous devons être prêts à affirmer ou à rejeter la phrase correspondante [...] "'La neige est blanche' est vraie" »[w]. Dans la mesure toutefois ou les phrases vraies sont indéfiniment variables, qu'y a-t-il d'étonnant à ce qu'une méthode unifiée pour *établir* de la vérité constitue un objectif difficile, voire impossible ? En tout cas, le critère lui-même suffit à montrer

w. *Readings in Philosophical Analysis*, *op. cit.*, p. 71.

qu'il n'y a pas plus de mystère dans la vérité que dans les différentes phrases elles-mêmes dont on énonce qu'elles sont vraies. Comme l'a remarqué W.V.O. Quine, « l'attribution de vérité, en particulier à “la neige est blanche”, par exemple, est tout aussi claire pour nous que l'attribution de la blancheur à la neige »[x]. Pour le dire métaphoriquement, la *vérité* est un reflet indirect des faits eux-mêmes, et le *caractère absolu de la vérité*, n'est purement et simplement qu'un reflet de l'intelligibilité de descriptions factuelles qui ne sont pas relatives à l'état du savoir ou des croyances d'une personne : nous comprenons parfaitement bien la question « la neige est-elle blanche ? » et ne répondons pas « blanche pour qui ? ».

Rudolf Carnap, qui s'est appuyé sur la théorie de Tarski, a insisté sur les différences entre vérité et confirmation, et sur l'immunité de la vérité vis-à-vis des objections contre la certitude. L'argument de Carnap peut être présenté (sous une forme légèrement différente de la sienne) en nous rapportant au trois phrases qui suivent :

> (1) La substance dans le récipient au moment *t* est de l'alcool.
> (2) « La substance dans le récipient au moment *t* est de l'alcool » est vraie.
> (3) *X* croit que (confirme, admet) maintenant que la phrase « La substance dans le récipient au moment *t* est de l'alcool » est vraie.

Si l'on suit Tarski, (1) ne peut être soutenue que si, et seulement si, (2) peut également être soutenue. Mais la même chose ne peut clairement pas être dite de (1) et de (3). Car il est à l'évidence possible que le récipient contienne de l'alcool au moment *t* alors que *X* croit (confirme, accepte) que la phrase « La substance contenue dans le récipient au moment *t* est de l'alcool » est fausse. Inversement, il est également possible pour *X* de soutenir que la phrase en question est vraie, même si le récipient ne contient pas d'alcool au moment *t*, mais bien de l'eau. Il s'ensuit que (2) diverge également de (3), car (2) n'est soutenable que dans les conditions sous lesquelles (1) l'est. Ainsi, la phrase « la substance dans le récipient au moment *t* est de l'alcool » peut être vraie sans être crue vraie par *X*, et *vice versa*. La vérité est, en conséquence une chose ; être cru, accepté ou confirmé comme étant vrai en est une autre.

Beaucoup d'auteurs ont avancé, dit Carnap, que la notion sémantique (ou absolue) de vérité devait être abandonnée, dans des buts scientifiques tout au moins, car il n'est pas possible de décider *avec certitude*, pour

x. W.V.O. Quine, *From a Logical Point of View*, Cambridge, Harvard UP, 1953, p. 138 [trad. fr. *D'un point de vue logique*, Paris, Vrin, 2004, p. 195]. Voyez le chapitre 7 de ce livre pour une discussion plus approfondie de la conception sémantique.

quelque phrase empirique S que ce soit, si S est vraie ou fausse. Une fois accordé qu'une telle certitude est hors de question, s'ensuit-il que la vérité est en conséquence inadmissible ? Une telle inférence reposerait apparemment sur le principe : « un terme (prédicat) doit être rejeté s'il est tel que nous ne pouvons jamais décider avec une absolue certitude, face à quelque occurrence donnée que ce soit, si le terme s'applique ou non »[y]. Mais, rétorque Carnap, il est clair que ce principe « conduirait à d'absurdes conséquences ». Car si nous ne pouvons décider de l'application de *vrai* en (2) avec certitude, alors, par le fait même, nous ne pouvons décider de l'application d'*alcool* en (1) avec certitude; inversement, si nous pouvions être certain à propos du terme *alcool* en (1), nous pourrions également être certain à propos de *vrai* en (2). Si nous suivons le principe ci-dessus en rejetant *vrai*, il nous faudra également rejeter, au même titre, tous les termes empiriques.

Le principe se voit alors substituer la version plus faible que voici : « un terme (prédicat) est un terme scientifique légitime [...] si et seulement si, une phrase appliquant ce terme à une occurrence donnée peut éventuellement être confirmée, au moins à quelque degré »[z]. Cette dernière version n'entraîne plus les conséquences absurdes de son prédécesseur. Clairement, elle rend légitime le terme *alcool*, mais également, par la même occasion, le terme *vrai*.

La conséquence importante résultant de ces considérations est que, même si nous rejetons entièrement la certitude en tant que condition du savoir, nous n'avons pas besoin de rejeter la vérité (absolue). Attribuer la connaissance que Q, ce n'est pas seulement attribuer la croyance que Q, mais également affirmer que « Q », en effet, est *vrai*, au sens absolu du terme. Assurément, nous ne pouvons pas prétendre à l'*infaillibilité* lorsque nous attribuons une connaissance; n'importe laquelle de nos attributions peut s'avérer erronée. Mais celles-ci ne sont pas pires, à cet égard, que n'importe laquelle de nos *autres* attributions factuelles. Et si nous nous autorisons à nous livrer à ces dernières bien qu'elles soient, par principe, faillibles, pourquoi nous refuserions-nous juste le droit de nous livrer à des attributions de connaissance ?

Dans la mesure où nous ne pouvons pas, en général, être obligés de faire ce qu'il nous est impossible de faire, nous ne pouvons être obligés d'atteindre la certitude dans *quelque* cas que ce soit de fait empirique. On *peut*, cependant, attendre de nous que nous ajustions nos attributions en

y. *Readings in Philosophical Analysis*, *op. cit.*, p. 123.
z. *Ibid.*

accord avec les évidences [*evidence*] et les considérions comme exposées à la critique publique et à la révision si surviennent des évidences contraires[1].

La possibilité d'une telle révision, que nous nous bornons *présentement* à imaginer, est, en fait, ce qui rend nos attributions factuelles courantes indignes d'une confiance absolue. Mais cette simple *possibilité* ne constitue pas une raison de lancer une controverse à propos des éléments de preuve dont nous disposons *maintenant*, ou de nous retenir, plus généralement, de juger. Quand des éléments allant dans le sens opposé se manifesteront – s'ils le font – nous aurons une bonne raison de réviser notre jugement présent, mais, cependant, le simple fait que de tels éléments puissent se manifester ultérieurement ne constitue en rien une raison en faveur d'une révision sur le champ. Les attributions de connaissance, en somme, ne sont en rien différentes de nos autres attributions factuelles, en ce qui concerne la certitude. Notre tâche n'est pas de juger la vérité infailliblement, mais d'estimer la vérité de façon responsable.

Nous allons maintenant abandonner la discussion de la condition de vérité du savoir propositionnel pour nous consacrer à l'examen de la condition d'évidence.

1. Le terme « évidence » n'est pas, dans la plupart des cas, une bonne traduction de son homologue anglais. En effet, ce dernier sert souvent à désigner les éléments que l'on peut exhiber et qui forment la base empirique légitimant un jugement. C'est pourquoi jusqu'ici nous avons fréquemment traduit *evidence* par, « preuve » ou « élément de preuve », à l'image de l'arme du crime figurant en bonne place dans la salle d'audience. Dans sa traduction de *Pursuit of truth* de W.V. Quine (*La poursuite de la vérité*, Paris, Seuil, 1995), M. Clavelin a choisi de rendre *evidence* par « étayage empirique ». C'est bien de cela qu'il s'agit. Mais, d'une part, cette traduction présente l'inconvénient (difficilement évitable) de recourir à une expression recherchée qui tranche avec l'extrême banalité du terme original; d'autre part, dans ce qui suit, Scheffler étend explicitement l'emploi du terme *evidence* au-delà de l'empirie, en particulier au domaine mathématique. Au final, en l'absence d'alternative claire et concise, nous avons décidé d'employer à plusieurs reprises la traduction « évidence », en suggérant au lecteur de garder le plus souvent à l'esprit le sens anglais.

CHAPITRE TROIS

CONNAISSANCE ET ÉVIDENCE

JUSTIFICATION DE LA CONDITION D'ÉVIDENCE

Dans la définition préliminaire de la connaissance propositionnelle exposée à la fin du chapitre 1, il était demandé à *X* de disposer d'une *preuve adéquate* que Q, celle-ci constituant une condition pour que l'on puisse dire qu'il *sait* que Q. Cette « condition d'évidence » était supposée fournir une formulation plus précise à l'idée que savoir, au sens fort, est plus que le fait de disposer d'une croyance vraie.

La force de cette condition d'évidence peut être illustrée historiquement par une référence à la théorie de l'enseignement de saint Augustin. Saint Augustin argumente contre l'idée que le maître transmet *la connaissance* à travers les mots. Les mots, dit-il, sont des signes se référant à la réalité et la connaissance ne consiste pas simplement dans le fait de disposer d'eux. Elle requiert également une confrontation personnelle avec la réalité à laquelle ils réfèrent. En l'absence d'une telle confrontation, l'élève peut, au mieux, acquérir une croyance, mais non une connaissance. Le maître ne peut ainsi être conçu littéralement comme véhiculant la connaissance vers l'élève au moyen des mots. Bien plutôt, il *pousse* l'élève à se confronter à la réalité par lui même, d'une façon qui lui permet d'acquérir la connaissance. « Voici ce que valent les mots », dit saint Augustin, « si on leur attribue le plus qu'on peut, ils ne font que nous alerter pour que nous cherchions les choses » (p. 154[a]). Si quelqu'un me dit que Q,

a. Saint Augustin, *De Magistro*, dans K. Price, *Education and Philosophical Thought*, Boston, Allyn and Bacon, 1962 [trad. fr. *Le maître*, dans *Œuvres*, Paris, Gallimard, 1998, vol. 1, p. 361-408]. Les références données au *De Magistro* sont celles à cette édition.

et que j'échoue à trouver les réalités auxquelles « Q » réfère, je puis, tout au plus, croire – je ne puis savoir – que Q. « Tout ce que je crois, je ne le sais pas », dit saint Augustin, « pour autant, je n'ignore pas l'utilité de croire aussi toutes les choses que je ne sais pas » (p. 155). La connaissance, pour saint Augustin, constitue une notion plus forte que celle de croyance. « Elle vient non pas d'une voix qui résonne au dehors en parlant, mais d'une vérité qui nous dirige l'esprit de l'intérieur » (p. 154). Lorsque les maîtres ont expliqué, dit-il, « par les mots, toutes ces disciplines qu'ils font profession d'enseigner, ainsi que celles de la vertu et de la sagesse, alors ceux qui sont appelés leurs disciples regardent en eux-mêmes si ce qui a été dit est vrai » (p. 158).

Le disciple qui *sait*, semble dire saint Augustin, n'est pas seulement quelqu'un qui a *une croyance qui se trouve être vraie*, même si sa croyance repose sur l'autorité la plus haute (il fait usage d'exemples bibliques). Il doit, de surcroît, avoir examiné en son for intérieur si ce qui a été dit est vrai. Il doit s'être engagé dans une démarche personnelle d'*évaluation* de la croyance en question, en s'appuyant sur sa propre source de « vérité intérieure ». Si nous considérons simplement l'insistance sur ce point dans la doctrine de saint Augustin, en dehors des interprétations métaphysiques et religieuses qu'il donne à celui-ci, nous pouvons voir ce sur quoi porte la condition d'évidence. Elle sert à distinguer la connaissance authentique de la simple croyance vraie, en relation avec une évaluation appropriée de la croyance par celui qui y croit : la force supplémentaire imputable à la connaissance consiste, en bref, dans le fait que celui qui sait dispose d'une évidence adéquate pour la croyance en question.

ÉVALUATION DE L'ADÉQUATION D'UNE ÉVIDENCE

Si ce sur quoi porte la condition d'évidence est clair, il y a toujours, cependant, différentes caractéristiques qui demandent une interprétation. Par exemple, *X* est supposé avoir une évidence adéquate que Q, mais cela signifie-t-il simplement qu'existe une évidence accessible à *X*, laquelle se trouve, adéquate pour « Q » ? Supposons que « Q » soit une généralisation, laquelle, de façon décisive, s'est avérée invalide dans un certain nombre de cas, après avoir été confirmée dans un nombre écrasant d'occurrences positives. Nous ne serions pas, en pareil cas, inclinés à admettre que *X* dispose d'une évidence adéquate en faveur de Q, même s'il se trouve disposer, de fait, d'un nombre écrasant d'occurrences positives, en elles-mêmes suffisantes pour fournir à « Q » un étayage approprié. Nous soutiendrions plutôt que *X* est obligé de prendre en compte l'évidence clairement *négative*, laquelle constitue une base conduisant à *rejeter* la généralisation en question. Si, en effet, il reste accroché à sa croyance en « Q » en dépit d'une telle évidence du contraire, alors, même si nous supposons que cette évidence sera ultérieurement remise en cause et que « Q » s'avérera finalement être vrai, nous contesterons qu'il *ait su*, initialement, que « Q » était vrai.

Il apparaît du coup qu'une interprétation spéciale doit être adjointe à la condition selon laquelle *X* dispose d'une évidence adéquate que « Q » : la *totalité* de ce qui constitue l'évidence disponible pour *X* doit fournir un étayage adéquat pour « Q ». La totalité de ce qui constitue l'évidence *pour lui* ne peut, évidemment, en général, être supposée identique à ce qui constitue la totalité de l'évidence *pour nous*, mais l'adéquation de ce qui, pour lui, vient étayer « Q » doit être jugée en référence à chaque élément d'étayage dont *il* dispose : l'adéquation ne peut être acquise au prix de l'occultation d'indications contraires disponibles. La totalité de ce qui constitue l'évidence disponible pour *X* peut, qui plus est, changer au cours du temps, mais la question de savoir si *X* sait que Q, requiert en elle même, à proprement parler, qu'on la comprenne comme se rapportant à un moment particulier. Quel que soit ce moment, c'est la totalité de ce qui constitue l'évidence disponible *à ce moment là* qui doit être adéquate.

Une seconde caractéristique de la condition d'évidence requérant une interprétation est la référence implicite qu'elle implique à des *normes*. L'adéquation est, après tout, une affaire d'appréciation, impliquant des normes de jugement qui peuvent différer d'une époque à une autre, d'une culture à une autre, et même d'une personne à une autre. La variabilité de telles normes n'implique toutefois pas l'arbitraire des évaluations portant sur la connaissance, ni la paralysie de l'évaluateur supposé. Celui-ci doit évaluer en accord avec les meilleures normes en vigueur au moment considéré, tout en admettant que son évaluation est exposée à des changements, lesquels pourront survenir si, plus tard, apparaissent des raisons de réviser les normes en question, Cette situation n'est, dans son principe, en rien différente d'autres situations impliquant une évaluation.

Comme dans toutes les situations de ce type, il y a une marge de manœuvre considérable dans l'*application* d'un *ensemble donné* de normes dans différents contextes. Il est des buts en vue desquels nous pouvons trouver approprié d'être plus stricts ; il en est d'autres pour lesquels nous pouvons nous montrer plus souples. Dans l'évaluation du savoir d'un petit enfant, nous appliquons d'habitude nos normes d'adéquation en matière d'évidence d'une façon plus souple que lorsque nous apprécions le savoir d'un adulte. Dans les contextes éducatifs, en particulier, notre but est de développer l'évaluation autonome par l'enfant de ses propres croyances, en fonction de normes d'évaluation que nous tenons nous-mêmes pour appropriées. La capacité de l'enfant, toutefois, limite le degré auquel il peut intérioriser et appliquer les normes en question. Évaluer son savoir, dans le contexte de l'éducation scolaire, sert typiquement à marquer son *degré d'avancement* au sein des limites fixées par la capacité; dans ce but, une application relativement souple des normes semble *initialement* appropriée.

Au fur et à mesure qu'un enfant grandit et que ses premiers apprentissages se fixent, sa capacité augmente, ce qui nous autorise à rendre plus stricte l'application de nos normes dans l'appréciation de ses performances actuelles. Tout comme un degré de rigueur excédant la capacité de l'enfant est inapproprié, dans la mesure où il ne nous permet pas de noter ses progrès réels, une application trop souple des normes, dans les limites de la capacité de l'enfant, est inappropriée, et ce pour la même raison. Si les évaluations du savoir doivent être en mesure de relever les progrès significatifs, la rigueur avec laquelle les normes sont appliquées doit suivre le changement de degré de la capacité. Au fur et à mesure que la capacité augmente, le sujet abordé peut ainsi en venir à être connu, au sens d'une interprétation toujours plus stricte de *connu*.

La récapitulation et le développement cyclique sont ainsi des aspects importants à prévoir par le maître comme par le concepteur de *curricula*. Nous avons indiqué ici leur connexions avec la capacité, mais il y a encore d'autres facteurs significatifs, touchant l'attitude et la maturité générale, qui demandent à être pris en compte dans le cadre d'une approche systématique du « rythme de l'éducation »[b]. Nous avons aussi fait référence, de manière vague, à l'âge de l'enfant en tant qu'il peut constituer une indication de sa capacité, mais il est clair qu'il ne peut s'agir là que d'une indication grossière, qui doit être nuancée par la prise en compte des différences individuelles.

Notre propos a porté sur la variabilité dans l'application de nos normes aux performances des élèves. Une telle variabilité n'empêche pas une définition stricte desdites normes dans le but d'*orienter notre propre vision* en tant que maîtres. Du point de vue d'une telle définition idéale, nous pouvons voir la totalité du cours de l'éducation de l'enfant comme impliquant l'incorporation progressive, et l'usage de plus en plus autonome, de

b. Voyez A.N. Whitehead, *The Aims of Education*, New York, Macmillan, 1929, chap. 2, « The rythm of education ».

ces normes. De ce point de vue, à nouveau, nous pouvons apprécier le niveau de connaissance de l'enfant par rapport à la connaissance experte de l'adulte.

Pour nous résumer, la notion d'*adéquation* implique une référence à des normes, qu'il est d'usage d'appliquer de manière plus stricte dans certains cas et de façon plus approximative dans d'autres, donnant ainsi lieu à une multiplicité d'interprétations de *connaître*; il nous faut être conscients de cette multiplicité, de façon à être en mesure de comprendre ou de rendre explicite l'interprétation pertinente, si besoin est. La référence implicite à des normes d'adéquation au sein des attributions de connaissance signifie que, en un sens important, ces attributions ont une fonction normative tout autant que descriptive : elles attribuent la *croyance* en « Q » et affirment la *vérité* de « Q », mais elles *apprécient* aussi à la lumière des normes admises, les bases sur lesquelles se fonde celui qui croit, lorsqu'il souscrit à la croyance concernée. Ainsi, l'attribution de connaissance n'engage-t-elle pas seulement le locuteur touchant les croyances qu'il attribue à un autre; elle reflète également ses engagements épistémologiques – c'est-à-dire le fait qu'il épouse certaines normes d'évidence en fonction desquelles les croyances doivent être, quant à leur fondement, appréciées, en bien ou en mal.

LES LIMITES DE L'ÉVIDENCE ET LE DROIT D'ÊTRE SÛR

Nous allons maintenant aborder la question plus radicale de la validité de la condition d'évidence, en tenant compte de certaines précisions apportées au cours de la section précédente. Il semble qu'existent, en fait, certaines *limites* importantes au concept d'évidence, susceptibles d'entraver l'application de la définition préliminaire de la connaissance que nous avons exposée précédemment.

Prenons d'abord le cas des connaissances mathématiques et morales. Supposons (1) que *X* sache que le théorème de Pythagore est vrai, ou que (2) *X* sache que telle ligne d'action proposée est mauvaise. La condition d'évidence requiert que *X* dispose d'une évidence adéquate dans les deux cas. Si toutefois nous songeons à un cours de géométrie, c'est une *preuve*[1]

1. Le terme en italiques est *proof* dans le texte original. Le mot preuve, qui lui correspond en français, a été précédemment utilisé dans son sens empirique (nous avons, par exemple, parlé des éléments de preuve réunis par quelqu'un pour confondre un accusé, et cette expression nous a précisément servi à traduire l'anglais *evidence*). Il importe donc de distinguer

qu'il est approprié d'attendre de *X*, non une évidence; en général, les mathématiciens parlent par ailleurs de construire une preuve et non de produire une évidence venant appuyer, ou invalider, leurs assertions. Si nous nous tournons vers les délibérations morales, nous apparaît le fait que nous considérons l'agent moral comme susceptible de fournir, à notre demande, des *raisons* pour son jugement; nous ne pensons toutefois pas que toutes les raisons relèvent, en pareil cas, de l'*évidence*; certaines d'entre elles sont des raisons spécifiquement morales.

Cet argument possède une force indéniable par rapport aux emplois communs du mot *évidence*, mais il est possible de l'affronter au moyen d'une analyse explicite – et inhabituelle – de ce terme, analyse susceptible de lui faire recouvrir également les preuves mathématiques et les raisons morales, comme autant de cas spéciaux. La notion d'*évidence*, telle qu'elle doit être entendue dans le cadre de la condition d'évidence, est à prendre, en gros, comme un équivalent de *bonnes raisons* ou de *bon argument*. Disposer d'une évidence adéquate pour « Q » revient à avoir un bon argument ou de bonnes raisons à l'appui de « Q ». Ce qui est demandé, en fait de bon argument, va varier, bien évidemment, en fonction du sujet : pour ce qui concerne l'empirie, les confirmations empiriques sont appropriées; en mathématiques, ce sont les preuves qui comptent; au sein de la délibération morale, les raisons morales ont un rôle spécifique à jouer.

Une seconde limitation semble s'appliquer au savoir phénoménal, pour lequel même la précédente analyse du terme *évidence* semble inadéquate. Prenons, comme premier exemple, celui d'une personne qui a un mal de tête douloureux et qui est visiblement en train de souffrir; nous voudrons certainement dire qu'elle *sait* qu'elle a mal. Cependant, il semblerait déplacé de lui dire : « Ainsi vous croyez avoir mal; sur quoi vous appuyez-vous pour le dire ? » ou « Quelles raisons avez-vous à avancer en faveur de votre croyance selon laquelle vous avez mal ? ». L'incongruité de telles questions est également manifeste dans le cas des sentiments et des humeurs : nous ne nous attendons pas à ce qu'un homme mette en avant les preuves dont il dispose, même en prenant cette locution en un sens large, à l'appui de sa déclaration « je me sens triste aujourd'hui ». Pas davantage n'attendons-nous, à l'appui de l'énoncé perceptif « il me semble que le ciel devient de plus en plus noir » l'énonciation de quelque argument que ce soit. Qu'un homme puisse savoir qu'il se sent triste ou que le ciel lui paraît devenir plus sombre semble pourtant indéniable. Il se peut que ses

clairement l'emploi mathématique, pertinent ici, du précédent. Au cours du présent chapitre, les deux sens interviendront alternativement.

déclarations, citées à l'instant, aient une fonction expressive plus que descriptive; cependant, le fait *qu'*il détienne un *savoir* approprié ne semble pas pouvoir être nié. Dans tous ces exemples, néanmoins, il semble ne pas y avoir le moindre «espace logique» permettant au concept d'évidence de s'appliquer. En conséquence, si quelqu'un *croit*, par exemple, qu'il a mal (condition de croyance satisfaite), et s'il a *réellement* une douleur (condition de vérité satisfaite), alors il *sait qu'*il a mal et aucune condition d'*évidence* ne semble, de surcroît, devoir s'appliquer; une conclusion similaire semble également assurée en ce qui concerne les sentiments et les expériences perceptives.

On pourrait supposer que nous sommes là devant un argument supplémentaire en faveur de la certitude des énoncés phénoménaux, dans la mesure où, si le concept d'évidence s'avère inapplicable, ces énoncés se trouvent immunisés contre toute critique basée sur l'examen des éléments de preuve supposés leur venir en appui. Même si une *telle* immunité est admise, il ne s'ensuit pas, cependant, que les affirmations en question soient immunisées contre l'erreur; il se peut qu'existent des fondements indépendants solides sur la base desquels il devient possible de rejeter des affirmations *initialement* acceptées sans l'appui d'aucun argument. Nous avons observé antérieurement (dans la quatrième section du chapitre précédent) la façon dont des croyances concurrentes pouvaient nous contraindre à réviser nos jugements phénoménaux dans les cas où la cohérence de l'ensemble de nos croyances devait être préservée. Une affirmation singulière peut être jugée digne d'être crue simplement sur la base de sa grande plausibilité *prima facie* au moment où elle est énoncée, sans que l'on cherche à l'appuyer sur un argument empirique. Néanmoins, elle pourra faire l'objet d'une rétractation raisonnablement fondée si elle entre en conflit avec d'autres assertions bénéficiant, combinées les unes aux autres, d'une crédibilité *prima facie* supérieure[c].

Qui plus est, il est au mieux trompeur de dire qu'il n'y a aucun «espace logique» pour le concept d'évidence dans les exemples phénoménaux que nous avons précédemment examinés. Car tous ces exemples correspondaient à des situations «à la première personne» particulières. Il nous a semblé bizarre de demander à quelqu'un quelles étaient les raisons de sa croyance *en son propre* mal de dents; semblablement, il nous a semblé bizarre de demander *à un locuteur* sur quelle évidence il s'appuyait pour justifier son énoncé «je me sens triste» ou «il me semble que le ciel

c. Sur ce point, voir N. Goodman, « Sense and Certainty », art. cit.

s'assombrit». Mais, à coup sûr, une autre personne pourrait bien être questionnée, à propos des mêmes exemples, sans qu'il y ait là la moindre bizarrerie. On pourrait tout à fait concevoir une telle personne, un docteur par exemple, comme ayant de bonnes raisons à l'appui du jugement selon lequel un patient donné a mal aux dents, ou se sent triste, ou perçoit que le ciel s'assombrit. Qui plus est, il n'y a rien dans la logique de ces cas qui empêche le patient lui-même d'énoncer, ou de réaffirmer les raisons données par le docteur. En conséquence, ce n'est pas que la notion d'évidence soit *logiquement inapplicable* dans ces cas, mais bien plutôt qu'il n'est point *besoin* que la personne nous fournisse des éléments de preuve pour être dite par nous *savoir*.

Lorsque certaines conditions sont réunies, nous accordons que la personne est en *position* de savoir qu'elle n'a normalement pas *besoin* de réunir des indices et de les traiter au moyen d'une méthode d'investigation qui a ses faveurs. Maintenant, là ou une telle méthode *est* conçue comme étant normalement requise, nous sommes soucieux de distinguer les cas dans lesquels celle-ci est appliquée correctement de ceux ou la bonne conclusion est trouvée accidentellement, comme c'est le cas lorsqu'on joue aux devinettes. Nous aimerions que le docteur ait basé son jugement portant sur la douleur du patient sur des méthodes reconnues d'interprétation des symptômes, et non qu'il l'ait formé à l'issue d'un jeu de devinettes. Mais la position du patient et celle du docteur sont asymétriques par rapport à la douleur du patient. Nous supposons typiquement que le patient est en mesure de trancher de manière relativement «directe» en ce qui concerne sa douleur, et que son affirmation portant sur celle-ci peut ainsi initialement avoir une très forte crédibilité *prima facie*, pour lui même, il est vrai, et non pour son docteur. Nous accordons, en conséquence, au patient le *droit* de trancher de manière relativement «directe» la question de sa propre douleur, et s'il a raison, nous reconnaissons qu'il sait. Comme nous n'attendons pas de lui, de surcroît, qu'il suive une quelconque méthode générale, il n'est pas question de tenter d'éliminer la possibilité de couper court à l'exercice de celle-ci en jouant aux devinettes.

Le droit d'une personne à décider de manière relativement «directe» n'est pas davantage limité aux affirmations portant sur ses propres douleurs, humeurs et expériences perceptives. Cet enjeu déborde largement la question du phénoménisme. Si une personne dit que son nom est *Robert*, nous ne pensons pas, en dehors d'un certain nombre de contextes impliquant la police, qu'il est approprié de lui demander sur quoi elle s'appuie pour le dire; nous ne nous émerveillons pas davantage devant ce qui semble être un succès aux devinettes, si, sans avoir suivi aucune méthode générale pour trancher ce point, la personne n'en arrive pas moins avec la bonne réponse. Si elle regarde par la fenêtre et dit « le postier remonte l'allée », nous ne pensons pas à demander « Sur quoi t'appuies-tu pour dire cela ? ».

Il est important d'être au clair sur le fait que ce n'est pas parce que nous n'exigeons *pas* un argument en appui, que, pour nous, l'immunité contre l'erreur va de soi. Dans tous les exemples auxquels il nous est arrivé de faire référence, l'erreur est possible, et l'infaillibilité, en conséquence, se trouve exclue. Un homme peut se tromper même sur son propre nom, ou sur ses propres douleurs ou humeurs, cela dans des circonstances qui, pour inhabituelles qu'elles soient, n'en sont pas moins aisées à imaginer. Ce que nous faisons présentement, c'est accorder le droit de trancher certaines questions sur la base d'une forte crédibilité *prima facie* et sans qu'il y ait le concours d'un argument reposant sur l'évidence, et ce dans des cas variés de connaissance propositionnelle. Dans ces cas, nous disons, en effet, qu'il suffit que la personne soit dans la *position* de savoir; nous accordons que cette position fait tellement autorité en ce qui concerne la croyance en question que, s'il croit à juste titre, il sait.

Il semblerait donc que la condition d'évidence soit trop forte pour constituer une exigence générale à laquelle devrait satisfaire la connaissance propositionnelle. Car, dans des cas tels que ceux que nous venons d'examiner, une personne peut, en effet, savoir que Q, sans disposer d'une évidence adéquate montrant que Q. Pourtant, si la condition d'évidence est trop forte, il reste que nous avons toujours besoin d'un principe général permettant de caractériser ce qui donne à *connaître* son supplément de force par rapport à *avoir une croyance vraie*. Il nous faut, en bref, formuler une condition à la fois plus faible et plus abstraite que la condition d'évidence, et qui couvrira aussi bien tous les cas où l'*évidence* est requise que tous ceux où être *en position* de savoir est en soi suffisant.

Le travail de J.L. Austin suggère que l'idée d'*autorité* ou de *droit* est, à cet égard, pertinente. Austin suggère une analogie entre certains traits du langage épistémologique et certains traits du langage juridique ou moral. Considérons la promesse, par exemple. Si une personne dit « Je promets de ramener le livre mardi prochain », son propos ne *décrit* pas sa promesse de ramener le livre. Bien plutôt, son propos *constitue* la promesse. Dans la terminologie d'Austin, son propos est *performatif* plutôt que *descriptif*. Il ne décrit pas un acte, il est cet acte – en l'occurrence un acte rattaché au verbe principal de la phrase. Cet acte peut, par exemple, être *décrit* au moyen de ce verbe employé à la troisième personne, si je dis « Il promet de ramener le livre ». La phrase originale à la première personne, cependant, ne décrit pas quelque chose d'*autre* qui serait la promesse, mais constitue *en elle-même* la promesse en question. Dire « Je promets », dans les circonstances appropriées, créé une obligation pour le locuteur et un droit correspondant pour la personne à qui la promesse est faite. À cet égard, on à affaire à quelque chose de qualitativement différent même d'une phrase telle que « J'ai résolument l'intention de ... », laquelle ne créé aucune obligation de cette sorte, ni aucun droit.

> Lorsque je dis « Je promets » (écrit Austin), je me jette à l'eau : je ne me contente pas d'annoncer mon intention, mais en utilisant cette formule (en respectant ce rituel), je me lie aux autres, et je mets en jeu ma réputation d'une façon nouvelle. Semblablement, dire « Je sais » c'est aussi se jeter à l'eau – mais cela *ne* revient *pas* à dire « J'ai réalisé un tour de force cognitif très étonnant, supérieur, sur une même échelle à croire, être sûr et même à être tout à fait sûr » : car il n'y a rien, sur cette échelle, au-dessus d'être tout à fait sûr. Tout comme promettre n'est pas supérieur, sur une même échelle, à espérer et à avoir l'intention de, ni même à avoir pleinement l'intention de : lorsque je dis « Je sais », *je donne ma parole aux autres* : *Je leur donne mon autorité pour dire* « que S est P ». (p. 67 [d])

L'explication d'Austin est quelque peu trompeuse. Il est clair qu'il ne peut pas vouloir dire que le fait de proférer « Je sais » dans des circonstances appropriées est le savoir, au sens où dire « Je promets » dans des circonstances appropriées est la promesse. Le point essentiel de son propos est plutôt celui-ci : tout comme le surcroît de force de « Je promets » par rapport à « J'ai pleinement l'intention de » ne consiste pas en une description mais bien plutôt en une obligation ou un lien particulier, le surcroît de force de « Je sais » par rapport à « Je suis tout à fait sûr » ne consiste pas en une description mais bien plutôt en une obligation ou un lien particulier. « Je sais », en d'autres termes, opère comme un acte issu d'une convention dans le but de créer des liens spéciaux. Le propos suivant d'Austin mérite d'être cité intégralement.

> Lorsque j'ai seulement dit que j'étais sûr, et qu'il est établi que je me suis trompé, je ne suis pas susceptible d'être pris en défaut par les autres de la façon dont je le serais si j'avais dit « je sais ». Je suis sûr *en ce qui me concerne*, c'est à prendre ou à laisser : acceptez si vous pensez que je suis une personne perspicace et attentive, cela relève de votre responsabilité. Mais je ne sais pas « en ce qui me concerne », et quand je dis « je sais », je ne veux pas dire que c'est à prendre ou à laisser (bien que vous puissiez prendre ou laisser). De la même façon, lorsque je dis que j'ai pleinement

d. J.L. Austin, *Philosophical papers*, *op. cit.* ; toutes les références à Austin qui suivent se rapportent à cet ouvrage.

> l'intention de, je le dis en ce qui me concerne, et selon que vous avez une haute idée ou une piètre opinion de ma résolution et de mes chances, vous choisirez d'en tenir compte dans vos actions ou non : mais si je dis que je promets, vous êtes *en droit* d'agir en fonction de cette promesse que vous le vouliez ou non. Si j'ai dit que je savais ou promettais, vous m'insultez, d'une certaine façon, en récusant ce que j'ai dit. Nous percevons tous une grande différence même entre dire « Je suis *absolument* sûr » et dire « Je sais » : il s'agit d'une différence semblable à celle entre dire même « J'ai fermement et irrévocablement l'intention » et « Je promets ». (p. 68)

Le fait de dire « je sais » est considéré comme impliquant une revendication d'autorité portant sur le contenu de l'assertion en question, et un transfert de cette autorité aux autres, transfert au terme duquel ils ont acquis le droit de compter sur l'assertion, le locuteur acceptant toute la responsabilité si elle s'avère erronée. Maintenant, il se trouve qu'Austin s'intéresse à la force performative de la première personne « Je sais » et ne se penche pas particulièrement sur le cas – descriptif – de la troisième personne, « Il sait ». Mais il est clair que dire « Il sait » n'est *pas* affirmer qu'il a proféré le performatif « Je sais », ou un quelconque équivalent de celui-ci. De ce point de vue, comme nous l'avons précédemment suggéré, le parallèle avec « promettre » est trompeur, car « Il a promis » conduit bel et bien à une telle interprétation. Dans le cas du savoir, à l'inverse, nous pouvons être disposés à dire « Il sait » même là où l'intéressé n'a jamais *dit* « Je sais » ou quoi que ce soit de comparable.

Qui plus est, même là où il *a* dit « Je sais », exprimant par là son autorité vis-à-vis de la déclaration en question et acceptant, par rapport à celle-ci, une responsabilité complète, nous pouvons toutefois nous demander s'il a réellement l'autorité qu'il affiche. Ainsi, dire qu'il sait ce n'est pas juste reconnaître – ce n'est même pas reconnaître du tout – qu'il s'est effectivement lié en *s'engageant sur ce qu'il a dit*; cela revient plutôt à dire qu'il a l'*autorité appropriée* par rapport au point en question, le *droit* d'exprimer une revendication, sans autre précision.

Alfred J. Ayer avance sur ce point l'idée d'un « droit d'être sûr »[e]. Dans les cas descriptifs à la troisième personne qui nous intéressent maintenant – autrement dit dans les cas où il s'agir de juger si oui ou non *X* sait que Q – il nous faut décider si *X* a le *droit* d'être sûr que Q, et non point s'il a dit « Je sais que Q ». On peut admettre que la profération par *X* de « Je sais » possède la force performative que décrit Austin; il s'agit d'une formule spéciale pour attribuer des droits et accepter une responsabilité en

e. A.J. Ayer, *The Problem of Knowledge*, *op. cit.*, chap. 1, p. 31-35.

s'engageant sur ce que l'on dit. Néanmoins on peut, indépendamment de cela, se demander si *X* sait bel et bien. Dire qu'*il* sait revient, pour *nous*, à admettre que son éventuelle revendication d'autorité est *légitime*; cela revient à lui accorder le *droit* d'être sûr. Cette formulation d'Ayer, élaborée à partir de l'usage épistémologique par Austin du langage de l'autorité et du droit, semble être un candidat plausible pour prendre la succession de la condition d'évidence.

Car le droit d'être sûr est, en effet, une condition plus abstraite et plus large que la condition d'évidence. Il peut aisément être conçu de façon à recouvrir à la fois les cas dans lesquels l'évidence est requise en tant que condition de la connaissance, en même temps que ceux ou il n'en est rien. En fait, il est utile dans le présent contexte simplement parce que les *droits* sont distingués des *circonstances* dans lesquelles ils sont accordés. Ces circonstances peuvent varier avec la situation en question, et elles sont, qui plus est, susceptibles d'être révisées au cours du temps, en fonction des connaissances ou de buts variables. Il n'y a ainsi aucune difficulté à supposer que le droit d'être sûr, en particulier, est accordé dans des circonstances qui peuvent varier en fonction du sujet dont il est question, des normes de rigueur et des buts éducatifs. Dans tous les cas, la fonction normative et évaluative des attributions de connaissances, précédemment soulignée, reste pertinente dans le cadre de la présente interprétation.

Il y a, cependant, une difficulté que nous devons affronter concernant la condition portant sur le « droit d'être sûr ». Généralement, faire quelque chose que l'on n'a pas le droit de faire comporte l'implication d'un reproche; on n'est pas supposé faire ce que l'on n'a pas le droit de faire. En conséquence on dira donc que quelqu'un peut se voir reprocher d'être sûr lorsqu'il n'a aucun droit d'être sûr. Mais une telle implication n'a pas de validité générale lorsqu'il y va de l'évaluation d'un savoir. Si un enfant ne sait pas que Q, parce que, bien qu'il soit sûr, il ne dispose pas de fondements adéquats pour sa croyance, nous ne lui en faisons pas toujours le reproche. Il se peut qu'il doive faire l'apprentissage des normes appropriées d'adéquation, et que nous cherchions, à ce moment précis, à les lui enseigner. Avant qu'il ait fait l'apprentissage de ces normes, il n'encourt aucun reproche pour s'être montré sûr sans garantie suffisante. Dire qu'il n'a aucun droit d'être sûr de « Q » donne l'impression fausse qu'en étant sûr, il a fait quelque chose qui peut lui être reproché. Semblablement, nous pouvons bien vouloir dire d'un penseur appartenant à quelque âge ancien ou à une culture différente qu'une de ses croyances particulières n'est pas justifiée, sans pour autant lui reprocher par là même sa confiance en cette croyance. Dans le contexte qui est *le sien*, il se peut tout à fait que cette confiance ne puisse pas lui être reprochée, dans la mesure où il n'avait pas de motif particulier, ni ne disposait d'aucune base raisonnable, pour adopter les normes plus rigoureuses qui sont les nôtres.

Il est ainsi important de distinguer explicitement la question des *fondements adéquats d'une croyance* de celle de l'*appréciation portée sur celui qui croit*. Tout comme il est important de séparer l'évaluation d'une action (du point de vue de ses conséquences objectives) de l'appréciation portée sur l'*agent qui agit* (du point de vue de ses motifs pertinents et de ses conséquences voulues), il convient de séparer l'évaluation d'une *croyance* (*i.e.* l'examen de ses garanties) de l'appréciation d'une personne déterminée qui *croit* (*i.e.* l'examen de l'arrière-plan et du contexte qui sont les siens).

Parler du droit d'être sûr revient, dans le présent contexte, à apprécier les *garanties* dont on dispose en faveur d'une croyance, et ce du point de vue de nos propres normes; cela revient à énoncer ce que nous disent les normes en question des *garanties* spécifiques apportées à cette croyance. Cela ne nous donne pas automatiquement en plus un jugement sur *celui qui croit*, ni ne fonde l'accusation selon laquelle il aurait violé nos normes dans des circonstances déterminées. Dans le même ordre d'idées, nous pouvons parler de droits, en général, en adoptant le point de vue de notre code, sans que cela implique que quelque action de l'agent que ce soit ait encouru le reproche d'avoir violé notre code. En bref, la condition portant sur le « droit d'être sûr » requiert ce qu'on peut appeler une *interprétation objective*, si l'on veut éviter les difficultés, et nous adopterons par la suite cette interprétation.

Nous pouvons maintenant remplacer la condition originale d'évidence par la condition: « *X* a le droit d'être sûr que Q ». Notre définition préliminaire sera donc désormais formulée ainsi :

> *X* sait que Q
> si et seulement si
> (1) *X* croit que Q,
> (2) *X* a le droit d'être sûr que Q
> et (3) Q.

LA CERTITUDE SUBJECTIVE ET L'ÉLÈVE TIMIDE

Avec notre toute nouvelle condition portant sur le « droit d'être sûr », la condition de croyance ne devrait-elle pas, elle aussi, être modifiée et exiger que *X* soit sûr de « Q » ? Cette idée semble naturelle : savoir impliquerait d'être sûr lorsqu'il est *légitime* d'être sûr, et impliquerait l'exercice par l'intéressé de son droit d'être sûr. À suivre une telle proposition, on en viendrait à exiger la certitude en un sens *purement subjectif*, compatible avec le rejet de toutes les revendications de certitude objective ou d'infaillibilité. Ayer prend, en fait, cette voie lorsqu'il affirme « que les conditions nécessaires et suffisantes pour que nous sachions qu'une chose se trouve être sont, premièrement, que ce que nous sommes dits savoir soit vrai, deuxièmement, que nous en soyons sûrs, troisièmement, que nous ayons le droit d'être sûrs »[f].

Cette exigence de « certitude subjective » peut être stipulée, bien évidemment, mais nous ne sommes pas contraints d'y souscrire, simplement parce que nous adoptons la condition portant sur le « droit d'être sûr ». Qui plus est, certaines considérations militent même contre l'exigence de certitude subjective pour la connaissance, spécialement dans le contexte éducatif. Nous pouvons présenter ces considérations en nous référant à l'*exemple de l'élève timide* : il serait souhaitable d'admettre qu'un tel élève *sait* que Q, bien que la *forte conviction* que Q lui fasse défaut. Il se peut, par exemple, que cet élève manque, de façon générale, de confiance en lui-même ; peut-être a-t-il, dans le passé, accumulé les lacunes sur des sujets voisins ; peut-être a-t-il fait de déplaisantes expériences pendant son apprentissage de Q. Des circonstances en nombre indéfini peuvent expliquer cette timidité. Néanmoins, il se peut qu'il ait saisi les tenants et les aboutissants du sujet, et qu'il maîtrise les techniques qui lui sont associées. Il se peut que l'élève timide ne dise pas, en parlant de lui-même, « Je sais » ; il se peut également qu'il livre avec régularité ses réponses correctes avec un frappant manque de confiance en lui-même. Cependant, il est possible que nous nous sentions fortement disposés à lui assurer qu'il sait bel et bien, et qu'il a, en réalité, le droit d'être plus sûr qu'il ne l'est.

En conformité avec une telle approche, il faut considérer que la connaissance n'implique pas l'*exercice* du droit d'être sûr, mais seulement la *possession* d'un tel droit ; ici comme ailleurs, une personne peut clairement avoir des droits qu'elle n'exerce pas, et qu'elle peut même n'être pas consciente d'avoir. L'élève timide, en particulier, peut avoir besoin d'être encouragé à exercer son droit légitime d'être sûr. Accorder qu'il connaît

f. A.J. Ayer, *The Problem of Knowledge*, *op. cit.*, p. 35. Sur le problème de la certitude subjective, voyez les textes intéressants de A.D. Woozley, « Knowing and not knowing », *Proceedings of the Aristotelian Society*, LIII, 1953 ; et L.J. Cohen, « Claims to knowledge », *Proceedings of the Aristotelian Society*, XXXVI, 1962, p. 33-50.

néanmoins revient, en effet, à le distinguer de l'élève qui ignore tout de la proposition en question ou de ses fondements, et qui, pour cette raison, ne sait pas.

L'élève ignorant ou privé d'aide a besoin que des arguments ou des preuves lui soient apportés par le maître, ou, à tout le moins, que lui soit fournie l'opportunité de prendre connaissance de telles preuves ou de développer de tels arguments, en relation avec la proposition concernée. Ce sont là des choses pour lesquelles il est typiquement fait appel au maître. L'élève timide, de son côté, n'a pas besoin de tout cela, car il connaît d'ores et déjà la proposition en question, les justifications pertinentes qui la soutiennent et les techniques qui lui sont associées. Ce dont il a besoin, c'est plutôt d'encouragements, ou de n'importe quel autre traitement souhaitable, dans le but de renforcer son assurance et sa confiance en lui-même, en relation avec le sujet concerné. C'est là une chose toute différente et dont on peut attendre d'un maître qu'il la fasse. Une des vertus du fait de laisser la condition de croyance en l'état et de ne pas exiger la certitude subjective, est que cette distinction demeure ainsi clairement marquée. Nous ne renforcerons pas la condition de croyance en exigeant que *X* soit *sûr* que Q ; nous nous en tiendrons à l'idée qu'il *croit* que Q, quel que soit son degré de certitude subjective.

La possession de l'évidence adéquate

Nous avons remplacé par la condition portant sur le « droit d'être sûr » la condition d'évidence initiale, car cette dernière condition s'est avérée être une exigence générale trop contraignante. D'un autre côté, avec la première, il nous semble avoir l'avantage de couvrir aussi bien les cas de connaissance propositionnelle pour lesquelles l'évidence est requise que ceux où elle ne l'est pas. Considérons maintenant uniquement les premiers de ces cas : au cours de la seconde section du présent chapitre, nous en somme venus à soulever certaines questions touchant l'*adéquation* de l'évidence. Nous allons maintenant nous demander : « Qu'est-ce que cela signifie d'*avoir* une évidence adéquate ? ».

Au cours de notre précédente discussion, dans la seconde section, nous avons exprimé l'exigence que toute l'évidence dont dispose *X* soit adéquate, et nous avons reconnu que les normes d'adéquation étaient contextuellement variables. Nous allons ici nous attacher à l'interprétation de ce en quoi consiste pour *X* le fait de *disposer* d'une évidence qui soutienne adéquatement « Q » ; nous supposerons que l'évidence concernée est soit la totalité de celle dont dispose *X*, soit telle partie de la totalité pertinente pour « Q », et nous supposerons également que les normes d'adéquation que nous mettons en œuvre sont établies dans le contexte.

Il vaut la peine d'entrer dans une courte, mais importante, digression portant sur l'établissement de nos normes d'évidence adéquate. Précédemment, nous nous sommes intéressés principalement à la question du degré de *souplesse* ou de *rigueur* dans l'application de nos normes dans des contextes donnés. Il est maintenant important de noter que la situation de classe impose typiquement des restrictions *qualitatives* à certaines *sortes* d'évidences. Imaginons, par exemple, que l'élève soit supposé trouver la solution d'un problème d'arithmétique. Il regarde la copie de son ami ; sachant que ce dernier est fiable dans tout ce qui touche aux mathématiques, il copie ses réponses, qui s'avèrent être les bonnes. Imaginons maintenant que l'élève croit à juste titre que la réponse est 748, car il se souvient d'avoir entendu le maître le dire lorsque le problème a précédemment été abordé en classe ; au sein de l'évidence dont il dispose en faveur de la vérité de cette croyance se trouve le fait que le maître s'est avéré, en général, digne de confiance sur les questions d'arithmétique. L'élève n'a-t-il pas alors le droit d'être sûr ? Il semble bien que si ; cependant, s'il recourt à des éléments de cette nature pour justifier sa réponse, celle-ci sera rejetée.

Le fondement d'un tel refus, pourrait-on penser, est le fait que l'exemple d'évidence sur lequel l'élève s'appuie consiste à en appeler à une autorité. Saint Augustin, nous l'avons vu, soutenait qu'un tel appel ne pouvait conduire qu'à la croyance, non à la connaissance. Selon cette vue, la condition portant sur le « droit d'être sûr », de même que la condition d'évidence sont l'une et l'autre trop faibles, dans la mesure ou elles admettent les arguments d'autorité. Mais cette vue semble à son tour trop restrictive. Nous admettons tous couramment savoir que la pénicilline est utile en cas de pneumonie, qu'il y a des géométries non-euclidiennes cohérentes, que Washington a été le premier Président des États-Unis, que le café pousse au Brésil, même si les évidences dont nous disposons touchant ces sujets procèdent en grande partie d'une autorité, ou du témoignage de l'opinion experte. Dans l'exemple de l'élève que nous avons évoqué, nous devrions, en fait, accorder, *en dehors de la salle de classe*, qu'il possède *bel et bien* la réponse à son problème, puisqu'il s'est appuyé, d'une façon toute raisonnable, sur une autorité. Ainsi, ce qui semble en jeu ici n'est pas une exclusion globale des recours aux appuis de cette sorte, mais plutôt une exigence propre au contexte de la salle de classe.

À l'*intérieur de la classe*, nous voulons que le garçon *ne* se limite *pas* à un recours à l'autorité, aussi raisonnable et aussi solide soit-il; nous voulons qu'il justifie sa réponse en s'appuyant sur des éléments inhérents à l'objet traité lui-même. Nous voulons déterminer non point simplement s'il connaît la réponse, mais s'il la *connaît* sur la base d'un savoir en arithmétique. On attend de lui, dans une salle de classe qu'il recoure à l'autorité des méthodes et des moyens pertinents en rapport avec son sujet, plutôt qu'à l'autorité indépendante de personnes. Nous devons, à coup sûr, éviter, dans le présent contexte, d'établir une distinction trop nette entre l'autorité personnelle et celle qui procède, de manière directe, de preuves substantielles, car le sujet lui-même peut impliquer le recours, méthodologiquement balisé, à l'autorité personnelle, comme cela se produit dans le cas du témoignage historiographique ou lorsqu'il y va de la valeur d'une observation scientifique. Mais nous nous trouvons néanmoins face à un contraste entre les preuves inhérentes au sujet enseigné et les recours à des autorités extérieures au sujet lui-même. Les normes d'adéquation mises en œuvre à l'intérieur de la salle de classe seront normalement restreintes aux preuves de la première sorte, et *savoir en contexte scolaire* sera interprété de manière plus restrictive que *savoir dans la vie de tous les jours*, notre objectif éducatif étant, après tout, que l'élève intériorise le sujet – son contenu tout autant que sa méthode.

Abordant maintenant notre question principale, celle de la *possession* de l'évidence adéquate, nous allons désormais présupposer les restrictions particulières à la situation de classe, et ne tiendrons compte que des preuves inhérentes au sujet lui-même. Examinons d'abord un exemple géométrique, faisant intervenir le terme *évidence* en un sens élargi, qui inclut aussi les preuves.

Un garçon connaît les axiomes et les règles de la géométrie euclidienne et, qui plus est, croit à juste titre qu'une certaine phrase *p* est un théorème de cette géométrie. A-t-il une évidence adéquate et croit-il, en conséquence, que *p* est un théorème euclidien? On pourrait suggérer qu'il a, littéralement, la plus forte évidence qui soit que *p* est un théorème euclidien, car il dispose de *tous* les éléments requis en vue d'une preuve déductive de *p* dans les limites de la géométrie euclidienne. Toutefois, disposer de tous les éléments en vue d'une preuve déductive, ce n'est cependant pas disposer d'une évidence adéquate; il se peut que le garçon connaisse les axiomes et les règles et se soit quand même contenté de deviner que *p* est un théorème. Si, en particulier, une preuve de *p* lui fait défaut, il peut difficilement être dit avoir le droit d'être sûr que *p* est un théorème. Bien que les axiomes et le théorèmes soient appropriés pour prouver que *p*, et bien que le garçon maîtrise ces axiomes et ces théorèmes, il ne dispose cependant pas d'une évidence adéquate à l'appui de l'idée que *p* est un théorème. Y a-t-il ici une contradiction? Non. Il nous faut simplement reconnaître que le fait de disposer d'une évidence adéquate pour une assertion déterminée ne se résume pas au fait de disposer des éléments adéquats pour démontrer cette assertion.

Trouver une démonstration *n'*est *pas*, en général, affaire de routine, même si *contrôler* une démonstration, une fois qu'elle est trouvée, relève de la routine[g]. Dans la mesure où trouver une démonstration est affaire d'ingéniosité et de chance – le résultat d'une création plutôt que de l'application méthodique d'une règle à des objets – maîtriser la règle et les items en question, constitue une caractéristique plus faible que celle qui consiste à posséder la démonstration : non seulement cette maîtrise ne constitue pas par elle-même une preuve, mais encore elle ne produit ni de façon routinière, ni mécaniquement une preuve, même là où une telle preuve existe. Il semble que nous soyons ainsi conduits à distinguer le fait de disposer d'une évidence adéquate, sous la forme d'une preuve effective, du fait de disposer seulement des règles et items adéquats pour fonder la preuve. Bref, nous demandons à ce que règles et items soient organisés et élaborés de façon appropriée en une preuve en bonne et due forme. Disposer d'une évidence adéquate que *p* n'est pas, en général, disposer simplement du matériel permettant de produire « *p* » : il faut aussi que soit mise en œuvre la *forme* [*pattern*] d'argument adaptée.

Lorsque nous passons des mathématiques aux exemples empiriques ordinaires, la même conclusion semble inévitable. Songeons à une situation typique dans une histoire policière : le détective, à un certain moment du développement de l'intrigue, dispose de tous les indices, et, qui plus est, a la bonne intuition, selon laquelle le maître d'hôtel est le coupable. Cependant, il ne *sait* pas – autrement dit n'a pas le droit d'être sûr. Que lui manque-t-il? Nous n'attendons pas, dans cette situation, une preuve déductive, mais nous avons bel et bien besoin d'une structuration des indices [*patterning of the clues*], en bref d'*un argument empiriquement étayé* [*evidential argument*], rendant la conclusion du détective raisonnablement assurée.

Ce que nous attendons, typiquement, c'est une reconstruction, appuyée de façon différenciée sur les différents éléments de preuve pertinents et qui implique le maître d'hôtel dans le crime, tout en écartant les autres suspects.

g. Voyez W.V.O. Quine, *Methods of Logic*, New York, Henry Holt & C°, 1950, p. 190-191 [trad. fr. *Méthodes de logique*, Paris, Armand Colin, 1972, p. 194].

En l'absence d'un tel argument bien étayé fourni par le détective, comment celui-ci peut-il être sûr du bien fondé de ses soupçons dirigés sur le maître d'hôtel ? De notre point de vue, comment savons-nous, si nous n'avons pas de raison de supposer qu'un tel argument est entre les mains du détective, qu'il a, bel et bien, apprécié la force des indices dont il dispose, voire même qu'il les a « vus comme » des indices? Dans les cas empiriques tels que celui-là, la forme de l'argument n'est certainement pas dérivable de façon mécanique des indices, même lorsque ceux-ci sont reconnus comme des indices ; l'ingéniosité théorique intervient ici. Redisons-le, *disposer* d'une évidence adéquate, ne consiste pas simplement à disposer de preuves adaptées pour soutenir un argument approprié ; il faut également disposer d'un tel argument.

Disposer d'une évidence est, de surcroît, ambigu. Nous avons souligné l'importance de l'argument créatif, lequel va au delà du fait de disposer d'indices évidents. Mais il vaut la peine de distinguer deux sens auxquels quelqu'un peut être dit disposer d'indices évidents. Au sens le plus fort, l'expression implique la réalisation du fait que de tels éléments constituent une preuve, quand bien même leur portée peut n'être pas encore clairement appréhendée. Au sens le plus faible, détenir les indices n'implique pas même la réalisation du fait qu'ils constituent une preuve ; l'intéressé a en sa possession, d'une façon qui reste rudimentaire, les éléments de preuve, mais ceux-ci, au lieu d'être soigneusement passés au crible et mis à part, en qualité d'éléments pertinents destinés à un argument approprié, demeurent dissimulés, et ne sont même pas identifiés comme ayant une valeur potentielle pour un tel argument. À un moment critique du développement de l'histoire policière, le lecteur est informé qu'il a désormais en sa possession tous les indices dont dispose également le héros détective, autrement dit, tout ce qui est requis, en fait d'évidence, pour trouver la solution du crime. Il va de soi que la manière dont le lecteur entre en possession de tout cela n'implique pas qu'il reconnaisse les éléments de preuve comme tels, encore moins qu'il en fasse usage de façon à ce qu'ils fournissent un support différent pour une reconstruction théorique du crime. Une telle reconstruction est « doublement » créative comparée à la situation du lecteur : elle ne se contente pas d'*isoler les indices pertinents* de l'ensemble du camouflage qui les environne, mais les intègre à un argument approprié. Il n'existe aucune routine mécanisée qui soit capable de cette sorte de théorisation. Qui plus est, la situation du lecteur n'est autre que celle du détective lui-même à une étape antérieure, et – ce qui est encore plus important – celle du mathématicien à la recherche d'une preuve et celle du savant à la recherche d'une théorie de la nature. Dans chaque cas où le droit d'être sûr requiert une évidence, la connaissance n'implique pas seulement la possession de données évidentes appropriées, mais aussi de savoir apprécier leur valeur en tant que telles, à la lumière d'un *argument* agencé de manière appropriée.

Mais, maintenant, qu'est-ce donc qu'*avoir* un tel *argument*? Est-ce qu'avoir un tel argument revient simplement à avoir la capacité de le reproduire? Supposons un garçon ayant vu quelque part une démonstration mathématique sans être en mesure d'en retrouver la source. Il est en mesure, cependant, de la reproduire. A-t-il rempli les exigences liées à la condition d'évidence? Il doit certainement faire plus pour cela que de produire une réplique physique exacte de la preuve originale vue; il doit *comprendre la démonstration, en voir l'enjeu.*

Il n'est pas aisé, toutefois, de déterminer comment une telle compréhension doit être caractérisée. À coup sûr, le garçon a besoin de comprendre le langage dans lequel la preuve est formulée, mais cela ne semble pas suffire. Nous sommes tous en mesure de nous rappeler des expériences au cours desquelles il nous est arrivé de lire des démonstrations authentiques et des arguments valides sans les comprendre. Pour en revenir à l'histoire policière, chaque lecteur n'a-t-il pas fait l'expérience de ne pas saisir l'explication longtemps attendue du détective, même après l'avoir intégralement lue une première fois?

Cependant, que manque-t-il, dans ces cas, qu'une lecture ou une explication ultérieure pourra fournir? peut-être pouvons-nous dire ceci : quelqu'un peut apprécier la *force* d'un argument – autrement dit, peut voir l'importance générale des raisons qui se trouvent derrière sa conclusion et, de surcroît, saisir la stratégie générale qui lui donne son unité. Car n'est-ce pas, répétons-le, une expérience courante que celle qui consiste à avoir saisi la règle gouvernant chaque étape d'un argument et à avoir cependant le sentiment d'être passé à côté? Peut-être est-ce là une *exigence* trop forte que celle qui consiste à demander une appréciation de la *stratégie* tout autant qu'une saisie des *règles* gouvernant chaque maillon de la chaîne argumentative. Nous sommes ici soucieux, toutefois, d'expliciter les facteurs impliqués dans le fait de voir ce qui importe dans une preuve. L'exigence peut être posée indépendamment.

Henri Poincaré a discuté certains enjeux voisins dans son essai « Les définitions mathématiques et l'éducation »[h]. Il se demande « comprendre la démonstration d'un théorème est-ce examiner successivement chacun des

h. Voir H. Poincaré, *Science et méthode*, Paris, Kimé, 1999. Les références renvoient toutes au texte intitulé « Les définitions mathématiques et l'éducation » (p. 103-123).

syllogismes dont elle se compose, et constater qu'il est correct, conforme aux règles du jeu ? » (p. 104). Pour certaines personnes, une telle procédure suffit, pense-t-il, « Non », poursuit-il, « pour le plus grand nombre ».

> Presque tous sont beaucoup plus exigeants : ils veulent savoir non seulement si tous les syllogismes sont corrects, mais pourquoi ils s'enchaînent dans tel ordre plutôt que dans tel autre. Tant qu'ils leur semblent engendrés par le caprice, et non par une intelligence constamment consciente du but à atteindre, ils ne croyaient pas avoir compris. Sans doute ils ne se rendent pas bien compte eux-mêmes de ce qu'ils réclament et ne sauraient formuler leur désir, mais s'ils n'ont pas satisfaction, ils sentent vaguement que quelque chose leur manque. Alors, qu'arrive-t-il ? Au début, ils aperçoivent encore les évidences qu'on met sous leurs yeux ; mais comme elles ne sont liées que par un fil trop ténu à celles qui précèdent et à celles qui suivent, elles passent sans laisser de trace dans leur cerveau ; elles sont tout de suite oubliées ; un instant éclairées, elles retombent aussitôt dans une nuit éternelle. Quand ils seront avancés, ils ne verront même plus cette lumière éphémère, parce que les théorèmes s'appuient les uns sur les autres, et que ceux dont ils auraient besoin sont oubliés. C'est ainsi qu'ils deviennent incapables de comprendre les mathématiques. (p. 104)

Poincaré suggère l'importance qu'il y a, pour certains esprits, à posséder une image unifiée, et il souligne de surcroît le rôle de l'intuition dans l'acte de donner un sens à toute la preuve mathématique. Il insiste sur le fait qu'il est important de respecter les images et les intuitions initiales (incorrectes) des élèves au cours du processus de leur éducation mathématique. Si nous rejetons ces images et ces intuitions prématurément et imposons aux élèves nos constructions formelles supérieures qui reposent sur des prémisses qui

> leur semblent moins évidentes que la conclusion, que penseront ces malheureux ? Ils penseront que la science mathématique n'est qu'un entassement de subtilités inutiles ; ou ils s'en dégoûteront ; ou encore ils la considèreront comme un jeu amusant et en arriveront à un état d'esprit analogue à celui des sophistes grecs. (p. 112)

Poincaré recommande d'encourager au départ les intuitions et les images des élèves, de façon à ce qu'en travaillant avec elles, ils en viennent à réaliser leur inadéquation par eux-mêmes, cette prise de conscience constituant le moment à partir duquel ils feront bon accueil à nos démonstrations formelles et en tireront bénéfice.

En tant que recommandation méthodologique destinée aux maîtres, l'opinion exprimée par Poincaré semble assez plausible, mais il va plus loin que cela lorsqu'il avance que l'intuition est nécessaire au mathématicien lui-même.

> La logique nous apprend que sur tel ou tel chemin nous sommes sûrs de ne pas rencontrer d'obstacle; elle ne nous dit pas quel est celui qui mène au but. Pour cela, il faut voir le but de loin, et la faculté qui nous apprend à voir, c'est l'intuition. Sans elle, le géomètre serait comparable à un écrivain qui serait ferré sur la grammaire, mais qui n'aurait pas d'idées. Or, comment cette faculté se développerait-elle si, dès qu'elle se montre on la pourchasse et on la proscrit, si on apprend à s'en défier avant de savoir ce qu'on peut en tirer de bon. (p. 113)

Quelques points méritent d'être relevés dans la discussion de Poincaré. Il suggère non seulement que l'imagination et l'intuition sous-tendent notre sens de ce qui fait l'unité d'une preuve, mais également que l'intuition est la source des découvertes mathématiques, pour le besoin desquelles nous devons, en tant que maîtres, nous montrer plein de tact dans la critique des constructions intuitives de nos élèves. Néanmoins, il semble se contredire lui-même lorsqu'il admet que l'effort pour se donner des images est caractéristique de certains esprits seulement et non point de tous, et en reconnaissant que, même en ce qui concerne les mathématiciens créatifs eux-mêmes, « Il suffit de lire leurs ouvrages pour distinguer parmi eux deux sortes d'esprits – les logiciens comme Weierstrass, par exemple, les intuitionnistes comme Riemann » (p. 106-107). Si les esprits non intuitionnistes parmi les mathématiciens ont un sens de l'unité des preuves et sont capables, de surcroît, d'une grande inventivité, alors il est clair que la faculté d'*intuition* ne fournira pas l'explication requise.

Cependant, Poincaré est certainement dans le vrai lorsqu'il dit que la compréhension implique une *appréciation de la totalité* d'un argument et lorsqu'il tente de relier, d'une manière ou d'une autre, une telle appréciation à l'inventivité ou à la découverte. Peut-être pouvons-nous éclairer quelque peu ce difficile problème en considérant d'abord la première étape dans un argument, et ensuite la stratégie d'ensemble que l'argument représente. Nous avons remarqué plus tôt que l'importance générale des raisons amenant la conclusion doit être vue; cela signifie, si l'on s'en tient à la première étape, que l'élève doit disposer du *principe général* qui caractérise l'élément concerné comme une raison. Et ceci signifie de plus qu'il doit avoir une capacité générale lui permettant de reconnaître des raisons *comparables* ailleurs au sein d'arguments *analogues*. En fait, disposer d'un principe général n'implique pas que l'on soit en mesure de l'*exprimer*, mais seulement qu'une raison spécifique tombant sous sa juridiction peut être tenue pour similaire, quant à sa puissance de justification, à d'autres raisons analogues ailleurs. Les idées de raison et de principe sont des notions articulées, et la compréhension se trouve être ainsi intrinsèquement *générale*; comprendre une étape isolée revient à comprendre un nombre indéfini d'étapes comparables.

Comment, en pratique, déterminons-nous si le garçon a vu l'enjeu dans une étape particulière? Nous effectuons normalement des tests pour voir s'il est en mesure d'appliquer ou de discerner la même forme de raisonnement dans d'autres cas. Nous lui demandons d'innover, ou, du moins, de reconnaître la même sorte de raisonnement ailleurs. Une telle confrontation à d'autres cas, nouveaux, *teste* et *développe* en même temps la compréhension requise de l'élève. Qui plus est, cela le conduit à des situations inédites et inattendues et l'encourage à relever des analogies et à prendre des risques en devinant les principes sous-jacents; ceci constitue à coup sûr un entraînement souhaitable, si ce n'est suffisant, pour la découverte.

Si nous en venons maintenant à la *stratégie* d'ensemble d'un argument, « voir le but de loin », comme l'a dit Poincaré de façon si judicieuse, nous ne disposons pas cette fois du principe justificatif d'une étape inférentielle, mais de quelque chose qui est davantage de la nature d'un *motif*. Saisir une stratégie revient à voir au départ quel but l'auteur de l'argument espère atteindre *et* par quel moyens principaux il entend y parvenir. Sa stratégie justifie non point ses inférences d'une étape à l'autre, au sens où le ferait un principe de direction ou de validation; elle est plutôt une raison pour laquelle il commence là où il le fait et rassemble ses principes de façon à se déplacer ici plutôt que là. En connaissant cette stratégie, nous en venons à connaître les buts à long terme qui le motivent et le résultat immédiat qu'il anticipe dans le cadre de son étape présente, et à savoir pourquoi il pense que ce résultat le rapprochera du but recherché.

Bien que les stratégies ne justifient pas les principes d'inférences, elles justifient bel et bien les choix de direction et, à l'image des principes, elles sont générales en ce qu'on les retrouve impliquées dans toute une variété de cas. Aussi, pour pouvoir dire si un élève a compris une stratégie particulière, nous pouvons, comme précédemment, effectuer un test afin de déterminer s'il reconnaît des stratégies analogues ailleurs, ou est en mesure d'innover de manière stratégiquement analogue. Comme précédemment toujours, le processus de test et l'habitude de considérer les situations inédites avec, à l'esprit, des considérations de stratégie, peuvent être encouragés en même temps. Cette dernière habitude constitue certainement une condition souhaitable du point de vue de l'intérêt pour la découverte.

La découverte effective ne peut être exigée comme condition pour qu'il y ait compréhension, même si elle constitue une preuve solide, lorsqu'elle se produit, de compréhension de la stratégie impliquée. Suivre un argument est plus facile que de le trouver, et il serait absurde de penser que quelqu'un ne peut pas avoir compris Einstein s'il ne peut pas reproduire ses découvertes. Il suffit, pour comprendre, que la force générale de la stratégie soit appréciée et la manière dont elle se trouve impliquée dans d'autres cas – peut être simplifiés et hypothétiques – soit reconnue. Si cette analyse est correcte, disposer d'une évidence adéquate implique, en tout cas, une sorte d'aptitude généralisée – c'est-à-dire une aptitude à affronter de façon appropriée les cas nouveaux, au delà de celui qui est présentement en question.

Les stratégies et les principes sont, nous l'avons suggéré, des manières de mettre en forme les données pour qu'elles s'intègrent aux arguments. Elles ne constituent cependant pas des mécanismes auto-suffisants de découverte. Un problème fondamental dans l'enseignement tient à ce que la transmission de nos arguments, principes et stratégies peut compromettre des *innovations* fructueuses que nous n'avons peut être pas nous-mêmes anticipées. Il nous faut éviter de conduire notre enseignement comme si tous les chemins de l'éducation conduisaient aux formes acceptées par nous.

Pour résumer, lorsque nous jugeons que quelqu'un dispose d'une évidence adéquate, nous jugeons qu'il dispose d'un argument bien étayé qu'il comprend. En disant qu'il sait, nous ne nous contentons pas de lui attribuer une croyance vraie, nous affirmons qu'il dispose des garanties pour une telle croyance, garanties dont lui-même *apprécie la force*. Nous certifions, en conséquence, la réalité de certaines aptitudes générales, qui se retrouvent d'une situation à l'autre, et ne se manifestent jamais aussi clairement que dans les cas d'innovation.

CHAPITRE QUATRE

CONNAISSANCE ET CROYANCE

LE PROBLÈME DE L'INTERPRÉTATION DE LA CROYANCE

Nous allons en venir maintenant à la dernière condition de notre définition préliminaire du savoir propositionnel : la *condition de croyance*. Cette condition stipule que si *X* sait que Q, alors il croit que Q.

Rappelons quelques points qui ont émergé de notre discussion de l'emploi performatif de *savoir* (dans la troisième section du chapitre 3). Nous avons relevé qu'un tel usage était propre à la première personne et que la troisième personne « Il sait » ne se contentait pas de rapporter le performatif « Je sais ». Semblablement, la troisième personne « Il croit » ne se contente pas de rapporter la première personne « Je crois » ; faire usage de cette dernière équivaut fréquemment, par une force spéciale, à se défendre d'avoir l'autorité du *savoir* ou à nier détenir une *certitude* subjective. Bien que le fait d'*énoncer* « Je crois » tende à véhiculer l'idée d'une absence de savoir de la part du locuteur, sa *croyance effective* est parfaitement compatible avec le fait qu'il sait. La condition de croyance n'implique pas qu'il y ait quelque contradiction que ce soit lorsque l'on soutient que *X* croit réellement que Q, s'il sait que Q. Nous devons éviter la confusion entre croyance effective et énonciation de « Je crois ».

Mais qu'attribuons-nous à *X* lorsque nous le décrivons comme croyant effectivement que Q? Quelle sorte de chose une croyance est-elle ? Ces questions touchent à quelques uns des plus déroutants problèmes de la théorie de la connaissance. Nous pouvons démarrer leur examen en rappelant la critique par Ryle de la vue selon laquelle la connaissance serait une sorte de performance mentale (*cf.* seconde section du chapitre 2). Nous avons remarqué que ses arguments s'appliquaient de la même façon à la croyance. Par exemple, à la question « Que *faites*-vous ? », il ne peut être valablement répondu « Croire qu'il va pleuvoir demain ». On ne peut pas davantage parler du fait d'être *engagé dans* une croyance à un moment, ou d'être *trop occupé* à croire pour accepter une invitation à une promenade. La catégorie des performances et des activités semble, en fait, inadaptée aux croyances.

L'idée d'une expérience mentale spéciale, d'un acte ou d'une occurrence ne fait pas mieux, semble-t-il, l'affaire. Nous croyons tous de longue date que 3 fois 6 font 18. Mais aucun d'entre nous n'est passé, depuis qu'il l'a acquise, par une série différenciée d'actes ou d'expériences associés à cette croyance. Analyser la croyance comme un *état* relativement abstrait semble assurément plus plausible, mais comment, dans le détail, sommes-nous supposés interpréter cette analyse ?

Le problème peut être illustré par une référence à la façon dont Peirce oppose le doute et la croyance. Peirce souligne la différence qualitative entre les deux, le doute étant « un état malcommode, insatisfaisant dont nous nous efforçons de nous libérer pour passer à l'état de croyance », ce dernier étant « un état calme et satisfaisant que nous ne cherchons pas à éviter » (p. 99). Le doute est un stimulus spécifique et « nous rappelle l'irritation d'un nerf et l'action réflexe qui se trouve par là produite », alors que « la croyance ne nous fait pas agir d'emblée mais nous met dans une condition telle que nous finissons par nous comporter d'une certaine façon, lorsque l'occasion s'en présente ». Plutôt que d'une analogie avec l'irritation des nerfs, ce dont nous avons besoin, dans le cas de la croyance, c'est d'examiner « ce qu'on appelle les associations nerveuses – par exemple cette habitude des nerfs en conséquence de laquelle l'odeur de la pêche nous fera venir l'eau à la bouche » (p. 99).

La croyance semble alors être une chose abstraite, de même nature que l'habitude ou l'attention perceptive, une disposition à agir d'une certaine manière dans certaines circonstances. Mais – et ceci est notre problème – de quelle manière et en quelles circonstances ? La référence à une association reliant l'odeur de la pêche à la bouche qui salive est savoureusement spécifique, qu'il s'agisse de la condition ou de la réponse qui lui est associée. Peut-on dire quelque chose de spécifique dans le cas de la croyance, sur la base de la supposition qu'elle est, elle aussi, une association entre une réponse et des circonstances ?

LA THÉORIE VERBALE DE LA CROYANCE ET SES DIFFICULTÉS

En réponse à la question qui vient d'être posée, beaucoup d'auteurs ont suggéré une théorie qu'on peut appeler « verbale » de la croyance. Nous allons examiner quelques-unes des variantes de cette théorie (peut-être dominante).

Nous allons nous tourner vers l'explication de R. Carnap[a]. Carnap suggère pour la phrase :

> (1) John croit que D,

l'analyse suivante :

> (2) John est disposé à une réponse affirmative à une phrase quelconque dans un langage quelconque, laquelle se trouve être une traduction fidèle de « D ».

Ce n'est pas la formulation exacte de Carnap, mais nous pouvons, compte tenu de nos objectifs, faire abstraction d'un certain nombre de complications techniques inhérentes à son traitement de la question. L'idée principale peut être formulée comme suit : *croire que* D est expliqué comme l'affirmation d'une traduction fidèle de « D ». Dire, par exemple :

> (3) John croit que l'algèbre est difficile,

revient à dire :

> (4) John est disposé à répondre affirmativement à une phrase qui se trouve être une traduction fidèle de « L'algèbre est difficile ».

(La référence à la traduction en (4) nous permet d'affirmer (3) bien que John ne connaisse pas le français et n'affirme donc pas que « L'algèbre est difficile » mais une phrase équivalente dans sa langue). La croyance est alors, sur un plan général, identifiée à une disposition à répondre affirmativement à certaines phrases dans des conditions appropriées, telles celles d'un interrogatoire systématique[b].

Au cours d'une discussion portant sur l'importance des principes en éducation, R.M. Hare suggère une version comparable de la théorie verbale. « Sans principe, dit-il, la plupart des formes d'enseignement

a. R. Carnap, *Meaning and Necessity*, Chicago, Chicago UP, 1947, sections 13-15, p. 53-64 [trad. fr. *Signification et nécessité*, Paris, Gallimard, 1997, p. 97-109].

b. Le contexte d'interrogation systématique est suggéré par Carnap, *ibid.*, p. 53-54.

deviendraient impossibles, car ce qui se trouve enseigné, dans la plupart des cas, est un principe. En particulier, lorsque nous apprenons *à faire* quelque chose, ce que nous apprenons est toujours un principe »[c]. Hare poursuit en assimilant l'apprentissage des faits à ce même modèle : « Même se voir enseigner un fait (tel que le nom des cinq rivières du Pendjab) revient à apprendre comment répondre à une question ; cela revient à apprendre le principe "Si on te demande 'Quelles sont les noms des cinq rivières du Pendjab ?' répond 'La Jhelum, la Chenab, etc.'" »[d]. Vraisemblablement, avoir appris un tel fait – autrement dit, avoir acquis la croyance requise – revient à avoir la disposition à produire les noms appropriés à la demande, ou peut-être celle à répondre affirmativement à leur audition (cette exigence plus faible étant plus conforme aux vues de Carnap). En tout cas, la croyance est également ici une disposition à produire des réponses verbales spécifiques dans des conditions appropriées, en particulier lorsqu'on est soumis à des questions.

B.F. Skinner, dans son livre *Le comportement verbal*, semble suggérer une vue plus modérée de la théorie verbale. Il interprète la communication de la connaissance ou de faits comme un processus consistant à rendre de nouvelles réponses (fréquemment verbales) accessible au locuteur. Il semble que, selon cette vue, croire en un fait consiste souvent à avoir une certaine réponse verbale disponible, *la situation variant, cependant, d'un champ à l'autre*. « Dans le champ historique », dit Skinner, « l'effet consiste presque entièrement en une modification du futur comportement *verbal* de l'élève »[e]. Ayant acquis la croyance en un fait historique, l'élève a acquis une disposition verbale différenciée ; une nouvelle forme de réponse verbale lui est devenue accessible. Il semble que la forme de la réponse en question soit l'affirmation ou la formulation, à la demande, du fait concerné.

La théorie verbale de la croyance, telle qu'elle est comprise ici, envisage la croyance comme une disposition à fournir certaines réponses linguistiques, typiquement dans des situations d'interrogation. La théorie présente indubitablement au départ une certaine plausibilité, mais elle présente également des difficultés que nous allons maintenant examiner.

Une difficulté évidente est que la théorie refuse la croyance aux animaux et aux bébés, dans la mesure où la capacité à fournir des réponses

c. R.M. Hare, *The Language of Morals*, Oxford, Clarendon Press, 1952, p. 60.

d. *Ibid.*, p. 60.

e. B.F. Skinner, *Verbal Behavior*, New York, Appleton-Century-Crofts Inc., 1957, p. 362-365.

linguistiques leur fait défaut. Peut-être n'y a-t-il pas là un point rédhibitoire, dans la mesure où l'attribution de croyance, dans ces derniers cas, se trouve être, par ailleurs, objet de controverse. Qui plus est, la portée de la théorie peut, en tout cas, se trouver restreinte à des cas idéalement clairs, autrement dit aux croyances des organismes *dotés* de langage.

Cependant, cette restriction étant accordée, nous nous trouvons confrontés à des problèmes autrement plus difficiles, concernant l'interprétation des dispositions qu'on suppose impliquées. Qu'est-ce qu'être *disposé* à affirmer ou à formuler une proposition ? Par le fait qu'il croit que l'algèbre est difficile, John a-t-il simplement la *capacité* d'énoncer une phrase appropriée lorsqu'on le questionne ? En ayant appris les noms des cinq rivières du Pendjab, l'élève a-t-il acquis simplement la *capacité* à produire ces noms, ou à les affirmer à la demande ? Devons-nous dire alors que les réponses verbales pertinentes ont été littéralement *rendues accessibles* en tant que *capacités* nouvelles de celui qui apprend ?

À coup sûr, une telle analyse est fausse. Car connaître le langage et être libre de toute entrave physique, c'est déjà avoir la *capacité d'affirmer* (par exemple en disant « oui ») et celle de *produire* (*i.e.*, de prononcer) toute phrase du langage. Connaissant le français et se trouvant physiquement en mesure de parler, John a déjà la *capacité* de répondre « oui » à la question « L'algèbre est-elle difficile ? », ou à *n'importe quelle autre*. Capable de prononcer simplement les noms des cinq rivières du Pendjab, l'élève a, d'ores et déjà, la *capacité* de produire ces noms en tant que réponses verbales ; cependant, il peut ne pas *connaître* le nom de ces rivières, quel que soit le critère raisonnablement retenu pour « connaître »[f].

À propos du dernier exemple, on dira peut-être que la capacité à se *remémorer* ces noms dans des circonstances appropriées d'interrogation lui est nécessaire. Mais si la capacité à se rappeler et à prononcer les noms des cinq rivières du Pendjab est tout ce qui lui est nécessaire pour être dit avoir la croyance concernée, alors, dans la mesure où l'élève a normalement la capacité de se remémorer et de prononcer beaucoup d'autres ensembles de cinq noms dans des circonstances identiques d'interrogation, il nous faudrait le décrire comme croyant, par exemple, que les noms des

f. Voyez K. Price, « On "Having an Education" », *Harvard Educational Review*, XXVIII (automne 1958), p. 330 *sq.* ; et R.M. Chisholm, *Perceiving : a Philosophical Study*, *op. cit.*, p. 15. Les remarques critiques de Chisholm sont dirigées contre la tentative de réduire *savoir que* à une forme verbale de *savoir-faire*, comme c'est le cas chez J. Hartland-Swann, « The logical status of "Knowing That" », *Analysis*, XVI, 1956, p. 114.

cinq rivières du Pendjab sont la Genèse, l'Exode, le Lévitique, les Nombres, et le Deutéronome.

L'idée de Skinner de rendre une nouvelle réponse *accessible*, et donc d'accroître le « répertoire » de réponses semble faire appel à une notion de *capacité*. Elle a été critiquée comme suit par N. Chomsky :

> Lorsque nous entraînons un rat à réaliser tel ou tel acte particulier, il y a un sens à considérer que l'on ajoute, ce faisant, une réponse à son répertoire. Dans le cas de la communication humaine, cependant, il est très difficile de rattacher quelque signification que ce soit à cette terminologie. Si *A* transmet à *B* l'information (nouvelle pour *B*) que la voie de chemin de fer est sur le point de s'effondrer, en quel sens la réponse *La voie de chemin de fer est sur le point de s'effondrer* peut-elle maintenant être dite, et non point avant, accessible à *B* ? Il est certain que *B* pourrait avoir dit cela avant (ne sachant pas que cela était vrai), et sachant que c'était là une phrase. [...] Il n'y a pas non plus de raison de supposer que la réponse s'est renforcée, quoi que l'on entende par là (par exemple, *B* peut n'avoir aucun intérêt pour ce fait, ou il peut le vouloir supprimé) [g].

Supposons alors que nous prenions maintenant la disposition à affirmer ou à produire la proposition concernée, non point comme une simple *capacité* mais comme une tendance active, ou une *propension* positive à produire des réponses verbales en réponse à des questions. Par exemple, si John croit que l'algèbre est difficile, il a une *propension déterminée* [*definite*] à dire « oui » (ou quelque expression équivalente) en réponse à la question « Est-ce que l'algèbre est difficile ? » (ou à quelque traduction fidèle de cette question dans une langue que John comprend). S'il a appris les noms des cinq rivières du Pendjab, il a une *tendance*, et non point simplement la *capacité*, à répondre en fournissant cette liste de noms lorsqu'on la lui demande.

Cette vue présente de gros avantages sur la précédente, car la possession des *propensions* requises n'est pas garantie simplement par la connaissance d'un langage, par l'absence d'obstacle physique empêchant la réponse, et par la possession de capacités appropriées de remémoration. Néanmoins, la présente proposition doit faire face à des difficultés qui lui sont propres : *croire quelque chose* n'est pas la même chose que d'avoir une tendance *à exprimer* ou à *affirmer la croyance en question* en situation d'interrogation. En fait, nous avons noté précédemment une différence générale ; on peut développer une habitude ou une propension au moyen de la pratique, mais

g. N. Chomsky, « Review of Skinner's *Verbal Behavior* », *Language*, XXXV, 1959, p. 26-58, n. 43.

on ne peut pas pratiquer la croyance à quelque chose (voyez la seconde section du chapitre 1, et la seconde section du chapitre 2).

Une personne peut, de surcroît, croire que Q et n'avoir aucune propension à affirmer ou à exprimer que « Q », ni quelque traduction de « Q » que ce soit, lorsqu'on l'interroge ; en fait, elle peut avoir la propension opposée à *éviter* une telle affirmation ou une telle expression. Sur ce point, un exemple à la fois évident et extrême est celui de l'espion en territoire ennemi, dont la propension à fournir des réponses verbales lorsqu'on l'interroge est systématiquement divergente par rapport à ce que sont ses croyances effectives, au moins sur les sujets qui concernent sa mission ou mettent en jeu sa sécurité personnelle. Il y a, de surcroît, de nombreux exemples moins dramatiques illustrant la même sorte de divergence. Car les propensions aux réponses verbales dans les situations où l'on se trouve interrogé dépendent non seulement de la croyance, mais aussi de facteurs motivationnels et de l'environnement social. Le fait d'éviter d'afficher ou d'exprimer ses croyances peut, par exemple, être motivé par la peur, la rébellion, l'embarras, ou le désir d'être approuvé. L'absence de certaines propensions verbales chez un enfant peut ainsi parfois correspondre, non point à une absence des croyances concernées, mais à des *inhibitions* verbales motivées par la peur des adultes, ou par le désir de gagner ou de conserver leur approbation.

Inversement, une personne peut avoir une propension active à exprimer ou à affirmer une proposition, tout en ne croyant pas à ce qu'elle énonce. Les exemples déjà donnés demandent juste à être étendus pour nous fournir des illustrations claires de telles péripéties. Un espion en territoire ennemi ne s'abstient pas simplement de révéler ses croyances authentiques ; il a de fortes propensions à faire des réponses verbales qui n'expriment pas celles-ci. Le mensonge systématique plus ordinaire est motivé par la peur, l'hostilité, l'embarras, la lutte en vue de certains avantages, le désir de reconnaissance, etc. La peur des adultes chez l'enfant, de même que les tentatives pour recueillir leur approbation, peuvent induire chez celui-ci non une simple inhibition verbale mais aussi une distorsion – autrement dit une propension active à dire ce dont il pense qu'ils l'approuveront, même si, pour sa part, il n'y croit pas.

Les élèves acquièrent fréquemment des propensions à produire les réponses verbales qui facilitent leur réussite dans le cadre d'un enseignement déterminé, ou dont ils pensent, à tout le moins, qu'elles reflètent les attitudes et opinions de ceux qui ont conçu le test, quelles que soient par ailleurs leurs croyances effectives. Il est, en réalité, de la plus grande importance sur le plan éducatif d'éviter la confusion entre l'expression authentique d'une croyance et la production de réponses attendues à des tests. Il est corrélativement important de distinguer les cas où, dans le cadre de l'enseignement, les élèves engagent leur croyance et leur pensée, de celui où ils se contentent de formater [*shaping*] leurs réponses verbales lorsqu'on les interroge.

Un dernier exemple est fourni par l'observation de l'opinion publique lorsque son expression est soumise à des contraintes politiques sous une forme ou une autre. Une telle contrainte, dans les systèmes totalitaires, ne sert pas seulement à inhiber l'expression d'opinions « dangereuses », mais aussi à renforcer les propensions actives à mimer la ligne officielle de l'orthodoxie politique. L'expression de l'opinion publique dans les pays totalitaires ne fournit ainsi aucune indication sur ce que sont les croyances authentiques des gens. Ce qui est dit sous la contrainte est déformé par la contrainte. Ainsi, l'appui de l'opinion publique, dont se flattent les systèmes totalitaires, ne peut être apprécié simplement à l'aune de l'unanimité dans la propension verbale manifestée dans les situations publiques – voire même dans les situations privées – au sein de sociétés dominées par la terreur politique.

La théorie verbale de la croyance semble ainsi s'effondrer, que nous interprétions les dispositions concernées comme des capacités ou comme des tendances. Mais peut-être peut-on suggérer que la théorie pourrait être restaurée d'une manière ou d'une autre. Supposons, en particulier, que nous en venions à circonscrire de façon plus précise les conditions sous lesquelles la propension verbale est manifestée : nous ne stipulons pas simplement une situation d'interrogation, mais introduisons certaines spécifications supplémentaires, pour garantir le caractère approprié de la *motivation* de la personne concernée. Considérons, par exemple, notre précédente phrase :

> (3) John croit que l'algèbre est difficile.

nous l'analysons désormais comme suit :

> (5) Si John *décide* de répondre à des questions, il a la propension à *répondre* par une phrase qui se trouve être une traduction fidèle de « L'algèbre est difficile ».

Il est clair qu'une telle analyse affronte certaines des difficultés qui assaillaient l'interprétation précédente. Elle ne fait pas correspondre, à chaque croyance, une propension générale à l'exprimer en situation d'interrogation. Aussi serait-elle en cohérence avec, à tout le moins, certains des cas précédemment décrits comme impliquant des *inhibitions verbales*, car dans certains de ces cas la nécessaire *décision de répondre* faisait défaut, de sorte que la propension correspondante à affirmer n'avait pas à être activée.

Cependant, l'analyse échoue toujours dès lors qu'elle porte sur tous ces cas dans lesquels la personne décide bel et bien de répondre lorsqu'on l'interroge mais tend à affirmer des choses auxquelles elle ne croit pas. Les réponses que fait à ses ravisseurs l'espion entraîné fournissent ici un contre-exemple, tout comme les cas de mensonge systématique et d'autres distorsions verbales (par exemple les réponses faites sous la contrainte) que nous avons précédemment décrites. Peut-être, faudrait-il cependant circonscrire davantage les conditions d'activation des propensions verbales concernées. Car les contre-exemples évoqués à l'instant sont des cas dans lesquels la décision de répondre n'est pas en même temps une décision de répondre *sincèrement*. Aussi, suggérons-nous pour (3) l'analyse qui suit :

> (6) Si John décide de *répondre aux questions sincèrement*, il a la propension à répondre par une phrase qui est une traduction fidèle de « L'algèbre est difficile ».

Cette analyse semble, d'un seul coup, éliminer tous les contre-exemples précédents, dans la mesure où dans aucun d'entre eux n'intervient une décision de répondre *sincèrement*. Aussi, ni l'inhibition verbale, ni la distorsion verbale ne paraissent désormais constituer des objections décisives à l'analyse proposée.

On pourrait néanmoins soulever la question de savoir si l'analyse n'est pas, après tout, *circulaire* sous cette forme. Car que fait John en décidant de répondre *sincèrement*, s'il ne décide pas de répondre en disant ce qu'il *croit* sincèrement ? S'il en est ainsi, l'analyse de la croyance qui vient d'être proposée fait elle-même appel à la notion de croyance, et l'ensemble de l'entreprise tombe dans la circularité.

Ce type d'objection n'est toutefois pas réellement fatal à l'analyse proposée. Car la forme précise de la locution exprimant la croyance ne réapparaît pas dans cette analyse, même lorsque cette locution comporte explicitement le terme *croyance*, de sorte qu'il *n'y a pas*, en fait, de circularité explicite : la phrase analysée dans notre exemple était « John croit que l'algèbre est difficile » et la forme impliquée était « *X croit que Q* ». Par ailleurs, en énonçant l'analyse en termes de *croyance*, comme cela a été suggéré dans le paragraphe précédent, nous aurions « Si John décide de répondre aux questions en disant ce qu'il croit réellement etc. » Cette phrase contient plutôt la forme « *X décide de répondre en disant ce qu'il croit réellement* ». Cette dernière ne présuppose pas nécessairement qu'une interprétation de « *X* croit que Q » soit conçue comme une sorte de fonction de *X* et « Q ». Elle peut être considérée plutôt comme représentant une condition unitaire caractérisant *X*, et qualifiant sa manière de répondre, *i.e.*, sa sincérité.

De plus, le terme même de *croyance* peut être entièrement éliminé de l'interprétation de l'énoncé de l'analyse. Car décider de répondre avec sincérité peut être considéré comme n'étant que la décision de s'efforcer de dire ce qui est vrai. La croyance que Q est alors analysée comme la propension à répondre à des questions appropriées par l'énoncé de quelque traduction fidèle de « Q », étant donnée la résolution de s'efforcer de dire ce qui est vrai en réponse à de telles questions (on peut supposer que la réalité de cette résolution peut souvent être établie sans déterminer d'abord l'existence de la *croyance que* Q elle-même).

La proposition semble ainsi échapper aux difficultés induites par la circularité, et n'est pas non plus exposée aux précédents contre-exemples de distorsion et d'inhibition verbales. Il semble cependant qu'apparaissent de nouvelles difficultés, auxquelles cette analyse se trouve confrontée. Celles-ci résultent des situations où l'inhibition et la distorsion interviennent alors même que la personne tente réellement de dire ce qui est vrai.

Pour dire les choses brièvement, le fait d'exprimer ses croyances effectives ne dépend pas simplement d'un effort approprié. Quelqu'un peut manquer de discernement touchant ses propres croyances. Ou encore peut, du fait de sa faiblesse de caractère ou de quelque autre cause, développer une cécité motivée concernant certaines de ses croyances, à propos desquelles il se dupe systématiquement lui-même. Dans de telles circonstances, il se peut qu'il s'efforce de dire ce qui est vrai, mais ne parvienne pas à exprimer précisément ses croyances. Quiconque s'est, ne serait-ce qu'une fois, demandé « Que crois-je à tel ou tel propos ? », cette question étant prise non point au sens de « Que devrais-je croire ? » mais plutôt en un sens purement descriptif ou introspectif, comprend que la réponse à cette question fait intervenir une délibération et n'est en aucune façon automatiquement immunisée contre l'erreur par le simple fait d'être portée par une intention sincère.

L'erreur se produit souvent lorsqu'une personne ne parvient pas à accepter l'une de ses croyances, que sa réflexion la conduit à désapprouver, ou qu'elle tient pour socialement inacceptable, voire dangereuse. Inversement, une personne peut, de manière sincère, exprimer pour elle-même une croyance qu'elle n'a pas réellement « en profondeur », mais à laquelle elle souscrit par sa réflexion, ou qu'elle tient pour socialement valorisée. Une illustration du premier cas est fournie par les personnes chez lesquelles on décèle des relents de croyances racistes, mais qui nient sincèrement en avoir. Une illustration du second cas est fournie par celles qui professent sincèrement des croyances religieuses qu'elles n'ont pas réellement. En conséquence, il nous arrive de décrire comme vagues et creuses les professions de foi sincères des gens ; nous estimons que, dans de tels cas, la personne croit autre chose que ce qu'elle dit (ou même pense) croire. Semblablement, nous refusons parfois de prendre au pied de la lettre des dénégations sincères portant sur telle ou telle croyance. De telles considérations militent non seulement contre l'idée de voir dans la croyance une propension à répondre verbalement de façon *publique*, mais aussi contre celle d'y voir une propension à répondre verbalement « en son for intérieur », *i.e.*, *à soi-même*, ou à se rappeler.

Dans des circonstances typiques, nous faisons appel à des preuves qui vont au delà de la réponse verbale pour déterminer ce qu'il en est réellement des croyances de quelqu'un ; nous observons la façon dont ces croyances se révèlent dans l'action. Si nous sommes prêts à reconnaître systématiquement ce point, il n'est d'autre solution que d'abandonner finalement la théorie verbale de la croyance.

DES DIFFICULTÉS DANS L'EXPLICATION DISPOSITIONNELLE GÉNÉRALE

Peirce, on s'en rappelle, concevait la croyance comme une disposition : « la croyance [...] nous met dans une condition telle que nous finissons par nous comporter d'une certaine façon lorsque l'occasion s'en présente » (p. 99). Croyant que la pierre est dure, la personne est supposée se comporter à l'égard de la pierre d'une certaine façon, si elle souhaite produire certains effets perceptibles. L'« habitude d'action » produite par la pensée conduit quelqu'un à agir d'une certaine façon « non point simplement dans certaines circonstances dont il est vraisemblable qu'elles se présenteront, mais aussi dans des circonstances qui pourraient se présenter, aussi improbables soient-elles » (p. 123).

Nous avons examiné la théorie verbale comprise comme une tentative pour mettre le doigt sur la forme spécifique de disposition que constitue la croyance, en prenant comme paradigme la référence de Peirce à « cette habitude des nerfs en conséquence de laquelle l'odeur de la pêche nous fera venir l'eau à la bouche » (p. 99). Mais, à la lumière de notre critique de la théorie verbale, il semblerait que la description *générale* de Peirce soit plus près du but que ne l'est son exemple particulier. Si la croyance est dispositionnelle, il ne peut s'agir simplement d'une disposition à répondre de telle ou telle façon spécifique, mais d'une disposition à toute une variété de réponses, en fonction de toute une variété de conditions. Elle nous conduit à *agir* de certaines façons, et pas simplement à *parler* d'une certaine façon.

Ryle souligne l'importance qu'il y a à garder à l'esprit non seulement « les dispositions à sens unique » [*single track disposition*], dont les actualisations sont presque uniformes » (p 43[h]), mais aussi les « dispositions de niveau supérieur » « dont l'exercice revêt des formes indéfiniment hétérogènes » (p. 44). Les dispositions à sens unique, telles que les entend Ryle, peuvent être illustrées par l'habitude de fumer la pipe : « Être fumeur, c'est simplement être quelqu'un à qui les actions consistant à bourrer, allumer, et tirer sur une pipe s'imposent, ou qui accomplit, selon toute probabilité, les actions en question lorsque telles et telles conditions se présentent » (p. 43). Les dispositions de niveau supérieur sont discutées par Ryle de la manière qui suit :

> Lorsque Jane Austen a voulu mettre en évidence la forme particulière d'orgueil propre à l'héroïne d'*Orgueil et Préjugés* il lui a fallu représenter ses actions, ses mots, ses pensées et ses sentiments dans mille situations différentes. Il n'est point de type standard d'action ou de réaction dont Jane Austen aurait pu dire « La forme d'orgueil de mon héroïne n'est que la tendance à faire ceci toutes les fois qu'un certain type de situation se présente ». (p. 44)

Ryle continue en critiquant les épistémologues qui attribuent à la connaissance et à la croyance « une forme unique de processus mentaux par lesquels ces dispositions sont actualisées ». Il poursuit :

> Défiant le témoignage de l'expérience, ils postulent qu'un homme qui croit que la terre est ronde, par exemple, doit, de façon récurrente, en passer par un même processus de cognition, « juger », ou réaffirmer intérieurement, avec un sentiment de confiance que « La terre est ronde ». En fait, les gens ne rabâchent évidemment pas de cette manière leurs assertions, et, même s'ils le faisaient et savaient ce qu'ils faisaient, cela ne suffirait pas à nous convaincre qu'ils croient que la terre est ronde – à moins que nous les surprenions également en train d'inférer, d'imaginer, de dire et de faire un grand nombre de choses encore. Si nous les surprenions en train d'inférer, d'imaginer, de dire et de faire ces autres choses, nous serions convaincus qu'ils croient que la terre est ronde, quand bien même nous aurions les meilleures raisons de penser qu'ils n'ont pas du tout rabâché l'assertion originale. Un patineur peut nous déclarer – ou se déclarer à lui-même – aussi souvent et aussi fortement qu'il lui plaît que la glace résistera, il montre qu'il a des doutes s'il se tient sur la berge de l'étang et invite ses enfants à ne

h. G. Ryle, *Concept of mind*, *op. cit.*

> pas rester au milieu, garde un œil sur les ceintures de sauvetage ou spécule continuellement sur ce qui arriverait si la glace se brisait. (p. 44-45)

L'allusion de Ryle au fait de rabâcher les assertions n'est pas pertinente pour les buts que nous poursuivons. Car la théorie verbale ne requiert pas un tel rabâchage mais seulement (tout au plus) certaines tendances appropriées à affirmer dans des conditions déterminées d'interrogatoire. Cependant, Ryle soutient clairement la thèse selon laquelle les dispositions de croyance peuvent se manifester de toutes sortes de façons distinctes des affirmations stipulées par la théorie verbale – par exemple par le biais d'inférences, par l'imagination, par le fait de dire et de faire une grande variété de choses. Qui plus est, il suggère clairement, dans l'exemple du patineur, qu'un homme peut se tromper dans l'appréciation de ce que sont ses propres croyances. Car il décrit le patineur en train de se déclarer à lui-même que la glace résistera et, simultanément, en train de trahir par son action qu'il ne croit pas une telle chose, ou, à tout le moins, qu'il a de sérieux doutes à son endroit.

Dans un autre passage, Ryle semble se contredire en commentant un exemple similaire. Il écrit :

> Il est certain que croire que la couche de glace est dangereusement fine revient à se montrer résolu lorsqu'il s'agit de se dire à soi-même et aux autres qu'elle est mince, d'acquiescer aux assertions des autres personnes allant dans le même sens, de contredire les affirmations allant dans le sens opposé, de tirer des conséquences de la proposition originale, et ainsi de suite. Mais c'est aussi avoir tendance à patiner avec circonspection, frissonner, ressasser en imagination des désastres possibles et mettre en garde d'autres patineurs. C'est donc une propension à entrer non seulement dans certaines démarches intellectuelles, mais également dans des démarches pratiques et des élaborations imaginaires; c'est aussi une propension à avoir certains sentiments. (p 134-135)

Dans ce dernier passage, il semble considérer comme un réquisit de la croyance le fait que la personne n'ait aucune hésitation lorsqu'elle se l'exprime à elle-même, alors que dans le passage antérieur il admettait que la croyance pouvait n'être évidente que dans l'action et se trouver en contradiction avec ce que la personne se dit à elle-même. Il se peut toutefois que Ryle ne souhaite pas réellement faire, dans le dernier passage, de l'expression de la croyance une condition nécessaire, mais seulement un symptôme de croyance parmi beaucoup d'autres associés de manière typique et demandant à être jugés comme une totalité; à tout le moins, il nie qu'elle constitue une condition suffisante.

La conception dispositionnelle élargie revient à dire ceci : une croyance est un groupe de dispositions à faire des choses variées dans des circonstances variées correspondantes. Ces choses incluent les réponses ainsi que des actions de toutes sortes, et ne se limitent pas aux affirmations verbales. Aucune de ces dispositions n'est, à strictement parler, nécessaire, ou suffisante pour la croyance concernée; ce qui est requis, c'est qu'un nombre suffisant de dispositions dudit groupe soient présentes. Aussi les dispositions verbales, en particulier, n'ont-elles pas, vis-à-vis de la croyance de rôle privilégié.

Cette description, cependant, est encore insuffisamment large, car il nous faut aller même au-delà de la description générale de la croyance comme comportement lié de façon dispositionnelle à une occasion. Cette description générale, alors qu'elle admet une *variété de réponses* et une *variété de circonstances* corrélatives et qu'elle *ne se limite pas aux seules réponses verbales*, semble toujours être trop limitée touchant d'autres aspects importants.

Il y a certainement des raffinements à apporter à l'analyse des dispositions elles-mêmes; elles doivent, par exemple, être interprétées de façon à recouvrir des connexions probabilistes relativement relâchées (et non point seulement strictement universelles) entre l'occasion et la réponse. Mais plus importante est la reconnaissance du fait que les croyances d'un homme sont interdépendantes et exercent une influence les unes sur les autres, et qu'elles entrent, qui plus est, dans de subtiles interactions avec ses buts et ses attitudes. Une croyance particulière, par conséquent, ne peut être attribuée à une personne simplement sur la base de ses dispositions à répondre dans des circonstances manifestes, quel que soit le degré de variété que l'on attribue aux dispositions en question. En effet, le jugement portant sur la croyance particulière est formé en partie en référence à d'autres croyances et aux buts que nous supposons la personne avoir; ces autres croyances et buts colorent les circonstances dans lesquelles la réponse particulière intervient. En conséquence, en relation avec les seules circonstances manifestes, nous avons typiquement besoin d'envisager l'attribution d'un *complexe* de croyances et de buts à une personne. Dans la mesure où le complexe est en outre sous-déterminé par ses dispositions manifestes à répondre, nous est ouverte la possibilité d'effectuer l'attribution de différentes façons, et nous sommes influencés, lorsque nous faisons notre choix, par des considérations de simplicité globale. En bref, l'attribution de croyances ressemble davantage à la formation d'hypothèses théoriques abstraites dans le domaine de la science qu'à la description de traits physiques de niveau inférieur.

La complication ainsi induite dans notre conception de la croyance excède l'explication dispositionnelle telle qu'imaginée par Peirce et Ryle. En fait, Peirce entrevoit le point sous-jacent mais n'en tire pas tout le profit qu'il pourrait en tirer. Sa maxime pragmatique, comme nous l'avons vu, est supposée clarifier les termes généraux en leur donnant une interprétation « opérationnelle », laquelle consiste à connecter certains effets sensibles, de manière dispositionnelle, à certaines opérations effectuées sur l'objet. La dureté d'une chose est ainsi identifiée à (ou, mieux, inclut) sa propension à érafler certaines substances utilisées lors de tests lorsqu'elle est frottée contre elles. L'éraflure perceptible est ici reliée à l'occasion manifeste fournie par l'opération consistant à frotter. Lorsque Peirce en vient à la *croyance*, il semble produire une analyse parallèle en affirmant que « toute la fonction de la pensée est de produire des habitudes d'action » (p. 123). Car une *habitude d'action* est, peut-on supposer, la même sorte de chose que la propension ou l'*habitude de dureté* dans une pierre ; elle relie des réponses perceptibles à des circonstances spécifiques de réponse. Peirce peut ainsi conclure qu'il n'y a « aucune distinction de signification suffisamment subtile pour consister en autre chose qu'en une différence possible dans la pratique » (p. 123).

Pourtant, plus haut dans le même paragraphe, il développe comme suit les circonstances qui activent une habitude d'action associée à une croyance donnée : « ce qu'est l'habitude dépend de *quand* et *comment* elle nous entraîne à agir. Pour ce qui est du *quand*, tout stimulus d'action est dérivé de la perception ; pour ce qui est du *comment*, tout but d'action est de produire un résultat perceptible » (p. 123). Et dans le paragraphe qui suit immédiatement, il remarque : « L'occasion d'une action [...] sera une quelconque perception sensible, son motif sera de produire quelque résultat perceptible » (p. 123-124). Nous discernons ici quelque chose de nouveau : l'introduction d'une référence à des buts et à des motifs en même temps qu'à des perceptions sensibles. Il vaut la peine de noter, en passant, que les perceptions sensibles d'une *autre* personne, *i.e.*, ce qu'*elle* perçoit n'est pas de *notre* point de vue quelque chose de « perceptible » et manifeste, pour autant que nous soyons concernés par l'estimation de *ses* croyances. Plus frappant encore est l'élément de *finalité* ou de *motivation* que Peirce introduit ici mais dont il semble ne pas savoir comment le traiter. car, dans la première phrase citée plus haut, il veut clairement rendre l'habitude de croyance dépendante non seulement d'un stimulus sensible particulier *mais aussi des fins*, alors que dans la seconde phrase il semble apparemment vouloir traiter le motif comme *n'appartenant pas à l'occasion elle-*

même, mais comme constituant en quelque façon un facteur indépendant caractérisant la réponse pertinente.

Le facteur que constitue la fin ou le motif, quelle que soit la façon dont on le caractérise, rend assurément l'explication d'ensemble plus plausible. Lorsqu'une personne croit qu'un objet est dur, elle est amenée à agir à son endroit d'une certaine façon, pourvu qu'elle ait certaines perceptions et aussi certains buts. Pour en revenir à un exemple provenant de la cinquième section du chapitre 2, si elle veut inscrire une marque sur telle ou telle surface, elle est amenée à utiliser la pierre comme un instrument destiné à faire des marques. Néanmoins, l'élément de finalité ou de motif rend l'explication bien différente de celle qui porte sur la dureté de la pierre, car le but n'est pas en lui-même manifeste ou « opérationnel », mais tout aussi abstrait et semblable à une habitude – et réclamant une clarification « opérationnelle » – autant que la croyance elle-même. Les termes généraux *habitude* et *occasion* suggèrent, en bref, un parallèle qui n'est pas là, et la réduction annoncée de la croyance à la *pratique* est sans fondement.

LE CARACTÈRE THÉORIQUE DES ATTRIBUTIONS DE CROYANCES

Différents points fondamentaux pertinents pour notre problème ont été récemment mis en lumière par C.G. Hempel, dans un texte portant sur le concept d'action rationnelle[i]. Hempel introduit l'expression « trait amplement dispositionnel » pour caractériser la rationalité, mais le traitement qu'il apporte à cette dernière est également applicable à la croyance elle-même. Un trait amplement dispositionnel implique

> une masse complexe de dispositions, chacune constituant une tendance à agir de façon caractéristique dans certains types de situations (dont la spécification complète devrait inclure une information sur les buts et les croyances de l'agent, sur d'autres aspects de son état psychologique et biologique, sur son environnement, etc.). (p. 13)

Hempel souligne le point entre parenthèses en insistant sur le contraste existant avec des traits de bas niveau tels que les dispositions allergiques, par exemple. « Dire d'une personne qu'elle est allergique au pollen d'ambroisie revient à impliquer, entre autres choses, qu'elle manifestera

i. C. Hempel, « Rational Action », dans *Proceedings and Addresses of the American Philosophical Association* XXXV, Yellow Springs, The Antioch Press, 1962. Les références à Hempel dans ce qui suit renvoient toutes à ce texte.

les symptômes du rhume de cerveau lorsqu'elle sera exposée au pollen» (p. 14). Dans les cas des *traits amplement dispositionnels* [*broadly dispositional traits*], par contraste, «les situations pertinentes ne peuvent être décrites en termes de conditions environnementales particulières et de stimuli externes; car, de façon caractéristique, ils incluent le fait que l'agent poursuit certains buts et entretient certaines croyances pertinentes» (p. 14).

Hempel maintient également que l'attribution de croyances implique uniquement, mais n'est pas équivalente à, un ensemble d'assertions formulant des dispositions «manifestes» de la personne. Il avance, en guise d'analogie, l'attribution d'une charge électrique à un objet physique, laquelle implique des dispositions à répondre caractéristiques, sans se réduire à elles.

> Les concepts de charge électrique, de magnétisation etc. sont gouvernés par un réseau de principes théoriques qui relient entre eux un grand nombre de concepts physiques. [...] Les présuppositions théoriques sous-jacentes contribuent de façon essentielle à ce qui est affirmé dans le cadre de l'attribution de ces propriétés physiques. En réalité, c'est seulement en conjonction avec de telles présuppositions théoriques d'arrière-plan qu'une assertion attribuant une charge électrique à un corps quelconque implique un ensemble d'assertions dispositionnelles; alors que l'ensemble des assertions dispositionnelles n'implique pas une telle assertion en l'absence de principe théorique. (p. 15)

L'analogie ainsi proposée avec la croyance n'implique pas qu'il y ait un tel degré de précision et d'explicitation au sein des suppositions interconnectées à l'arrière-plan. Néanmoins, Hempel explique qu'on y trouve des «connexions quasi-théoriques».

> Par exemple, nous supposons que le comportement manifeste d'une personne poursuivant un certain *objectif* dépendra de ses croyances; et inversement. Aussi considérera-t-on que l'attribution à Henri de la croyance selon laquelle les rues sont neigeuses n'implique qu'il va chausser ses galoches qu'en combinaison avec d'autres suppositions portant sur ses buts et ses autres croyances; tels que ceux selon lesquels il veut sortir, souhaite garder ses pieds au sec, croit que ses galoches lui permettront d'y parvenir, n'est pas trop pressé de les mettre etc.; et cela illustre bien l'hypothèse selon laquelle existent des interdépendances complexes nombreuses entre les concepts psychologiques concernés. Ce sont ces suppositions qui déterminent nos attentes portant sur les manifestations comportementales, parmi lesquelles figurent les actions manifestes, qu'un trait psychologique aura dans un cas particulier. [...] Le point est [...] que pour cerner les caractéristiques psychologiques en question, nous ne pouvons pas nous contenter de considérer leurs implications

> dispositionnelles, lesquelles nous fournissent les critères opérationnels pour attribuer certaines croyances et certains objectifs à une personne, nous devons également prendre en compte les suppositions théoriques qui les relient; car celles-ci, également, gouvernent l'usage de ces concepts, et elles ne peuvent être tenues pour des conséquences logiques des ensembles d'assertions dispositionnelles qui leur sont associées. (p 15-16)

Au bout du compte, Hempel souligne l'« interdépendance épistémique » des attributions de *croyances* et des attributions de *buts*. Nous avons cité son exemple portant sur la *croyance* d'Henri que les rues sont neigeuses, laquelle implique qu'il va chausser ses galoches, mais seulement en relation avec des suppositions appropriées touchant ses buts. Pour ce qui est des *buts*, Hempel propose l'exemple complémentaire d'Henri désirant boire de l'eau, lequel implique qu'il est « disposé à boire un liquide qui lui est offert – pourvu qu'il *croie* que c'est bien de l'eau (et pourvu qu'il n'ait pas de raisons plus fortes de refuser d'accepter, etc.) » (p. 16). Hempel conclut, « Donc, à strictement parler, un examen du comportement d'un agent permet de tester nos suppositions portant sur ses croyances ou sur ses buts mais seulement lorsqu'ils forment des paires appropriées » (p. 16).

Si cette conception générale est correcte nous n'avons aucun espoir d'identifier les croyances à des dispositions spécifiques à produire des réponses manifestes. Nous attribuons aux personnes – et ces attributions sont provisoires – simultanément des désirs et des croyances par paquets, et nous le faisons d'une manière qui est gouvernée par des suppositions générales et des considérations de simplicité qui ne sont cependant pas formulables avec un haut degré d'explicitation. Dans la pratique, évidemment, les difficultés théoriques de formulation ne paralysent pas notre jugement. comme le remarque Hempel,

> il arrive souvent que nous ayons une bonne information en amont portant sur l'un des éléments interdépendants, et alors une hypothèse à propos de l'autre peut être testée en établissant la façon dont la personne agit dans certaines situations. Par exemple nous pouvons avoir de bonnes raisons de supposer que notre homme est honnête; alors la manière dont il répond à nos questions peut fournir une indication fiable sur ses croyances. Inversement, nous sommes fréquemment en mesure de tester une hypothèse portant sur les buts d'une personne en examinant son comportement dans un certain nombre de situations critiques car nous avons de bonnes raisons de supposer qu'il a certaines croyances pertinentes. (p. 16-17)

Nous pouvons souscrire à une présomption initiale de rationalité et de sincérité, et à l'idée de buts communs partagés. Ensuite, moyennant un savoir indépendant portant sur le contexte social, nous pouvons juger que la croyance se trouve révélée dans les mots et les actions. Quand ces derniers divergent, il nous faudra peut-être décider si nous devons supposer une faiblesse de la volonté, de l'irrationalité, un but déviant, de l'ignorance, une croyance bizarre, une absence de sincérité, et le choix peut s'avérer difficile. En tout cas, il sera influencé par des considérations de simplicité et sera de nature provisoire. Il ne sera pas, de toute façon, raisonnable de considérer la croyance simplement comme une affaire de réponse verbale : la croyance constitue un état « théorique », caractérisant de manière subtile l'orientation d'une personne dans le monde.

Dans la classe, il semble qu'il soit particulièrement important d'éviter la confusion entre les dispositions verbales et la croyance. À cette fin, il s'avère crucial de reconnaître non seulement les ramifications de la croyance au sein de la conduite mais également l'influence de la motivation et du climat social sur l'expression verbale. Si nous envisageons de faire intervenir la croyance de l'élève et non pas simplement de formater ses réponses verbales, il nous faut être en mesure de *communiquer* avec lui. Pour que cela soit possible, il nous faut créer une atmosphère de sécurité, de façon à ce que l'expression verbale puisse constituer une approximation de la croyance sincère. Une telle atmosphère requiert, semble-t-il, que l'accent soit mis sur la discussion rationnelle libre de toute contrainte et libre de toute visée de propagande : par là se trouve mis l'accent sur le sens commun et standard d'*enseigner*[j].

j. Voyez I. Scheffler, *The Language of Education*, *op. cit.*, p. 57-68.

CHAPITRE CINQ

CONNAISSANCE ET APTITUDE

CONNAISSANCE PROPOSITIONNELLE ET ÉNONCÉS DE NORMES

Les trois derniers chapitres ont été occupés par une discussion des problèmes relatifs aux usages propositionnels de *savoir* – *i.e.*, aux cas illustrant la forme en *savoir que*. Nous avons rattaché nos discussions à une définition générale de *savoir que*, laquelle impliquait que soient remplies les conditions de croyance, d'évidence et de vérité. Nous avons analysé différents enjeux se rapportant à chacune de ces conditions, et proposé des interprétations de chacune, ainsi qu'une modification de la condition d'évidence elle-même. Au total, nos considérations ont plutôt confirmé la définition générale qui nous a servi de point de départ; cependant, nous n'avons pas examiné d'arguments généraux visant à montrer l'incapacité de celle-ci à fournir une condition suffisante pour *savoir que*. Les attributions de savoir propositionnel semblent en effet avoir (du moins s'il s'agit du sens fort de *savoir que*) des énoncés pertinents de croyances, de vérités, et la possession de justifications appropriées pour la croyance comme conditions nécessaires[a].

a. Sur le caractère suffisant de la condition posée par la définition, voyez B. Russell, *Human Knowledge, its Scope and its Limits*, New York, Simon et Schuster, 1948 [trad. fr. *La connaissance humaine, sa portée et ses limites*, Paris, Vrin, 2003]; Ed. L. Gettier, « Is justified true belief knowledge ? », *Analysis*, XXVIII (juin 1963), p. 121-123 [trad. fr. dans J. Dutant et P. Engel (dir.), *Philosophie de la connaissance*, Paris, Vrin, 2003, p. 23-25]; et M. Clark, « Knowledge and grounds : a comment on Mr. Gettier's paper », *Analysis*, XXIV, p. 46-48. L'exemple de Russell (bien qu'il ne le développe pas lui-même de cette façon) se présente comme suit : un homme « consulte une horloge qui ne fonctionne pas, mais il croit le contraire

Avant d'en venir aux usages procéduraux de *savoir*, qui sont l'objet propre du présent chapitre, nous allons nous pencher brièvement sur un usage propositionnel particulier pour lequel la définition générale pourrait être considérée comme insuffisante, et ce pour des raisons spécifiques. Il s'agit du cas où l'énoncé en *savoir que* porte sur une norme, par exemple, « *X* sait qu'il *doit* être poli avec ses camarades de classe ». Dans certains contextes, une telle assertion est susceptible de recevoir une interprétation qu'on peut qualifier d'« active »[b]. Si l'on suit cette interprétation, l'assertion concernée peut sembler exiger une condition supplémentaire, venant s'ajouter à celles qui nous ont occupé jusqu'à présent. Car cette interprétation exige que *X* incorpore la norme à sa propre action – *i.e.*, qu'il *soit* poli avec ses camarades de classe. Lorsqu'il ne parvient pas à incorporer la norme en question, la présente interprétation considère qu'il y a là une indication claire du fait qu'il ne *sait* pas qu'il doit être poli avec ses camarades de classe. Selon l'interprétation active, en d'autres termes, si *X* en est venu à savoir qu'il devait être poli, il a nécessairement appris à *être* poli, quoi que cela puisse impliquer par ailleurs. Cependant, la définition générale semble suffire si la condition de croyance elle-même reçoit *également* une interprétation active.

En tout cas, l'interprétation active n'est pas la seule possible, et l'interprétation plus faible, *non active*, laisse tomber la condition portant sur l'incorporation de la norme. L'ambiguïté possible entre interprétation active et non active est toutefois importante, et j'ai par ailleurs discuté certaines de ses retombées pour les concepts d'apprentissage et d'enseignement[c]. En ce qui nous concerne ici, il nous faut simplement noter l'ambiguïté potentielle à la fois de *savoir que* et de *croire que*, tout en gardant constant notre mode d'interprétation et en prenant acte, par ailleurs, des ajustements nécessaires de la définition générale.

et [...] il se trouve qu'il la regarde au moment où elle est à l'heure ». Il acquiert une croyance vraie à ce moment, qui est, qui plus est, justifiée, si nous admettons qu'il a de bonnes raisons de croire qu'elle marche. Cependant, dire qu'il sait qu'il est (disons) trois heures semble faux. Devons-nous renforcer nos exigences en demandant que sa supposition intermédiaire selon laquelle l'horloge fonctionne correctement soit vraie ; ou allons-nous accorder que l'homme sait qu'il est trois heures, mais nier la présomption normale selon laquelle il sait vraisemblablement que l'horloge *est* en train de fonctionner correctement ? Ou quelque autre approche est-elle préférable ?

b. I. Scheffler, *The Language of Education*, *op. cit.*, p. 79.

c. *Ibid.*, p. 79 *sq.*

SAVOIR FAIRE ET ÊTRE CAPABLE

Venons-en maintenant au savoir *procédural*, au *savoir comment faire pour*. À l'opposé du savoir propositionnel, le savoir procédural ne peut être analysé en termes de vérité, de preuve, de croyances – à tout le moins ne peut-il l'être d'une façon qu'on puisse tenir pour *strictement parallèle* à celle qui s'applique à celui-ci. « *X* croit que ... » est destiné à être complété par une phrase complète, une unité propositionnelle, que l'on peut typiquement comprendre comme le véhicule d'une croyance, vraie ou fausse, bien ou mal fondée. « *X* sait comment faire pour ... » n'est pas destiné à être complété par une phrase complète et n'autorise pas une construction *analogue*, bien que l'assertion prise *dans son ensemble*, par exemple « Je sais comment conduire » *peut évidemment*, exprimer une croyance, être vraie ou fausse, bien ou mal fondée sur la base des éléments de preuve disponibles.

Savoir comment faire pour exprime la possession d'une aptitude, d'une capacité qui a été exercée, d'une compétence ou d'une technique. Nous avons antérieurement discuté des aptitudes (dans la seconde section du chapitre I) et nous les avons distinguées des traits, des habitudes et des propensions – et aussi des accomplissements – *i.e.*, du fait d'apprécier et de comprendre. Il est certain qu'avoir une aptitude est quelque chose de bien différent du fait de savoir *que* l'aptitude est comme ceci ou comme cela. Une personne peut très bien disposer d'une information pertinente sur une aptitude sans avoir l'aptitude elle-même, et, inversement, une personne peut être apte sans disposer de quelque élément d'information que ce soit concernant l'aptitude en question, même s'il est peu vraisemblable que toute l'information pertinente lui fasse défaut.

La relation entre *savoir faire* et *être capable* est compliquée, mais nous pouvons peut-être espérer indiquer ici certaines de ses caractéristiques. Premièrement, les deux notions sont clairement non équivalentes. Une personne peut savoir comment conduire et, cependant, en être incapable parce qu'elle a, par exemple, une jambe cassée ou parce que sa voiture n'est pas en état de marche. Inversement, nous pouvons juger qu'une recrue est capable de faire un certain travail, quand bien même elle ne sait pas encore comment faire. Qui plus est, bien que les choses dont on peut dire, de façon sensée, que nous savons *comment* les faire soient également des choses dont on peut dire, de façon sensée, que nous sommes *capables* de les faire, le contraire n'est pas vrai. Une personne peut, par exemple, être dite de façon sensée capable de tolérer une dose donnée d'un certain médicament, sans qu'il soit concevable de pouvoir dire qu'elle sait *comment* la tolérer.

On ne peut parler de manière pertinente de *savoir-faire* que là où un *entraînement* est, si peu que ce soit, requis – c'est-à-dire là où des essais ou une pratique répétés sont considérés comme pertinents pour la performance concernée, et là où ces derniers sont soumis à des conditions minimales de compréhension, que nous discuterons plus loin.

Il y a des variations contextuelles dans les attributions de capacités, lesquelles semblent impossibles à éliminer. Prenons l'exemple du paragraphe précédent : celui d'une recrue à laquelle on envisage de confier un emploi pour lequel un apprentissage du métier est requis, par exemple celui de guichetier dans une banque. Le directeur de la banque pourrait très bien dire de la fille, après une première interview, qu'elle semble capable de faire le travail, bien qu'elle ne sache évidemment pas encore comment le faire. D'un autre côté, une fois qu'elle aura été engagée et qu'elle sera en cours d'apprentissage à la banque, le directeur pensera d'elle qu'elle n'est pas capable de prendre la responsabilité d'un guichet avant d'avoir achevé son apprentissage et qu'elle ne sait pas comment faire le travail. Qu'est-ce qui explique une telle variation de jugement ?

Peut-être peut-on décrire la situation d'ensemble comme suit : un processus ou une performance peuvent être *empêchés* par une circonstance quelconque parmi un ensemble de circonstances diverses ; attribuer une *capacité* dans un contexte donné revient, de façon caractéristique, à nier qu'existe une circonstance d'une espèce particulière constituant un empêchement, et qui soit décisive dans le contexte concerné. Dire, après la réparation de mon moteur, que je suis désormais en mesure de conduire à nouveau, cela peut revenir à dire que, désormais, il n'y a plus de moteur défectueux pour m'empêcher de conduire. Dire la même chose, après que mon bras cassé ait été guéri, c'est plutôt une façon d'indiquer que mon bras cassé ne m'empêche plus de conduire ; dans ce dernier cas, si on me disait, par exemple, que la voiture est de nouveau tombée en panne, cela ne constituerait pas une réfutation de ce que j'ai dit. En contexte, donc, il semble que les attributions de capacités servent à nier l'existence de circonstances particulières constituant des empêchements.

Assurément, un cas limite d'attribution de capacité a particulièrement retenu l'attention des philosophes. Il s'agit du cas dans lequel une « capacité absolue » est attribuée à une personne, en relation avec une performance, en ce sens que tous les empêchements possibles voient leur existence niée et que la performance concernée est considérée comme ne dépendant que de la décision de la réaliser de manière appropriée. On rencontre de notables difficultés lorsque l'on s'engage dans une analyse précise de cette notion de « capacité absolue », mais elles ne nous concernent pas ici. Il suffit, compte tenu de nos objectifs, que soit reconnue cette idée d'un cas limite et que le sens *absolu* prétendu ne soit pas confondu avec le sens contextuel précédemment décrit. Aussi, lorsque je dis que je suis maintenant en mesure de conduire à nouveau, voulant seulement signifier par là que mon bras cassé ne m'empêche plus de conduire, l'idée que je ne dispose pas de la capacité absolue de conduire ne se trouve pas écartée. Les deux assertions sont *compatibles*, car il existe une différence entre les attributions contextuelles et les attributions absolues.

Dire d'une personne qu'elle *sait comment* faire quelque chose revient à effectuer l'attribution contextuelle d'une capacité d'un certain type. Cela revient à dire que cette personne est capable de faire cette chose, cette locution étant à comprendre *au sens spécial* où elle n'est pas handicapée par un manque d'entraînement qui l'empêcherait de la faire, alors que celui-ci constitue généralement un empêchement pour ce genre de chose. Pour une certaine classe de choses, autrement dit, le manque d'entraînement constitue un empêchement; dans les contextes où un empêchement *de cette sorte* est en jeu, l'affirmation portant sur le *savoir-faire* permet de nier l'existence de celui-ci.

On peut voir maintenant pourquoi, si cela a un sens de décrire une personne comme sachant comment faire quelque chose, cela a également un sens de la décrire comme étant capable de la faire (au moins dans certaines circonstances), l'inverse n'étant pas vrai. Si une personne *sait comment* faire une chose donnée, le manque d'entraînement ne constitue pas, dans son cas, un obstacle, même s'il se peut qu'elle ne soit pas pour autant « absolument » capable de faire la chose concernée, en raison de quelque autre circonstance constituant un empêchement. Néanmoins, il se peut que, dans le contexte concerné, ce soit l'hypothèse d'un manque d'entraînement qui demande à être réfutée, auquel cas dire qu'elle *sait faire* revient à dire qu'elle en est contextuellement *capable*. Il va sans dire que lorsque, dans un contexte différent, quelque autre empêchement se trouve en jeu, l'hypothèse qu'il existe peut, elle aussi, être réfutée par une autre attribution contextuelle de capacité. D'un autre côté, s'il est vrai qu'une personne est *capable de* faire une chose donnée, il s'ensuit simplement que les empêchements concernés ne sont pas là pour l'arrêter. Mais il ne s'ensuit pas du tout que le *manque d'entraînement* doive être compté au nombre des empêchements pour ce type de choses. Le manque d'entraînement n'empêche pas quelqu'un, de manière générale, de supporter des doses spécifiques de certains médicaments; en conséquence, nous ne disons jamais de quelqu'un qu'il *sait comment* supporter telle dose, bien que nous puissions dire qu'il est *capable* de la supporter, dans la mesure où nous jugeons que les circonstances caractéristiques d'un autre type qui auraient pu l'en empêcher ne sont pas réalisées.

Nous pouvons maintenant interpréter la variabilité de jugement du directeur dans le cas de la guichetière potentielle. Le directeur a initialement estimé la fille *capable* de faire le travail de guichetière (bien qu'elle ne *sache* pas encore *comment* le faire), dans la mesure où on ne décèle pas chez elle de caractéristiques susceptibles, de manière générale, de l'en empêcher (par exemple une intelligence faible, un niveau scolaire général inapproprié, etc.), caractéristiques à propos desquelles les candidats peuvent manifester des différences, alors même qu'ils manquent tous autant qu'ils sont d'entraînement pour le travail en question. Il est clair que, pour la classe des candidats initiaux, les circonstances susceptibles de les empêcher de faire le travail constituent des présomptions décisives qu'il faut réfuter. Pour la classe des recrues nouvellement embauchées, en revanche, ces circonstances ont été évacuées, et les différences portent désormais sur le fait que l'apprentissage du métier a pu être incomplet, ce qui peut constituer une condition empêchant de l'exercer. Lorsque le directeur estime que les nouvelles recrues ne sont pas encore capables de prendre la responsabilité d'un guichet, il estime, en particulier, que la nouvelle circonstance qui les en empêche – le fait que leur apprentissage soit insuffisant – n'a pas encore été dépassée. Lorsque, finalement, il en vient à considérer que la recrue est maintenant capable d'exercer le métier de guichetier, cela signifie qu'il estime qu'il n'y a plus d'insuffisance dans son apprentissage pour l'en empêcher.

COMPÉTENCE, AISANCE[1] ET MAÎTRISE

Nous avons remarqué que *savoir comment faire* exprimait la possession d'une aptitude, d'une capacité entraînée, d'une compétence ou d'une technique. Précédemment, nous avons relevé que sur ce terrain la notion de pratique était généralement pertinente dans la mesure où les aptitudes se construisent typiquement à travers un entraînement, de façon progressive, au moyen d'essais et de performances répétées. Dans la mesure où ce dernier processus est largement continu, à quel moment décidons-nous que l'aptitude a été acquise ? Il n'est point de réponse générale à cette question, et les observations qui prévalent ici sont les mêmes que celles dont nous

1. *Proficiency*.

avons vu qu'elles s'appliquaient à l'évaluation de l'adéquation d'une évidence (voyez la seconde section du chapitre 3). Les normes que nous employons pour décider quand des aptitudes ou des compétences particulières ont été acquises varient semblablement en fonction du contexte et deviendront normalement de plus en plus contraignantes au fur et à mesure que l'éducation avance. L'attribution d'une aptitude ou d'une compétence doit donc être interprétée en contexte.

D'un autre côté, la norme que nous utilisons pour spécifier une aptitude ou une compétence dans un contexte donné n'entraîne pas l'élimination de distinctions *supplémentaires* concernant le degré d'aisance, ni de références indépendantes portant sur la maîtrise ou l'excellence[d]. Une personne peut être dite savoir comment jouer aux échecs sans être pour autant considérée comme un bon joueur, encore moins comme un maître. Même lorsque nous définissons les aptitudes rigoureusement – par exemple lorsque nous exprimons nos vues en tant que maîtres – nous n'écartons pas nécessairement l'éventualité de degrés plus avancés de « qualité » ou d'aisance dont *certains* pourront excéder notre anticipation de ce que l'entraînement, en tant que tel, peut produire. Bien que nous puissions espérer amener finalement les enfants à un haut niveau d'aptitude au jeu d'échec, nous n'espérons pas normalement en faire de grands joueurs. Dans le cas des aptitudes avancées, l'institution des normes de réussite demeure, fondamentalement, un processus ouvert. Il nous faut cependant être conscients de la *direction* où se trouve l'excellence, et nous devons en rendre les étudiants eux-mêmes conscients, au moyen d'analogies, même si nous ne pouvons pas espérer les entraîner jusqu'au point d'excellence.

Assurément, toutes les aptitudes ne sont pas des aptitudes *avancées*; pour celles qui ne le sont pas les derniers points ne sont pas pertinents. Évidemment nous pouvons toujours distinguer savoir comment épeler et être un bon épeleur, et savoir comment lire et être un bon lecteur. Mais nous ne connaissons rien de tel que le génie, le brio ou l'excellence dans le fait d'épeler ou de lire, comme nous le faisons pour les échecs, la chirurgie, les mathématiques ou le violon. Dans ces derniers cas se fait toujours entendre l'appel d'une plus grande réussite possible, laquelle transcende même les représentations de *savoir-faire* établies en relation avec des buts éducatifs normaux. C'est ce processus ouvert qui met de telles capacités en mesure d'absorber les efforts et les tentatives des adultes et de fixer des directions pour le développement de la personnalité. Le maximum que nous puissions

d. I. Scheffler, *The Language of Education*, *op. cit.*, p. 43.

faire ici, en plus de développer le savoir-faire aussi loin qu'il est réaliste de prétendre le faire, est d'indiquer la direction de réussite future, en sensibilisant les élèves de façon à ce qu'ils puissent reconnaître une telle réussite lorsqu'elle se présentera, et en encourageant ceux qui peuvent vouloir lutter pour l'atteindre. Pour résumer nos points principaux, c'est une chose de savoir comment faire quelque chose, savoir comment la faire bien en est en général une autre, et savoir la faire avec brio en est une troisième qui se trouve hors de portée du *savoir-faire* en tant que tel, pour autant que cette dernière notion demeure liée à celle d'entraînement.

L'impact de ces différents points ressortira plus précisément à travers un examen de la façon dont Ryle analyse la notion de *savoir-faire*. La préoccupation première de Ryle porte sur la théorie de l'esprit, et son propos est de retirer son crédit à la « légende intellectualiste » qui assimile le *savoir-faire* au *savoir que*, en supposant qu'une performance intelligente implique au préalable une reconnaissance intellectuelle des règles et des critères. Selon la « légende intellectualiste », dit Ryle,

> Le chef doit se réciter à lui-même les recettes avant de pouvoir cuisiner en accord avec elles; le héros doit prêter l'oreille à quelque impératif moral approprié avant de plonger pour sauver l'homme en train de se noyer; le joueur d'échec doit passer en revue dans sa tête toutes les règles pertinentes et toutes les maximes tactiques du jeu avant de pouvoir effectuer des mouvements corrects et habiles. Faire quelque chose en pensant à ce que l'on fait revient toujours, selon cette légende, à faire deux choses; à savoir examiner certaines propositions ou prescriptions appropriées, d'une part, et mettre en pratique ce que ces prescriptions nous enjoignent de faire, d'autre part. Cela revient à faire un peu de théorie et un peu de pratique. (p. 29[f])

En opposition à cette vue, Ryle avance qu'il y a « beaucoup de classes de performances qui manifestent de l'intelligence, mais dont les règles et les critères demeurent informulés » (p. 30).

> Les canons en matière de goût esthétique, de tact et de technique inventive demeurent semblablement informulés sans que cela n'entrave l'exercice intelligent des capacités correspondantes. (p. 30)

Il avance de surcroît que :

> Examiner des propositions constitue en soi une opération dont l'exécution peut elle-même être plus ou moins intelligente ou plus ou moins stupide.

f. G. Ryle, *Concept of mind*, *op. cit.*

> Mais si, afin que quelque opération soit intelligemment exécutée, une opération théorique préalable devait d'abord être effectuée et l'être intelligemment, entrer par effraction dans le cercle constituerait, pour quiconque, une impossibilité logique.

Finalement, il soutient que :

> même là ou la pratique efficace constitue une application délibérée de prescriptions que l'on observe, l'intelligence impliquée par le fait de mettre en pratique les prescriptions n'est pas identique à celle impliquée dans la saisie intellectuelle des prescriptions. (p. 49)

À la place de la « légende intellectualiste » Ryle suggère que

> ce qui distingue les opérations sensées de celles qui sont stupides n'est pas leur origine mais leur mode d'effectuation, et ceci vaut aussi bien pour les performances intellectuelles que pour les performances pratiques. « Être intelligent » ne peut pas être défini comme un équivalent d'être intellectuel, pas plus que « savoir *comment* » ne peut être défini en termes de « savoir *que* » ; « penser à ce que je fais » ne signifie pas « à la fois penser à ce que je dois faire et le faire ». Lorsque je fais quelque chose intelligemment, autrement dit lorsque je pense à ce que je suis en train de faire, je fais une seule chose et non pas deux. Ma performance se déroule ou est effectuée de façon spéciale, elle n'a pas des antécédents spéciaux. (p. 32)

Comment cette manière ou procédure spéciale se révèle-t-elle? Comment peut-elle être décrite ? Ryle dit :

> Qu'est-ce qu'implique le fait de décrire les gens en disant qu'ils savent comment faire les blagues et les apprécier ? Comment parler d'une manière grammaticalement correcte, comment jouer aux échecs, pêcher ou argumenter ? Ce qui est signifié par là, c'est, en partie au moins que, lorsqu'ils effectuent ces opérations, ils tendent à bien les faire, *i.e.*, correctement, efficacement ou avec succès. Leurs performances s'approchent de certains standards, ou satisfont certains critères. Mais ce n'est pas assez. L'horloge bien réglée donne toujours l'heure exacte et, au cirque, le phoque bien dressé fait ses tours à la perfection, cependant nous ne les qualifions pas d'« intelligents ». Nous réservons cette appellation aux personnes responsables de leurs performances. Être intelligent, ce n'est pas simplement satisfaire à des critères, mais les appliquer ; c'est réguler ses propres actions et non point simplement avoir des actions bien régulées. L'action d'une personne peut être décrite comme prudente ou habile si, dans ses opérations, elle est en mesure de détecter et de corriger les écarts, d'améliorer les réussites, de profiter de l'exemple offert par les autres, etc. Une personne applique des critères lorsqu'elle agit avec discernement, autrement dit, en essayant de faire que les choses soient correctes. Ce point est couramment

> exprimé dans la langue commune lorsque l'on dit qu'une action manifeste de l'intelligence si et seulement si l'agent pense à ce qu'il fait en même temps qu'il le fait, et pense à ce qu'il fait d'une manière telle qu'il ne ferait pas l'action aussi bien s'il ne pensait pas à ce qu'il fait. (p. 28-29)

Observons d'abord que Ryle identifie *savoir-faire* et *performance intelligente*, autrement dit savoir-faire et performance contrôlée ou habile, dont on dira communément qu'en l'accomplissant l'agent pensait à ce qu'il faisait. Peut-être la principale motivation de cette identification réside-t-elle dans le souci de Ryle de réfuter la « légende intellectualiste », préface aux performances qualifiées d'*intelligentes* en raison particulièrement du fait qu'elles consistent en saisies cognitives appropriées. En s'opposant à cette vue, Ryle est principalement soucieux de mettre en avant une conception alternative de l'*intelligence*, conçue comme se manifestant dans la façon dont une performance est réalisée plutôt que comme liée à sa genèse. Assurément, il s'agit là d'une conception importante, et elle mérite une analyse indépendante afin de savoir si, oui ou non, elle est, en dernière analyse, supérieure à sa rivale « intellectualiste ». Quoi qu'il en soit, l'assimilation par Ryle du *savoir-faire* à la *performance intelligente*, bien que compréhensible, est à coup sûr douteuse, comme nous l'avons suggéré antérieurement dans notre discussion.

Car l'expression *savoir-faire*, ne recouvre pas seulement ce qu'on pourrait appeler (dans l'esprit du traitement proposé par Ryle) des *aptitudes critiques* [*critical skills*] mais également des compétences relativement routinières ou automatiques telle que celle à épeler qui, une fois atteinte, ne requièrent pas d'effort de discernement lorsqu'on les exerce : la catégorie d'épellation intelligente n'existe pas. Qui plus est, même dans le cas des aptitudes qui ne se prêtent pas à une routinisation, l'attribution d'*intelligence* va normalement au-delà de la simple attribution d'un *savoir-faire* : lire ou jouer aux échecs intelligemment, c'est plus que savoir comment lire ou comment jouer. Le critère opératoire comment jouer, par exemple, est en réalité variable et nous pouvons dans des contextes déterminés, suspendre l'attribution d'un *savoir-faire* à un élève jusqu'à ce qu'il ait atteint un niveau de jeu intelligent. Mais une telle décision ne s'impose pas à nous, et nous pouvons tout à fait analyser le jeu intelligent comme une condition, non point du savoir-faire en tant que tel, mais de l'acquisition d'un savoir-faire stratégique minimal; une telle analyse semble en effet s'imposer typiquement dans le cas du jeu d'échec, sauf lorsque nous nous plaçons du point de vue de l'idéal et énonçons nos ambitions en matière de curriculum sur le long terme. En considérant le *savoir-faire* comme une *performance intelligente*, Ryle restreint considérablement son amplitude, excluant de celui-ci aussi bien les compétences relevant de la routine (dont l'exercice n'implique pas de discernement) que les niveaux de réussite minimaux imputables à des compétences critiques (dont l'exercice ne procède pas de la routine).

Il vaut la peine d'examiner plus précisément le cas des échecs, dans la mesure où ils peuvent servir à illustrer les deux aspects ayant fait l'objet d'une exclusion. Arrêtons-nous d'abord sur la seconde exclusion. Nous avons indiqué qu'existait une différence entre savoir comment jouer aux échecs et y jouer intelligemment. Le joueur manifeste de l'intelligence principalement dans sa stratégie. Il doit choisir entre plusieurs déplacements alternatifs, tous autorisés par les règles constitutives du jeu. On ne se trouve pas confronté à pareil choix lorsqu'on épelle; on ne trouve pas davantage un élément de stratégie comparable au sein de la tâche d'épellation. Les principes pratiques dont on peut disposer aux échecs en matière de stratégie sont, qui plus est, flexibles et incomplets; ils ne garantissent pas le succès à ceux qui en tiennent compte. La facilité aux échecs n'est pas, en conséquence, accrue par la routinisation; une aptitude critique telle que celle à jouer aux échecs est tout à fait différente des capacités pour lesquelles la facilité croissante résulte d'une routinisation croissante. C'est précisément ce dernier contraste qui conduit Ryle à introduire la notion de « capacité intelligente » et à l'opposer à celle d'« habitude » (p. 42). Mais nous devons relever ici un point crucial: qualifier d'« intelligente » une *capacité* parce qu'elle fait appel au jugement stratégique n'implique *pas* que toute personne *disposant* de la capacité en question manifeste de l'intelligence *en l'exerçant*, *i.e.* montre un *bon* jugement stratégique. Il n'y a nulle contradiction dans le fait de dire qu'une personne a acquis une « capacité intelligente », telle que celle requise pour jouer aux échecs (qu'elle a appris comment jouer), mais ne manifeste aucune intelligence dans la façon dont elle l'exerce (ce qui revient à dire qu'elle ne joue ni bien, ni attentivement, ni habilement, ni avec succès).

L'exclusion par Ryle des capacités susceptibles de devenir routinières (n'impliquant pas de discernement) du domaine des *savoir-faire* est, à tout prendre, plus frappante encore que la sorte d'exclusion que nous venons d'examiner. Les échecs pourrons nous servir à nouveau d'illustration, pour peu que nous remarquions que le minimum de sophistication stratégique normalement associé au savoir-faire de base est bâti sur la capacité à agir en accord avec les règles constitutives définissant les mouvements permis dans le cadre du jeu. Il est certain que quelqu'un peut être dit savoir comment déplacer correctement les pièces; ce fragment de savoir-faire est, en effet, un ingrédient essentiel de ce qu'on appelle savoir comment jouer, même s'il n'en constitue pas la totalité. Ce fragment de savoir-faire *peut devenir* routinier, chaque mouvement possible sur l'échiquier étant déterminé comme correct – *i.e.*, permis – ou incorrect par les règles constitutives. La stratégie aux échecs présuppose une telle conscience de ce qui est correct; il n'existe pas d'ensemble de principes stratégiques guidant les décisions portant sur ce qui est correct. En fait, les décisions en question sont supposées devenir relativement automatiques si l'élève doit réellement être tenu pour un détenteur du savoir-faire concerné. En tout cas, il est clair que celui-ci, à ce niveau, n'a pas à remplir les conditions fixées par Ryle pour le *savoir-faire* – autrement dit n'a pas à penser à ce qu'il fait en faisant ce qu'il fait, à faire attention, à réitérer et à améliorer ses réussites, et à profiter de l'expérience des autres.

Dans un passage, Ryle tente, en fait, de faire tomber ce qui relève de la « correction » aux échecs sous la rubrique des savoir-faire. Il avance, dans ce passage, que quelqu'un ne sait pas comment jouer si la seule chose qu'il sache faire est réciter les règles. « Mais », poursuit-il, « on dit de lui qu'il sait comment jouer si, bien qu'il ne sache pas réciter les règles, il effectue normalement les déplacements autorisés, évite les déplacements prohibés et proteste si son adversaire en effectue » (p. 41). Ceci semble toutefois entrer en conflit avec l'explication théorique du « savoir-faire », compris comme « performance intelligente », donnée par Ryle. Car, assurément, quiconque sait comment jouer aux échecs n'a pas besoin de former un jugement pour décider s'il déplace correctement une pièce, ni « d'être attentif, vigilant, ou d'exercer son sens critique » (p. 42) pour le faire, ni de penser à ce qu'il fait tout le temps qu'il le fait, « de telle façon que chaque opération effectuée soit, en elle-même, pour le joueur, une nouvelle leçon lui apprenant à mieux jouer » (p. 43). Après tout, l'explication théorique de Ryle, comme nous l'avons soutenu, est trop étriquée; en utilisant l'exemple des échecs, il fournit un contre-exemple à sa propre théorie. Un point quelque peu semblable peut être avancé à propos de sa référence au fait de « savoir comment parler grammaticalement », qu'il rapproche du fait de savoir comment discuter (p. 28).

Parler d'une façon grammaticalement correcte, de même que suivre les règles aux échecs, est un ingrédient d'une performance intelligente. Il constitue un fragment de savoir-faire logé à l'intérieur d'un autre fragment, plus complexe, de savoir-faire. Néanmoins, il n'est pas du même ordre que ce dernier, étant donné qu'il est soustrait à la sphère du jugement critique, lequel porte sur l'ensemble. La technique artistique fournit une autre classe d'exemples pertinents et Dewey fait sur ce point une remarque apparentée : « L'artiste est un technicien d'une grande maîtrise. La technique ou la mécanique est nourrie de pensée et de sentiment. Celui qui agit “mécaniquement” permet au mécanisme de commander la performance. Il est absurde de dire que ce dernier manifeste de l’habitude et pas l’autre. Nous sommes confrontés à deux sortes d’habitudes, l’intelligente et la routinière »[g]. Le jugement s’exerce, comme l’eût dit Dewey, à travers le contrôle de l’*ensemble* de la performance mais cela n’implique pas que l’artiste doive former un jugement pour décider de chaque note. Il n’en reste pas moins que sa technique sous-jacente représente une compétence : un fragment de savoir-faire. Nous allons appeler les compétences susceptibles de donner ainsi lieu à des routines comparables à celles que nous avons discutées (et au nombre desquelles il faut compter, par exemple, le fait de taper à la machine, de compter, etc.) des *facilités* [*facilities*], notre argument étant qu’*aussi bien* les facilités *que* les aptitudes critiques (les « capacités intelligentes » de Ryle) appartiennent au domaine des savoir-faire.

Nous avons précédemment suggéré que la principale motivation de l’insistance de Ryle sur les capacités critiques était son souci de réfuter la « légende intellectualiste ». Le désir de distinguer les *savoir-faire* authentiques de l’activité propre à une horloge bien réglée ou au phoque bien dressé en constitue une autre. Si notre précédent propos (dans la seconde section de ce chapitre) est correcte, il n’y aura certainement aucun problème pour distinguer les facilités de l’activité des horloges. Car les facilités, comme les aptitudes critiques sont *acquises à travers l’entraînement*. Elles sont acquises, autrement dit, à travers toute une variété de procédures impliquant des essais répétés et incluant le processus consistant à *montrer comment*, par la description, l’explication et l’exemple – ou susceptibles d’être facilitées par ce processus. Ceci constitue un élément minimal mais néanmoins crucial de *compréhension* ou de *communication* qui différencie même l’acte de taper sur un clavier machinalement de l’indication de temps fournie par une horloge. En ce qui concerne le phoque, beaucoup dépend de l’idée que l’on se fait de son apprentissage si nous reconnaissons que, réellement, l’*entraînement* y joue un rôle, en ce cas il n’est en rien évident qu’il faille nier que le phoque met en œuvre un *savoir-faire* lorsqu’il réalise ses tours. Il y aura, en tout cas, toujours des cas limite difficiles à trancher, et il est suffisant pour une analyse d’éviter les contre-exemples patents.

g. J. Dewey, *Human Nature and Conduct*, New York, The Modern Library, 1930, p. 71.

La capacité critique et l'ambiguïté du terme « pratique »

Nous avons milité en faveur d'une construction de la notion de *savoir comment faire pour* qui ne soit pas limitée aux cas de performances intelligentes. Nous avons, cependant, reconnu une différence entre les facilités et les aptitudes critiques, sur la base du fait que les premières sont susceptibles de devenir relativement routinières, mais pas les dernières, celles-ci impliquant toujours qu'il y ait un élément de jugement inéliminable dans la performance.

Cette distinction sous-tend le contraste établi par Ryle entre « capacités intelligentes » et « habitudes ». Il écrit :

> La capacité de donner par cœur les solutions correctes de problèmes de multiplication diffère par des aspects très importants de la capacité à les résoudre par le calcul. Lorsque nous décrivons quelqu'un comme faisant quelque chose par pure et simple habitude aveugle, nous voulons dire qu'il fait cette chose automatiquement et sans qu'il ait à penser à ce qu'il est en train de faire. Il n'exerce pas son attention, sa vigilance ou son sens critique. Passé l'âge où on apprend à marcher, nous marchons sur le trottoir sans prêter attention aux marches. Mais un alpiniste qui grimpe sur des rochers couverts de glace, en plein vent et de nuit ne bouge pas ses membres par habitude aveugle; il pense à ce qu'il fait, il est prêt à toute éventualité, il économise son effort, il fait des tests et expérimente; en bref, sa marche s'accompagne d'un certain degré d'habileté et de jugement. S'il commet une erreur, il sera enclin à ne pas la répéter, et si telle ou telle astuce s'avère efficace, il aura tendance à continuer à l'employer et à l'améliorer. Il marche en même temps qu'il s'apprend à lui-même comment marcher dans des conditions de ce type. Le fait qu'une performance constitue une réplique de ses prédécesseurs appartient à l'essence des pratiques habituelles. Le fait qu'une performance soit modifiée par ses antécédents appartient à l'essence des pratiques intelligentes. L'agent apprend toujours. (p. 42)

L'explication par Ryle, si on la considère comme une caractérisation des capacités intelligentes, de ce que nous avons appelé les *aptitudes critiques*, est, à coup sûr, bien vue. Mais le contraste qu'il établit avec l'*habitude* est trompeur, car il inclut, sous le terme *habitude*, non seulement les facilités telles que « la capacité à donner par cœur la solution à des problèmes de multiplication » (p. 42) mais également « l'habitude qu'a un homme de fumer » (p. 43), laquelle ne constitue pas une capacité du tout mais plutôt une tendance ou une propension. « Le fait que je sois un fumeur habituel », écrit-il, « n'entraîne pas que je sois à tel ou tel moment en train de fumer; ce fait consiste en ceci que j'ai une tendance permanente à fumer lorsque je ne suis pas en train de manger, de dormir, de faire cours, d'assister à des obsèques et que je n'ai pas récemment fumé » (p. 43). Les propensions sont clairement différentes des capacités : par exemple, aucune personne normale ne peut-être conçue comme ayant la *tendance* permanente à réciter par cœur la solution d'un problème de multiplication, bien que beaucoup de personnes puissent être dites en avoir la *capacité* ; alors qu'avoir l'habitude de fumer est clairement plus qu'avoir la capacité pratique d'allumer. Les propensions n'appartiennent pas au domaine des *savoir-faire*, mais il arrive qu'elles puissent présupposer des savoir-faire. Le fait que Ryle mette ensemble les propensions et les facilités constitue peut-être une raison supplémentaire pour qu'il exclue ces dernières de la sphère du *savoir comment faire*. En tout cas, comme nous l'avons soutenu précédemment, les facilités *devraient* être incorporées à cette sphère, bien qu'elles partagent certaines propriétés communes avec les propensions – en particulier le fait de pouvoir être rendues automatiques.

Ryle formule deux distinctions supplémentaires entre les capacités intelligentes et les habitudes : d'abord, les premières, à la différence des dernières, sont toujours des dispositions à sens multiples [*multiple tracks dispositions*], dont les actualisations sont « indéfiniment hétérogènes » (p. 44) et, deuxièmement, les habitudes sont mises en place à travers un exercice [*drill*], alors que les capacités intelligentes le sont au moyen d'un entraînement. Cette dernière distinction est d'un grand intérêt du point de vue éducatif. Les exercices sont conçus comme « des répétitions imposées ». Ryle continue,

> La recrue apprend à mettre l'arme sur l'épaule en répétant exactement les mêmes séries de mouvements. L'enfant apprend l'alphabet et les tables de multiplication de la même façon. Les pratiques ne sont apprises qu'à partir du moment où les réponses de l'élève aux questions sont automatiques et où il pourrait « les donner en dormant », comme on le dit de façon révélatrice. L'entraînement, d'un autre côté, bien qu'il incorpore de simples exercices en grand nombre, ne consiste pas en de tels exercices. Il implique la stimulation par la critique et par l'exemple du jugement même de l'élève. Celui-ci apprend comment faire des choses tout en pensant à ce qu'il fait, de sorte que chaque nouvelle opération effectuée constitue en elle-même pour lui une nouvelle leçon permettant de faire mieux. Le soldat que l'on a simplement dressé à mettre l'arme à l'épaule correctement doit être entraîné si l'on veut qu'il pratique le tir et la lecture de carte avec aisance. L'exercice nous dispense de l'intelligence, l'entraînement la développe. Nous n'attendons pas du soldat qu'il puisse lire les cartes « en dormant ». (p. 42-43)

La distinction faite ici est d'une grande importance pour le concept de *savoir comment faire pour*. Car, comme nous l'avons précédemment noté, les aptitudes et les compétences sont généralement développées à travers la *pratique*, à travers des *essais ou des performances répétés*. Mais ces dernières notions sont susceptibles d'élaborations très différentes. Elles peuvent être comprises, d'un côté, comme des voisines de celle d'exercice, au sein desquelles la répétition sans pensée est la règle; elles peuvent être comprises, d'un autre côté, comme impliquant des opportunités permettant à l'élève d'exercer son jugement et pour l'affiner par la critique et l'évaluation des conséquences. Comme nous l'avons noté en discutant l'exemple des échecs, les aptitudes critiques nécessitent un jugement stratégique et ne peuvent être automatisées. Aussi, comprendre l'apprentissage des échecs comme une affaire de dressage serait tout à fait mal inspiré, car cela suggérerait que la même partie devrait être jouée encore et encore, ou signifierait que le fait de déplacer les pièces de façon répétitive est de nature à améliorer le jeu de quelqu'un. Ce que l'on suppose, à tout le moins dans le cas des échecs, c'est que l'amélioration résulte du développement du jugement stratégique, ce qui suppose qu'un tel jugement dispose de la possibilité de guider les choix dans une grande variété de parties, et ce avec la plus grande latitude dans l'évaluation des résultats pertinents et une réflexion sur des principes alternatifs de stratégie à la lumière d'une telle évaluation.

Ainsi l'ambiguïté du terme *pratique* est-elle d'une importance primordiale dans l'éducation des aptitudes. Elle est, par exemple, d'une importance décisive au sein de l'éducation professionnelle, car le médecin, le chercheur, le juriste ne sont pas simplement des personnes qui ont acquis des facilités techniques qui peuvent être mises en service de façon automatique; ils ont besoin de compétences requérant l'exercice continuel du jugement stratégique face à des cas individuels auxquels ils n'ont jamais été confrontés avant et pour lesquels il n'existe pas de règles exhaustives dictant la décision qu'il convient de prendre. La *pratique*, dans le domaine de l'éducation professionnelle est mal conçue si elle est assimilée au modèle du dressage ou à l'étude répétée de cas standards. Il faut qu'une place soit laissée à des occasions d'entraînement qui fourniront au jugement de l'élève matière à exercice authentique, et également à une réflexion critique sur les résultats et les principes stratégiques d'un tel jugement.

Une importante conséquence générale – parmi d'autres – de l'accent ainsi mis sur la pratique *critique*, est que les performances et l'intelligence ne se retrouvent pas dans des compartiments rigoureusement séparés. Beaucoup de penseurs ont, en fait, supposé que la performance, généralement, relevait de la routine et de l'habitude alors que l'intelligence était spontanée et innovante, la principale fonction de l'éducation étant d'automatiser les performances de telle façon que l'esprit puisse rester libre. Même un théoricien de la psychologie aussi fin que William James défend ou, du moins, suggère une telle vue.

> L'habitude diminue l'attention consciente avec laquelle nos actes sont effectués. [...] Alors, la chose importante dans toute éducation est de *faire de notre système nerveux notre allié et non notre ennemi*. Il s'agit de financer et de capitaliser nos acquisitions, et de vivre à l'aise grâce aux intérêts de nos fonds. *Pour cela, nous devons rendre automatiques et habituelles, aussitôt que possible, autant d'actions utiles que possible*, et prévenir le développement de manières qui seront vraisemblablement désavantageuses pour nous, comme nous nous préviendrions contre la peste. Plus il y a de détails de notre vie quotidienne que nous pouvons laisser au contrôle sans effort de l'automatisme, plus les puissances les plus élevées de notre esprit seront libérées pour le travail qui leur est propre [h].

Il y a beaucoup de vrai dans cette conception, mais la suggestion douteuse implicite est que la performance est *généralement* susceptible de devenir routinière. L'insistance de Ryle sur les « capacités intelligentes » a la vertu de confier le rôle principal aux performances qui ne sont pas susceptibles d'être rendues routinières, dans la mesure où elles font appel au jugement au cours même de leur exécution et peuvent être améliorées seulement dans la mesure où elles sont affinées par l'intelligence dans un processus perpétuel d'apprentissage. Dans cette fusion de la performance et de l'intelligence, il se rapproche de la conception de Dewey exposée dans le passage précédemment cité, à la troisième section du présent chapitre. Cependant, alors que Dewey réalise cette fusion en usant du terme *habitude* en un sens tellement large que même l'aptitude artistique devient une habitude, comme nous l'avons vu, Ryle préserve un rôle aux habitudes en tant qu'elles sont automatiques et capables d'être développées par simple dressage, introduisant par là une catégorie contrastée et confuse, celle de performance intelligente ou de savoir-faire.

Notre propre conception est plutôt que les habitudes (entendues comme propensions) demandent à être distinguées des facilités, ces dernières appartenant clairement au domaine des savoir-faire. Nous avons suggéré une distinction supplémentaire entre les unes et les autres, d'une part, et les aptitudes critiques d'autre part. Nous avons cependant reconnu que des facilités de différents types se trouvaient nichées au sein de ces dernières,

h. W. James, *The Principles of Psychology*, vol. 1, New York, Dover, 1950, p. 114-122.

lesquelles *peuvent* requérir des méthodes d'apprentissage différentes de celles adaptées aux aptitudes critiques prises comme des touts.

Il nous faut aborder un point important concernant le développement. Ryle oppose l'*entraînement* au *dressage* et suppose que les facilités sont mises en place par le biais du dressage, compris comme une simple « imposition d'une répétition ». Nous avons précédemment souligné, au contraire, que les facilités, à l'image des aptitudes critiques, étaient développées au moyen de l'*entraînement*, lequel implique toujours, ne serait-ce qu'en un sens minimal, un élément de *compréhension*. La pratique, au sens du *dressage*, et la pratique *critique*, peuvent l'une et l'autre, selon nous, être *impliquées dans* le processus de l'entraînement. L'entraînement, de toute façon, implique toujours la compréhension, du moins au sens minimal discuté précédemment.

Qu'est-ce qui conduit Ryle à dire que les facilités sont mises en place au moyen du dressage ? Il est certain que sa raison pour le dire tient à ce que les facilités sont susceptibles d'être rendues routinières, de devenir de plus en plus automatiques à mesure qu'elles se développent. Ceci *n'*implique *pas du tout*, toutefois, que l'exercice à lui seul soit en mesure de les mettre en place. Une fois qu'elles sont développées, elles sont en effet automatiques et répétitives; on ne peut pas en inférer qu'elles sont, en conséquence, *acquises* de façon automatique et répétitive. Dans le cas des capacités intelligentes, l'agent est toujours, comme le dit Ryle, en train d'apprendre. Il ne s'ensuit pas, cependant, que parce que cela *n'*est *pas* vrai des facilités, l'agent, dans leur cas, *n'*apprend *jamais* [*never*] (en un sens comparable). « Passé l'âge où l'on commence à marcher », dit Ryle, « nous marchons sur le trottoir sans prêter attention aux marches ». Mais alors, à l'âge où nous apprenons à marcher, nous faisons *bien* attention aux marches, et le dressage est, du moins à ce niveau, inapproprié. Il ne peut donc constituer la méthode exclusive pour développer les facilités. Le dressage est, en réalité, une méthode sophistiquée dans cette situation ou dans d'autres semblables. Bien qu'il ait à coup sûr sa place dans le développement des facilités, l'idée que l'acte de *montrer comment* est pertinent à travers la description, l'exemple ou l'explication, n'est jamais mise à l'écart; cet acte peut s'avérer d'une grande importance, lors des premières étapes d'un apprentissage, mais il ne perd en rien son caractère significatif durant la suite du processus. La pertinence potentielle de l'intuition, de la capacité à interroger, de la compréhension et de la communication reste entière, même dans des cas où le dressage est le besoin principal du moment. Une telle pertinence est une indication du caractère intellectuel de la connaissance propositionnelle aussi bien que de la connaissance procédurale.

ÉPILOGUE

INTELLECT ET RATIONALITÉ

Au cours du chapitre deux, nous avons souligné le fait que les notions éducatives avaient un domaine d'application plus *large* que « connaître », et recouvraient également les habitudes, les traits, les propensions de toutes sortes, et les accomplissements. Cependant, compte tenu de notre focalisation d'alors sur les régions principalement où théorie de la connaissance et philosophie de l'éducation se recoupent, nous sommes restés au sein des limites du concept de connaissance et n'avons pas essayé d'entreprendre un traitement général des idées éducatives. Cette restriction était tout à fait appropriée du fait de l'objet principal de nos discussions, mais nous devons maintenant nous tourner pour finir vers les concepts éducatifs dans toute l'ampleur de leur application – et en particulier vers le concept d'enseignement.

Ce dernier mot est particulièrement utile, compte tenu de la distinction entre les propensions habituelles et les facilités que nous avons avancées au cours du précédent chapitre, distinction qui nous a conduit à n'admettre que ces dernières au sein du domaine des « savoir-faire », et à souligner les éléments intellectuels qui interviennent aussi bien au sein de la connaissance procédurale qu'au sein de la connaissance propositionnelle. Car on pourrait suggérer à tort que la *rationalité* elle-même est liée au concept de *savoir* et n'a pas d'application en dehors des sphères du « savoir que » et du « savoir-faire ». Rien ne peut être plus éloigné de la vérité.

Nous avons vu (au cours du précédent chapitre) la difficulté qu'il y a à restreindre le concept d'intellect au seul « savoir que » et à le considérer comme l'élément primordial de l'exercice intelligent des aptitudes. Mais ni l'intellect, ni l'intelligence, ni leur combinaison n'épuisent le champ d'application du terme *rationalité*; et c'est à ce dernier concept que celui d'enseignement est étroitement lié.

Nous avons précédemment souligné (au chapitre 1) le lien entre enseignement, d'une part, explication rationnelle et dialogue critique, d'autre part, en soutenant que l'engagement authentique du maître dans une tel dialogue constituait une *manière* caractéristique de l'enseignement. Le cœur de l'entreprise réside, avons-nous dit, dans le fait de donner des raisons honnêtes et d'accueillir les interrogations radicales, une telle interaction exposant le jugement sous-jacent du maître à une évaluation critique par l'élève et invitant ce dernier à former ses propres jugements et à les soumettre semblablement à l'évaluation critique.

La rationalité est coextensive à la pertinence des raisons. Là où les *croyances* sont mises en question, les raisons font partie des éléments de preuve ou des hypothèses crédibles avancées pour soutenir celles-ci, comme nous l'avons vu au cours du chapitre 3. Là où des aptitudes se trouvent impliquées, les raisons font partie des éléments sur la base desquels une procédure est choisie plutôt qu'une autre, une étape ou une stratégie plutôt qu'une autre, ou une facilité mise en place plutôt qu'une autre, en vue de la réalisation d'une compétence large déterminée. Les raisons peuvent aussi être requises en relation avec la valeur implicite attachée à l'aptitude concernée. *Montrer comment*, assurément, ne consiste pas dans tous les cas à donner des raisons, mais peut consister, par exemple, à fournir des exemples à imiter (« entraîner » [*training*] bien qu'impliquant la compréhension, ne fait pas appel à *tout* ce qu'inclut le concept d'« enseignement » [*teaching*]). Néanmoins, des raisons *peuvent* être requises en relation avec la manière particulière dont une compétence est structurée ou encore dans le cadre de l'évaluation de celle-ci, comme cela a été suggéré plus haut (l'entraînement peut lui-même être impliqué dans une authentique entreprise d'enseignement).

Là où des propensions, des habitudes, voire même des accomplissements, sont en cause, des raisons sont sûrement impliquées, de la façon qui vient d'être évoquée, autrement dit avec pour fin de justifier les évaluations qui sont implicites dans l'enseignement de ces propensions, habitudes, traits de caractère et accomplissements. Quelles fins se cachent derrière leur choix en tant qu'éléments du contenu éducatif? Quelles sont les considérations au moyen desquelles le fait que leur enseignement en vaut la peine peut être établi, et quelles sont les considérations allant dans le sens opposé? Ces questions de *valeur* et de *fin* sont sûrement pertinentes ici et doivent, en effet, être jugées légitimes et importantes au point de vue de la rationalité, en tant que cette dernière définit la *manière* caractéristique de l'enseignement.

La rationalité est ainsi une notion bien plus vaste que celle d'intellect ou même que celle d'intelligence dans la performance, et définit un idéal éducatif beaucoup *plus large*. Car à moins que nous ne restreignions arbitrairement l'éducation au domaine de la connaissance, nous devons admettre que la formation des habitudes, du caractère, des propensions et des accomplissements tombe dans son périmètre et que cette formation peut être conduite dans un esprit de rationalité, à travers l'enseignement, ou dans un esprit de manipulation, au moyen de tout une batterie de moyens, anciens et nouveaux, destinés à formater l'esprit et le comportement.

Nous nous sommes, dans ce livre, largement intéressés à l'intellect et aux aptitudes, mais ces notions sont trop spécialisées pour servir de clé de voûte aux concepts éducatifs. Si nous cherchons une telle clé de voûte, il convient de se tourner vers la notion d'« enseignement », en tant qu'elle désigne une initiation à la vie rationnelle, une vie au cours de laquelle la recherche critique de raisons constitue un motif dominant et intégrateur.

INDEX DES NOTIONS

INDEX DES NOMS

TABLE DES MATIÈRES

MICHEL LE DU

RAISON, ÉDUCATION ET RITUEL
LA PHILOSOPHIE D'ISRAEL SCHEFFLER

ISRAEL SCHEFFLER

LES CONDITIONS DE LA CONNAISSANCE

Imprimerie de la manutention à Mayenne (France) - Juin 2011 - N° 685115E
Dépot légal : 2e trimestre 2011